I0027760

124 [COLECCIÓN TRÓPICOS]

Edición exclusiva impresa bajo demanda
por CreateSpace, Charleston SC.

© **Margarita López Maya, 2016**
© **Editorial Alfa, 2016**

Reservados todos los derechos. Queda rigurosamente prohibida, sin autorización
escrita de los titulares del Copyright, bajo las sanciones establecidas en las leyes,
la reproducción parcial o total de esta obra por cualquier medio o procedimiento,
incluidos la reprografía y el tratamiento informático.

Editorial Alfa
Apartado postal 50304. Caracas 1050, Venezuela
Telf.: [+58-212] 762.30.36 / Fax: [+58-212] 762.02.10
e-mail: contacto@editorial-alfa.com
www.editorial-alfa.com

ISBN: 978-980-354-415-7

Diseño de colección
Ulises Milla Lacurcia

Diagramación
Yessica L. Soto G.

Corrección
Sol Miguez Bellan

Fotografía de solapa
Lisbeth Salas

Imagen de portada
Fabiola Ferrero / El Estímulo

Printed CreateSpace, An Amazon.com Company

MARGARITA LÓPEZ MAYA

El ocaso del chavismo
Venezuela 2005-2015

EDITORIAL ALFA

A mis hijas Magdalena y Andrea, parte de la diáspora venezolana.

Índice

Prefacio

ESTE LIBRO ES UNA REFORMULACIÓN de muchas publicaciones académicas que he realizado, de manera individual o en colaboración con otros colegas, a lo largo de estos últimos años. He revisado, reajustado y, a veces, fusionado varios artículos publicados en revistas académicas, para darle a los capítulos una coherencia interna, en lo posible una secuencia cronológica y un formato para todo público. Al inicio de cada capítulo, en un pie de página, se indican los artículos académicos que soportan el texto. El que desee conocer más a fondo los sustentos empíricos y teóricos puede buscar esas publicaciones.

El ocaso del chavismo es la continuación de mis investigaciones sobre los procesos sociopolíticos venezolanos, que se iniciaron con la crisis global de la sociedad venezolana de las últimas décadas del siglo pasado. Similar en formato a este libro que ahora se presenta, publiqué en 2005 la primera parte del proceso de cambios, que se extiende desde 1983 hasta 2004, con el título *Del Viernes Negro al referendo revocatorio* (Editorial Alfa). Así pues, los dos libros completan un periplo histórico que se abrió con aquella crisis estructural de la Venezuela rentista, que buscó ser superada con un cambio de elites y de proyecto político. Desafortunadamente, la experiencia ha resultado en un gran fracaso. Del porqué, hablo en este libro.

La «pasión por comprender» como diría el historiador Manuel Caballero ha sido la fuerza principal que permitió sortear obstáculos en el trabajo de investigación continuo que representan estos dos libros. Instituciones académicas, donde he residido por períodos cortos a lo largo de estos años, han sido claves para darme las condiciones anímicas y materiales necesarias para estudiar, pensar y escribir. La Woodrow Wilson International Center for Scholars, en Washington DC, que me otorgó una Senior Fellowship en el año académico 2008-2009; el Departamento de Sociología de la Universidad de Kentucky, en Lexington, donde fui Visiting Lecturer en 2012; la Escuela de Política y gobierno de la Universidad de San Martín en Buenos Aires, donde fui profesora invitada en el segundo semestre de 2014 y el Program for Latin American Studies (PLAS) de la Universidad de Princeton en New Jersey, donde estuve como Visiting Researcher and Lecturer en el segundo semestre de 2015. A todos, mi gratitud.

Resulta imposible nombrar a tantas personas que han aportado en el conocimiento de este complejo proceso sociopolítico del chavismo en su segunda etapa. Colegas y gente del común, que generosamente me regalaron su tiempo para explicarme o discutir conmigo sus ideas y experiencias. Va mi particular agradecimiento a activistas y miembros de las distintas experiencias participativas donde hice trabajo de campo. A los colegas Luis E. Lander y Alexandra Panzarelli, con quienes escribí algunos de los artículos que luego reformulo como capítulos en este libro, y a los grupos académicos a los cuales he pertenecido y donde el debate ha sido amplio, a fondo y esclarecedor. Van mis gracias al Grupo de Trabajo del Consejo Latinoamericano de Ciencias Sociales (CLACSO), Ciudadanía, movimientos populares y representación política, en cuyas reuniones he encontrado colegas extraordinariamente conocedores de las realidades latinoamericanas y a la Mesa de Análisis del Centro de Estudios Políticos de la Universidad Católica Andrés Bello, donde juntos logramos intercambiar información e ideas que van haciendo inteligible una visión global de nuestra difícil realidad.

Mi mundo afectivo siempre ha jugado un papel crucial en darme los apoyos sin los cuales este tipo de trabajo no sería posible. Quiero agradecerle de todo corazón a mis hijas Magdalena y Andrea, e hijos políticos, Aníbal Pérez-Liñan y Gabriel Negretto, inteligentes y cultos, quienes muchas veces me han aportado visiones de los fenómenos desde otras ópticas disciplinarias y generacionales. Mi deuda principal es con mi esposo, colega y compañero de vida, Luis E. Lander. Este libro también tiene mucho de su sabiduría y entendimiento de la política venezolana.

Introducción
La historia de un fracaso

EL 14 DE AGOSTO DE 2004, el presidente Hugo Chávez Frías emergió triunfante de un referendo revocatorio activado en su contra por una coalición de fuerzas sociales y políticas reunidas en la plataforma conocida como la Coordinadora Democrática (CD). Este triunfo marcó un antes y después dentro del proceso de cambios emprendido por el presidente desde 1999, pues según el discurso oficial y la práctica estatal en los años siguientes se comenzó a dejar atrás *la democracia participativa y protagónica*, asentada en la Constitución de la República Bolivariana de Venezuela (CRBV) para tomar la ruta del *socialismo del siglo XXI*.

Esta nueva fase implicó el distanciamiento de Venezuela de los modelos de desarrollo capitalistas y democrático-liberales predominantes en América Latina para experimentar con otras prácticas. Significó, en la esfera económica, el debilitamiento y estigmatización de la propiedad privada y del mercado como ejes del proceso productivo. En lo político se pasó, según el discurso oficial, de una *democracia participativa y protagónica*, a otra *protagónica y revolucionaria*. Se perseguiría de allí en adelante la destrucción del *Estado burgués* y su paulatina sustitución por un *Estado Comunal*.

En diciembre de 2006 se realizaron unas nuevas elecciones presidenciales donde Chávez obtuvo una victoria avasalladora. Con la legitimación conferida por ese evento, presentó en agosto de 2007 a la Asamblea Nacional (AN) las bases de su modelo socialista, bajo la forma de un anteproyecto de reforma constitucional. La

Asamblea revisó y amplió las propuestas del presidente, para elaborar reformas a un total de 69 de los 335 artículos de la Constitución. El proyecto aprobado en la Asamblea, siguiendo las pautas exigidas por la Carta Magna, fue luego a un referendo popular. Este, realizado en diciembre de ese año, resultó desfavorable para Chávez, negándole el voto popular el permiso para concretar dicha reforma en el recién iniciado período presidencial.

Sería este revés electoral muy significativo en la carrera política de Chávez. Pero pese a reconocer esa derrota, en la práctica el presidente continuó imponiendo su proyecto socialista, a través de otros instrumentos jurídicos de dudosa legalidad o legitimidad. Para ello contó con su enorme prestigio y/o su carisma como principal instrumento persuasivo, así como con el ya avanzado proceso de subordinación de los otros poderes públicos a su voluntad. El tercer apoyo sustantivo a sus designios provenía del ingreso fiscal petrolero, que ya Chávez administraba con pocos frenos institucionales y que aumentaba año a año gracias a los precios de la cesta petrolera del país en los mercados internacionales.

Las distintas elecciones posteriores al referendo de reforma constitucional de 2007, todas desarrolladas con distintos grados de lógica plebiscitaria, si bien le siguieron dando un importante apoyo político al presidente, ya no alcanzarían más un momento tan estelar como el de 2006. Ese sería el cénit de su carrera política a partir del cual, y en virtud de la deriva crecientemente autoritaria y militarista que tomaría el proyecto, así como de la inviabilidad de sus propuestas económicas para superar el rentismo –ahora convertido en un *rentismo socialista*– Chávez comenzaría a perder fuelle. El presidente logró una segunda y holgada reelección en octubre de 2012. Sin embargo, en términos porcentuales fue el promedio más bajo de sus cuatro elecciones presidenciales. Su muerte, en marzo de 2013, combinada con el comienzo de una caída drástica y sostenida de los precios internacionales del barril petrolero, dejaron al desnudo la precariedad del proyecto.

El período socialista de Hugo Chávez, al cual dedicamos este libro, ha sido menos estudiado y comprendido que su primer gobierno. La severa polarización política que caracteriza toda la era y que se da no solo entre actores políticos nacionales, sino también entre actores latinoamericanos e internacionales, muchas veces impide entender la complejidad del proceso. En la academia, como en los medios nacionales e internacionales, con frecuencia se defiende o ataca el período, según la adscripción o simpatías ideológicas o políticas del investigador, analista o la línea editorial de los dueños del medio de comunicación. En este contexto, la verdad histórica, ya de por sí un asunto difícil, se ha hecho desafiante.

El libro comprende tres partes. La primera, llamada «Efectos de la seducción carismática», consta de cinco capítulos. Allí se exponen reflexiones teóricas y de carácter general para entender cómo una sociedad como la venezolana, con importantes logros en su proceso de modernización y democratización del siglo xx, se dejó seducir por un discurso y una práctica política agresivos, polarizadores y crecientemente antidemocráticos y antimodernos. Se incluyen aquí trabajos sobre el carácter y las consecuencias de una dominación carismática como la ejercida por Chávez; características del populismo chavista; el cambio desde 2005 del discurso oficial para emprender la construcción de un sistema político socialista revelado en la expresión *poder popular*; los rasgos antiliberales del Estado Comunal y la desigualdad política, que el orden chavista ha impuesto en el país.

La segunda parte, también de cinco capítulos, se llama «El sinuoso declive de Hugo Chávez». Registra el apogeo y la decadencia del líder carismático y su coalición política, girando mayoritariamente en torno al análisis de los distintos procesos electorales desde 2006 y hasta 2010. Dichos procesos permiten retratar la situación nacional e internacional, año a año. El último capítulo está dedicado a narrar la aparición de la enfermedad de Chávez y cómo fue manejada por los medios de comunicación.

La tercera parte, que consta de tres capítulos, la titulamos «Una rutinización fallida». Está centrada en el proceso de declive del chavismo. El primer capítulo analiza la segunda reelección del presidente en 2012, en medio del avance de su enfermedad, que lo llevaría poco después a la muerte; el segundo, recoge la elección de Nicolás Maduro y la crisis global que estalla en su gestión; el último, las parlamentarias de 2015. El libro cierra con un epílogo sobre los avatares más recientes de 2016. Adicionalmente, incorporamos una selección de fotos que evidencian algunos momentos relevantes de este período, una lista de abreviaturas y una bibliografía general.

Parte I
Efectos de la seducción carismática

Capítulo 1
El carisma y sus consecuencias[1]

Pese a tanta retórica contestataria y revolucionaria del chavismo y sus esfuerzos por trascender las limitaciones de la democracia liberal, su desenvolvimiento en el segundo gobierno de Chávez y en los primeros años de la presidencia de Nicolás Maduro se fue dirigiendo paulatinamente hacia un ejercicio del poder donde regresaron formas viejas de la política latinoamericana y venezolana, como el caudillismo, el paternalismo y el patrimonialismo, remozadas para adaptarse a las condiciones del siglo XXI.

¿Cómo interpretar esta sorprendente metamorfosis? En este capítulo intentamos una respuesta desde la teoría sociológica del filósofo alemán Max Weber, particularmente la desarrollada en su libro clásico *Economía y Sociedad*, publicada en 1922, complementándola con contribuciones más recientes de la corriente de pensamiento weberiana. Encontramos allí conceptos que sorprenden por su gran capacidad explicativa del fenómeno político que fue Hugo Chávez y para identificar el camino neopatrimonial tomado por sus sucesores en sus esfuerzos por no perder el poder y continuar lo que consideran el legado de su comandante.

Primeramente, describimos los modelos de dominación weberianos para identificar sobre cuál de ellos se ha sustentado la legitimación del proyecto chavista. En una segunda parte, revisamos aportes recientes de continuadores de la teoría weberiana

---

1 Este capítulo está elaborado a partir del artículo «Max Weber, el carisma de Chávez y su rutinización: una revisión bibliográfica», de Margarita López Maya y Alexandra Panzarelli, Caracas, inédito, 2014.

sobre dos dimensiones de la dominación carismática: las características del liderazgo y las rutas de lo que Weber llamó la *rutinización del carisma*, es decir, las tendencias que pueden producirse una vez que desparece el líder carismático. Sostendremos que la rutinización del poschavismo se orienta hacia una legitimación tradicional patrimonial. En la tercera parte revisamos las características de la teoría de la dominación tradicional *neopatrimonial*, surgida en años recientes para explicar regímenes modernos o posmodernos.

La legitimidad del poder político según Weber

Las escuelas de pensamiento derivadas de la obra de Max Weber y Karl Marx son consideradas hasta hoy las más completas y profundas elaboradas para entender el funcionamiento sociopolítico de sociedades capitalistas y/o modernas. Weber, quien fue posterior a Marx y vivió en tiempos de la expansión del capitalismo industrial, cuestionó postulados centrales del pensamiento de éste, al privilegiar los sistemas valorativos por sobre los sistemas económicos, como impulsadores de la acción de grupos e individuos. Si bien convino con Marx en que factores económicos determinan mucho del destino de los individuos, sostuvo la centralidad de los sistemas de valores en la acción humana y el cambio social. Rechazó la existencia de leyes en la historia, así como el enfoque evolucionista del pensamiento marxista, según el cual la sucesión de modos de producción llevaría ineludiblemente a las sociedades capitalistas maduras al socialismo.

Por su énfasis en los sistemas de valores, Weber, a diferencia de Marx, desarrolló una de las teorías del poder y la legitimidad política más complejas e influyentes de todos los tiempos. Sus conceptos de poder, autoridad, dominación, obediencia, disciplina, entre otros, son la base de sus tres modelos puros o ideales de toda dominación legítima. Esos modelos siguen teniendo capacidad explicativa en el mundo real, no solo en sociedades con claros perfiles modernos, como las de países del capitalismo avanzado, sino también en aquellas de capitalismo tardío, como las de América Latina o África.

La naturaleza del poder

Decía Weber (1977) que «La probabilidad de imponer la propia voluntad dentro de una relación social aún contra toda resistencia y cualquiera sea el fundamento de esa probabilidad» (p. 43) es el punto de partida para definir el poder. Consideró, sin embargo, que el término poder es sociológicamente amorfo, y optó por el concepto de *dominación*, a su modo de ver, más preciso. En sus palabras, «dominación es la probabilidad que un mandato sea obedecido» (*Ídem*). Las razones por las cuales una persona recibe obediencia provienen de innumerables constelaciones.

Relacionada con los conceptos de poder y dominación está la disciplina, que encierra una «obediencia habitual», sin resistencia ni crítica. La disciplina hace que la obediencia sea pronta, simple, automática. La dominación está ligada a una situación donde alguien manda eficazmente a otro. Y este lo puede hacer personalmente o a través de un cuadro administrativo sobre miembros de una asociación o comunidad.

La asociación o comunidad de dominación se da cuando miembros de un grupo están sometidos a relaciones de dominación en virtud de un orden vigente. Para Weber, pero antes que él para Hobbes, la violencia es el rasgo característico de la dominación. Weber consideró que el poder político tiene el monopolio legítimo de la violencia, pues la disuasión de la violencia ejercida por ese poder es el ingrediente fundamental para alcanzar un gobierno capaz de hacer posible la convivencia pacífica, impidiendo acciones violentas entre individuos o grupos. Weber dirá que la violencia no es el único recurso del poder político, pero sí la *última ratio*. Habría tres tipos de poder político «puros» o de dominación, dependiendo de las fuentes de legitimidad que los alimentan.

Modelos de la dominación legítima

Los modelos ideales o puros de dominación de Weber se diferencian por sus distintas fuentes de legitimidad, en las cuales basan su ejercicio del poder. Se concretan en los famosos tres tipos de dominación legítima weberiana: el carismático, el tradicional y el racional-legal. Estos tipos nunca aparecen en forma pura en la realidad, pero para la teoría weberiana estos modelos, en variadas combinaciones, contienen toda forma legítima de la dominación en sociedades humanas. Zabludovsky, señala que se trata de modelos relacionales, en el sentido de que se elaboran en perspectiva comparativa entre sí.

La dominación carismática: la legitimidad carismática deriva del reconocimiento de una comunidad a la santidad, heroísmo o ejemplaridad de una persona y a las ordenaciones por ella creadas o reveladas. La autoridad es carismática.

La dominación tradicional: se deriva de la creencia en la santidad de las costumbres o tradiciones y a quienes estas señalan que debe ejercer la autoridad. La autoridad es tradicional.

La dominación racional-legal: aparece en sociedades modernas al descansar la legitimidad en la creencia en la legalidad de ordenaciones estatuidas y en los derechos de mando de los llamados por esas ordenaciones a ejercer la autoridad. Weber llamó a esta autoridad legal.

La autoridad carismática tiene su base en la percepción de los adeptos a las cualidades extraordinarias de una persona, a quien consideran en posesión de fuerzas sobrehumanas o sobrenaturales, no propias de una persona común. Esto es independiente de si esa persona en verdad posee o no esa cualidad, pues de lo que se trata es de que sea reconocido así por los dominados, que lo constatan por los beneficios que les proporciona a través del prodigio. El líder carismático, también llamado por Weber un profeta, un jefe, no trata como adversarios a quienes no reconocen en él su condición excepcional, sino como incumplidores de un deber, y objetos de desprecio y burla.

El carisma no es una condición permanente ni es transferible. Si el líder deja de entregar bienestar, se disipa su autoridad. En este tipo de dominación, el poder político se ejerce de manera personal y arbitraria. Si hay un grupo que administra el ejercicio de gobernar en nombre del jefe, no sigue criterios burocráticos ni profesionales. Los que rodean al líder carismático son un séquito, hombres de confianza, discípulos. No hay carrera profesional o ascenso, tampoco jerarquía, solo designaciones del jefe. Tampoco se considera que hay sueldos o prebendas, sino que los discípulos viven en comunismo de amor y camaradería, con medios procurados a través de donaciones, rentas, limosnas, botines y fuentes parecidas. No existen fundamentos jurídicos, reglas abstractas, no hay aplicación racional del derecho, tampoco sentencias y decisiones basadas en las tradiciones, solo juicios caso a caso, revelaciones. La dominación carismática es ajena a la economía. Dirá Weber que el carisma es «una fuerza típica de la anti economicidad», pues rechaza todo orden cotidiano, lo suyo es lo extraordinario.

Todo profeta, caudillo, jefe carismático anuncia, crea, exige nuevos mandamientos por la fuerza de la revelación, de la inspiración, por méritos de su voluntad, que son reconocidos por su comunidad. Ese reconocimiento crea un deber. El carisma es una gran fuerza revolucionaria que rompe con la tradición. El carisma es una legitimidad íntima, produce una entrega sentimental al líder, nace de la indigencia o del entusiasmo, significa una variación de la conciencia y de la acción que reorientan las formas de vida previas. Es propia de iglesias y revoluciones.

El carácter extraordinario de la dominación carismática no puede mantenerse como forma de ejercer el poder sin mutar su carácter, pues para la teoría weberiana este tipo de poder existe como *in statu nascendi*. En búsqueda de perdurabilidad la dominación carismática puede *tradicionalizarse* o *legalizarse* y esto ocurre con frecuencia cuando el jefe, o diríamos el caudillo carismático, desaparece físicamente. Ese proceso se conoce como la *rutinización del carisma*. Sobre este tema volveremos más adelante.

La dominación tradicional, por su parte, es considerada la más universal, pues se legitima en costumbres y tradiciones. Se sostiene que es una prolongación de las relaciones familiares hacia grupos y asociaciones más complejas. Los miembros de comunidades tradicionales se vinculan entre sí por lazos de respeto y amor cuasi filiales; la autoridad es reconocida y/o escogida de acuerdo con lo que se consideran reglas que vienen del pasado o de los ancestros. El soberano no es un señor superior como en el caso del carismático, sino un señor personal, paternal muchas veces, cuyas relaciones con los miembros de la asociación son también, como el carismático, de carácter íntimo. Dispensa su favor y su gracia al pueblo. Su cuadro administrativo está constituido por servidores a él, y por eso no son propiamente funcionarios públicos. Se escogen de modo tradicional, por lazos de linaje, amor, pactos de fidelidad y similares, no por capacidad ni competencia. Se les retribuye con prebendas como derechos a tributos, feudos, manutención en la mesa del señor, a veces los cargos se conceden de manera hereditaria. Sus relaciones con la autoridad –un jefe, monarca y similares– están determinadas por la lealtad personal y no por un diseño o deber objetivo del cargo. Los dominados tienen estatus de súbditos o compañeros tradicionales. La autoridad tradicional ejerce el poder de manera personal y arbitraria como el líder carismático, pero, a diferencia de este, está limitado por las tradiciones y costumbres.

Bajo esta dominación hay dos maneras de legitimarse, que conforman dos subtipos de la dominación tradicional. En una modalidad el mandatario designado por la tradición ejerce con libre albedrío el poder político. Esta es la base de la dominación tradicional patrimonial. La autoridad tiene mucho margen frente a las costumbres, estas actúan solo como límites a lo que le es permitido. Para Weber el ejercicio del poder patrimonial puede desprenderse completamente de las tradiciones, ejerciéndose entonces el poder por derecho propio. Cuando se hace absoluto conformaría una dominación tipo sultanato. En la otra, el poder ejercido está regulado por las costumbres, el monarca tiene menos libertad de hacer su voluntad personal. Este tipo de dominación es tradicional estamental.

En sus formas más básicas la dominación tradicional no incluye aparato administrativo –es el caso de ciertos jeques árabes o gerontocracias de comunidades pequeñas– pero en la medida en que las asociaciones se vuelven numéricamente grandes y complejas aparece por necesidad el cuadro administrativo y militar, y las tendencias se hacen con frecuencia patrimonialistas. La relativa igualdad de los miembros de una comunidad tradicional se diluye al quedar el mandato y los recursos apropiados por la autoridad y/o el aparato administrativo.

La brecha entre la autoridad y los miembros del cuadro administrativo en dominaciones patrimoniales es ancha, porque el mandato y control sobre los recursos son ejercidos por la autoridad y el cuadro administrativo depende de ella. La dominación se ejerce sobre esclavos, colonos o súbditos explotados; la autoridad tradicional también controla guardias de corps y mercenarios. En la dominación estamental el poder del soberano sobre el cuadro administrativo es menor, porque este comparte con la autoridad todo o una parte del mandato y los recursos bajo modalidades muy diversas. Muchas experiencias de dominación tradicional pertenecen a este subtipo. El más conocido en Occidente es el régimen feudal, donde los cargos cortesanos fueron apropiados o concedidos por el soberano como feudos y heredados por los descendientes, teniendo los señores feudales distintos tipos de autonomía sobre territorios y personas.

Como ejemplos que ilustran la diferenciación entre estos dos tipos de dominación tradicional Weber se refirió al caballero feudal como expresión de la tradicional estamental. Como miembro de la corte y/o del cuadro administrativo contaba con propiedades de los medios administrativos y se equipaba él mismo. En cambio, el Faraón, de dominación patrimonial casi pura, ponía en pie ejércitos de colonos y esclavos bajo el mando de sus clientes, y los alimentaba; era propietario absoluto de los medios administrativos.

Finalmente, la *dominación racional* o *legal* está asociada a las sociedades modernas. En este caso, quien ejerce el poder lo hace con base en reglas impersonales y abstractas establecidas, donde se pautan quiénes tienen derecho a mandar y cómo se eligen. Estas reglas tienen la aprobación o carecen de la desaprobación de los miembros de la asociación. El que manda se somete a las mismas reglas impersonales del orden estatuido. El que obedece solo obedece al derecho. Es una dominación impersonal.

La dominación legal se acompaña de un cuadro administrativo burocrático que se compone de funcionarios individuales. El que está a la cabeza de este cuadro, el que manda, lo hace por tener competencias legales para hacerlo. Los funcionarios son libres, se deben solo a los deberes objetivos del cargo; tienen jerarquía administrativa, competencias fijadas por contrato y una calificación profesional que fundamenta su nombramiento. Se les retribuye con dinero, ejercen su cargo de manera principal, hacen una carrera profesional, trabajan sin apropiarse del cargo y están sometidos a disciplina y vigilancia administrativa. Weber señala que, pese a sus críticas, por las características de la técnica y economía moderna, ese tipo de cuadro administrativo es esencial hoy, tanto en sociedades capitalistas como socialistas.

La dominación legal tiende al plutocratismo y a la impersonalidad formalista (sin amor y sin odio, sin entusiasmo). Mucha literatura de influencia weberiana aborda los desafíos y peligros de esta dominación en democracias del capitalismo maduro.

Complejidades, ambigüedades y tipologías del liderazgo carismático

En las últimas décadas muchas disciplinas han vuelto su mirada a la dominación carismática de Weber, más allá incluso de la Sociología y de la Ciencia Política. Campos como el de la gerencia y la teología han revisado de nuevo su teoría para comprender los liderazgos carismáticos en estos ámbitos de la vida social.

Con miras a entender su complejidad, autores se han enfocado en tres elementos: el tipo de sociedad proclive al surgimiento de líderes carismáticos, las características predominantes del líder «ungido» y las particularidades de la relación que surge entre el líder y sus seguidores.

En el primer caso, resaltan aportes como el de Rajnandini Pillai (1995), quien sostiene que este tipo de liderazgo suele aparecer en grupos sociales colectivistas. Es decir, en grupos donde el individuo tiene menor peso que la idea del colectivo o del bien común, ya que en estos entornos es más probable que exista consenso sobre valores e ideologías.

Otra característica resaltada por este autor es la presencia de una crisis en la emergencia de este tipo de líder. Si bien la idea del surgimiento de un líder carismático en época de dificultad está ya sustentada por Weber, Pillai lo descubre no solo en comunidades políticas o religiosas sino en gerenciales, donde examinó empresas que atravesaban situaciones de tensión. Comprobó que las víctimas de una crisis buscan de inmediato un líder fuerte con ideas innovadoras, que vayan más allá de las soluciones concebidas por el *statu quo*; buscan un líder carismático que pueda obtener resultados extraordinarios.

Laura Mixon (2009), por su parte, en su tesis doctoral, donde examinó el fenómeno chavista, explica que muchas veces el carismático refuerza la percepción de crisis, o incluso la crea. El líder manipula para producir en sus seguidores una limitación para percibir la complejidad de la situación, lo que les reduce capacidades de autoeficacia o empoderamiento y los hace más receptivos al carisma autoritario.

Esta autora resalta cómo el mensaje comunicacional carismático se da siempre en un contexto de privaciones y exclusiones. El discurso incluye expresiones con onomatopeyas, repeticiones, amplificaciones, sinónimos, interpretaciones y dialogismos, que abonan el terreno para crear la sensación de carisma. Incluso se llega a situaciones en donde la identidad de la persona está intrínsecamente ligada al líder carismático. Sostiene que en situaciones que se perciben de crisis la gente se siente incapaz de reaccionar bien y se entrega emocionalmente al carismático, quien aparece como fuerte. Este puede manipular con su retórica la crisis, usando un lenguaje revolucionario. En esta relación de entrega por parte del seguidor, el líder está obligado a realizar el «milagro» esperado por el grupo, de ello dependerá su estabilidad.

El líder carismático, igualmente, puede provocar en sus seguidores una alteración de sus expectativas y de la capacidad que tienen para alterar la realidad. En este liderazgo la autoridad es mucho más flexible en términos burocráticos, la ideología juega un rol trascendental en términos de cohesión, por lo que la innovación es crucial para su supervivencia. Un burócrata, un comerciante raso, un funcionario de un orden racional-legal debe pasar por regulaciones y rutinas que matan la creatividad. Al líder carismático se le permite ignorar o traspasar los límites burocráticos, para acometer cambios extraordinarios.

En su análisis de este fenómeno, Stephen Turner (2011) sostiene que la cualidad extraordinaria que tiene el líder carismático está estrechamente ligada a la convicción que el mismo posee de su propia excepcionalidad. El carismático suele estar convencido de que nació para una misión fuera de lo común. Por ello, a veces realiza acciones sin más propósito que validar ese atributo.

Mediante la validación demuestra que es poderoso, excepcional y hace conocer a los demás la misión que se encarna en él.

A propósito de la capacidad del líder de producir prodigios, Valerie Petit (2012) enumeró un conjunto de características *sine qua non* de todo líder carismático:

1. Es capaz de confrontar una crisis de manera exitosa.
2. Tiene dotes extraordinarios.
3. Cuenta con una visión y solución radical a la crisis.
4. Logra el apoyo fiel e incuestionable de sus seguidores.
5. Cuenta con algún éxito pasado que respalda su visión.

Dado que el líder carismático por naturaleza rompe con el *statu quo*, incluso por la forma como hace su aparición, siempre se le ha atribuido a esta dominación carácter revolucionario. Es una gran fuerza transformadora capaz de romper con las tradiciones, que a diferencia de otros tipos de legitimidad posee *per se* carácter innovador, ya que la improvisación es uno de sus rasgos destacados. El líder carismático cambia la concepción general de lo que es posible.

Sus seguidores depositan en él su confianza y le permiten actuar fuera de la ley para resolver los problemas. En esto se evidencia el carácter autoritario que en el fondo guarda el carisma, ya que los seguidores solo ven como opción obedecer y confiar en los atributos de su líder.

Hay autores que se detienen en los aspectos positivos del liderazgo carismático. Lo consideran último bastión de la creatividad política y fuente inagotable de transformación. Alyson Brysk (1995), por ejemplo, analiza la importancia de los símbolos en los procesos de transformación política y social. Tanto los modelos materialistas como racionalistas de acción colectiva ignoran el poder de la simbología política. El líder carismático los reivindica y puede llegar a producir un cambio social trascendental con inspiración en valores.

La política simbólica, exaltada por el líder carismático, habla, según Brysk, desde el corazón. El carismático sabe que símbolos exitosos son aquellos que cuentan con un precedente histórico y los utiliza para ir al cambio político creando una realidad alternativa. Mensajes de contenidos simbólicos son de fuerte resonancia para las masas por sus valores ampliamente aceptados por la sociedad.

El sociólogo Charles Tilly (1978), por su parte, también compartió en sus primeros análisis de los movimientos sociales la idea weberiana de que el cambio social viene a ser un producto de la irrupción del carisma en la historia.

Otros autores, en contraste, se han centrado en evaluar los peligros de este tipo de liderazgo para los sistemas democráticos.

Timothy McMahon (2008), planteó la existencia de dos tipos de carisma, uno bueno y otro malo. De acuerdo con este autor, el «carisma bueno» es aquel que logra empoderar a sus seguidores, mientras que el «malo» vuelve a los seguidores dependientes del líder. A este lo llama «pseudo-transformacional», pues considera que el líder está más centrado en sus beneficios personales que en el bienestar de sus seguidores.

En vista de que los líderes carismáticos irrumpen contra instituciones percibidas como aparatos burocráticos o como camisas de fuerza para el cambio social, pareciera que estos líderes son proclives a caer en la tentación autoritaria. Miguel Herrero y Rodríguez de Miñón, jurista y participe en la redacción de la Constitución Española, en una presentación hecha en la Real Academia de Ciencias Morales y Políticas, en 2006, resaltó los aspectos negativos intrínsecos al liderazgo carismático. De acuerdo con su análisis, los líderes carismáticos exacerban la personalización del poder, lo cual considera una patología en la modernidad. Un liderazgo carismático pseudo-transformacional desemboca en autoritarismo y tiranía. Sobre este autor volveremos en el acápite siguiente.

La literatura latinoamericana que gira en torno a populismos y neopopulismos da cuenta de esta preocupación de las ambigüedades y contradicciones inherentes al liderazgo carismático para los cambios sociopolíticos que llevan a sistemas modernos y democráticos. Carlos De la Torre (2000), por ejemplo, explica que los liderazgos carismáticos populistas construyen un discurso maniqueo, que divide a la sociedad en pueblo y oligarquía, dejando a un lado la complejidad de la negociación, característica ineludible de una democracia saludable. De igual forma, explica que las redes clientelares, que garantizan acceso a recursos estatales, así como formas de participación, como las concentraciones masivas en la calle, la aclamación a los líderes y la ocupación de espacios públicos en nombre del líder, se perciben como más importantes que los derechos de ciudadanía o el respeto a los procedimientos democráticos. En este sentido, este tipo de liderazgos puede socavar la institucionalidad democrática.

La *rutinización* del carisma y sus opciones

En la teoría weberiana, la dominación carismática es altamente inestable. Así, más temprano que tarde, desparece tras un proceso de *rutinización*, que la *tradicionaliza* o *legaliza*.

El líder puede recurrir en vida a la rutinización de su carisma para afianzarse en el poder, para mantenerse indefinidamente en él y/o para que su legado no muera una vez que desaparezca físicamente. Si lo logra se pasa de lo extraordinario a lo ordinario, se desarrolla un aparato administrativo que pone en práctica los logros de la «misión carismática» y surge un líder afín a la autoridad desaparecida, que lo sucederá. Sin embargo, es particularmente desafiante la estabilidad o sobrevivencia de la asociación cuando muere el líder. Sus favoritos u hombres de confianza se ven en la necesidad de construir bases de legitimidad alternas al carisma, que permitan la persistencia de esta experiencia, y que les asegure la permanencia en el poder como sucesores.

En la rutinización del carisma, si bien cambia inevitablemente la naturaleza de la dominación, el camino no está predeterminado. Los sucesores pueden conducirlo hacia una legitimación de naturaleza legal-racional o irse hacia el establecimiento de un sistema de valores propio de una dominación tradicional en alguno de sus dos subtipos, patrimonial o estamental.

Wolfgang J. Mommsen (1986) señala que la legitimidad tradicional puede considerarse opción frecuente del proceso de rutinización, pues ella se sostiene en la creencia de que lo que siempre ha sido es legítimo. La legitimidad en esta vía no tiene nada que ver con principios sustantivos como «los derechos del hombre», sino que es una legitimidad de tipo prescriptiva. Vamos por partes.

La rutinización según Weber

Buscar la permanencia en el tiempo de un sistema de dominación sustentado en los rasgos carismáticos es complicado y un primer problema que señala Weber pasa por la sucesión, pues ¿quién encarna o asume la representación del líder carismático desaparecido? Las comunidades políticas fundadas por carismáticos han dado distintas respuestas a este primer escollo que el filósofo recogió en, al menos, cinco modalidades de sucesión: a) por búsqueda de otro portador de carisma (Dalái Lama); b) por revelación divina (oráculo); c) por designación del mismo líder carismático (ciertos dictadores); d) por designación del cuadro administrativo de acuerdo con lo que pueden entender como «justo» (el papa); e) por linaje o vínculo de sangre (monarquías hereditarias).

Es relevante en el proceso de rutinización el carácter o la cualidad que en vida tuvo esa autoridad. El líder puede haber respondido a mínimas exigencias de la vida cotidiana, rutinizando hacia la vía legal su carisma antes de morir. La vía escogida por él suele afectar el proceso que siguen sus sucesores.

Cuando la rutinización se inició con el carismático hacia una legitimidad racional-legal se dan procesos que llevan al jefe a un estatus de «carisma antiautoritario», a través de la elección libre del jefe y su deposición por parte de sus dominados. Si esto ocurre se hace «jefe libremente elegido», transformándose por la gracia de los dominados en imperante. No es democrático, señala Weber, pues la elección es una consecuencia de su legitimidad, de su carisma y no al revés. Igual ocurre con sus postulados jurídicos carismáticos: la comunidad puede aprobar o derogar su derecho tanto en general como en casos concretos. A diferencia de la legitimidad racional-legal, las elecciones se hacen bajo la presión psíquica de que solo existe «una» decisión justa y obligada. Weber menciona como la forma más importante de este carisma antiautoritario la «plebiscitaria» aplicada por los dos napoleones en Francia, después de la toma violenta del poder. Puede convocarse también a elecciones para elegir al cuadro administrativo del carismático, con lo cual este adquiere una menor dependencia de su jefe y va tendiendo a ser un servidor de los dominados. Sin embargo, sigue siendo este funcionario de menor calidad profesional que en la dominación racional-legal.

La democracia plebiscitaria o de «caudillaje» es de hecho una dominación carismática oculta bajo la forma de una legitimidad derivada de los dominados y solo perdurable por ellos. El jefe domina por la devoción y confianza de su entorno político. Es típica de dictadores, de revoluciones tanto antiguas como modernas, destacando Cromwell, Robespierre y Napoleón. La legitimidad chavista acusa estos rasgos.

Weber destacó, para una rutinización hacia lo legal, la transformación hacia una racionalidad económica de la relación anti-economicista prevaleciente en la dominación carismática. El carismático necesitará que la burocracia y la economía adquieran mayores niveles de eficacia, dejando que actúe la lógica del mercado. Depende de la personalidad y calidad del liderazgo si se esfuerza en ello, condicionado también por las fuentes del sustento económico de la comunidad.

La rutinización legal es desafiante para jefes carismáticos plebiscitarios, pues con frecuencia las circunstancias tienden a que descuide las pautas formales de la economía, sobre todo si resulta muy necesario a su legitimidad proveer de beneficios materiales con que ganar los plebiscitos. Si la vía es hacia la dominación tradicional patrimonial, no se crean condiciones para el libre flujo del mercado. Por ello solo podrían florecer capitalismos comerciales, de arriendo de tributos y de arriendo y venta de cargos y, en ciertas circunstancias, el capitalismo colonial y de plantación.

Con relación al cuadro administrativo, las dominaciones carismáticas en transición racional-legal pueden buscar formas de asociación donde se reduzcan en lo posible los poderes de mando del líder. Los agentes administrativos pasan a actuar desde una lógica más cercana a los miembros de la comunidad, transitando de la mentalidad del devoto del jefe hacia la del servidor de la comunidad. En este tipo de transición puede desandarse el proceso de fuerte centralización del poder hacia formas descentralizadas. En contraste, en la *tradicionalización* patrimonial se mantiene y/o refuerza el poder centralizador del jefe.

Weber reconoce la democracia plebiscitaria, que también llama antiautoritaria, como una forma de democracia directa, donde la asamblea de los miembros de la comunidad se erige en instancia desde donde se establecen técnicas que promocionan el cambio. Entre estos están la fijación de plazos cortos para el ejercicio del cargo, revocación de mandatos, el uso del turno o sorteo para rotar en funciones administrativas, rendición de cuentas ante la asamblea, así como la toma de decisiones para asuntos no previstos y otros. En experiencias históricas la administración plebiscitaria ha sido principalmente oral, las disposiciones importantes se proponen ante la asamblea. Esta forma de dominación puede desembocar en una dominación de tipo legal-racional.

Nuevos aportes a la teoría de la rutinización

La literatura posterior a Weber sobre rutinización del carisma ha ratificado y reforzado la importancia de la calidad del carisma a la hora del rutinizar, sosteniendo algunos autores que esto determina el rumbo de la modalidad de dominación futura. Han ahondado también en algunos recursos de gran efectividad usados por líderes carismáticos en vida para rutinizar su carisma, reforzando los lazos afectivos con sus seguidores y discípulos.

Con relación al segundo proceso, Mixon (2009), a propósito del liderazgo carismático de Chávez, desarrolló tres elaboraciones discursivas usadas permanentemente por este caudillo para consolidar su legitimidad y rutinizar su liderazgo. Estos recursos habían sido señalados antes como recursos discursivos eficientes en la consolidación de liderazgos: la apelación a la figura de la autoridad, el uso de mitos nacionales y un ejercicio autoritario del carisma.

Por figura de autoridad la autora se refiere a un dispositivo retórico que funciona como potenciador persuasivo o ético. Es alguien que posee tanta credibilidad que esta puede ser transferida al orador mediante el discurso. Para ser elegible como figura de autoridad se deben cumplir ciertos criterios: ser parte de un contexto cultural significativo; tener estatus de héroe; mucha credibilidad; estar colocado en una posición de alto rango dentro de una relación de jerarquía; y no estar presente. La figura de autoridad está inserta en un contexto cultural: un héroe en una cultura puede ser considerado un delincuente en otra. Debe ser capaz de trascender su tiempo y ser un héroe no solo en el pasado, sino en el presente. Funciona como sustituto de la legitimidad por linaje de sangre en el proceso rutinizador tradicional.

Simón Bolívar es la figura heroica más importante para la sociedad venezolana y es, al mismo tiempo, un padre universal. De allí su uso como figura de autoridad por Chávez, quien usó el nombre de Bolívar más de cincuenta veces en sus dos discursos inaugurales, citándolo y hablando de sus hazañas. En contraste, apenas lo menciona cuando se dirige a auditorios internacionales, como Naciones Unidas. Mixon, citando a Joseph Campbell, importante autor en la reflexión sobre la figura del héroe, enfatiza la importancia de las figuras paternas para la sobrevivencia de la humanidad. El imaginario del padre coloca a Bolívar –y a Chávez de alguna manera por proyección– jerárquicamente por encima de los demás «hijos». Chávez, al igual que otros caudillos o autoridades venezolanas del pasado, usó el culto a Bolívar reinterpretándolo para ajustarlo a su ideología marxista. El uso de Bolívar como figura de autoridad es una manera de rutinizar el carisma de Chávez, presentándolo como la encarnación actual de este héroe.

El segundo recurso discursivo usado prolíficamente por Chávez y continuado por su sucesor, Nicolás Maduro, son los mitos nacionales reinterpretados para ajustarse a propósitos revolucionarios. Mixon define mitos nacionales como narrativas de cómo funciona el mundo, cuál es nuestro papel en él, nuestra identidad, qué es importante y qué se puede esperar de la vida. Los mitos permiten compartir perspectivas sobre las causas y consecuencias de un evento. La autora discrimina entre mitos y fantasías, considerando que las segundas no necesariamente se derivan de eventos acaecidos. Los mitos se construyen con protagonistas, antagonistas y conspiraciones. El gran protagonista en los mitos nacionales es el héroe y ese héroe, que siempre conduce o guía a la sociedad, refleja los valores que son importantes para ese conglomerado humano. La literatura indica que el héroe no es un ser humano, tampoco un dios, es una imagen intermedia, extrahumana o semidivina. Ningún hombre es un héroe, porque el héroe es una construcción discursiva. Los héroes siempre luchan contra villanos. La autora describe este y otros elementos de los mitos nacionales, como el anclaje del héroe en hechos históricos donde nunca se equivoca, se minimizan sus defectos o errores. Al evocar el mito y el héroe, se propician sentimientos de familiaridad y unión con él.

Chávez hizo uso de varios mitos nacionales, subraya Mixon el de la «Venezuela rica, los venezolanos pobres», presente con anterioridad. Describe cómo se usó el tema de la corrupción de las elites como principal culpable de que la renta petrolera, fuente de la economía, no produjera bienestar. Para la épica chavista al acabar con los corruptos, «oligarcas», el dinero fluiría para todos.

El tercer recurso discursivo que desarrolla se corresponde con recursos que usan líderes autoritarios, definida esta categoría como un subtipo del carisma, pues sostiene la existencia de líderes carismáticos que no son autoritarios. Menciona a Nelson Mandela y a Jessie Jackson. La cualidad autoritaria lleva a que la obediencia no deriva solamente de su excepcionalidad, sino de la capacidad de coerción que ejercen sobre sus seguidores.

Según su argumento, el mensaje comunicacional del carismático autoritario se produce siempre en un contexto de privaciones y exclusiones. A partir de ese contexto se construye un mensaje atractivo, que incluye onomatopeyas, repeticiones y otros recursos que refuerzan la «sensación» de carisma. Incluso se llega a situaciones en donde con estos recursos la persona pierde su singularidad para disolver su identidad en la del líder carismático, al estilo «Chávez somos todos».

El líder carismático autoritario surge con su aura de excepcionalismo en un contexto cultural y situacional donde se valoran liderazgos autoritarios. Un chamán u otros líderes religiosos no suelen exhibir este rasgo, que es propio de liderazgos políticos. La autora señala que una comunidad debe desear el autoritarismo como rasgo de autoridad, en vez de una autoridad tendiente al consenso.

El autoritarismo le es instrumental a este tipo de líder, tanto para ganar como para permanecer en el poder. Puede usar mensajes religiosos para reforzar su excepcionalidad, en el sentido de ofrecer soluciones milagrosas a los problemas. Arriba expusimos cómo el líder autoritario manipula la realidad para producir en sus seguidores una limitación para percibir la complejidad de la situación, lo que les reduce sus capacidades de autoeficacia o empoderamiento y los hace más receptivos a su autoridad.

Cuando esto último es el caso, usa un discurso de ruptura, de buscar soluciones fuera del *statu quo*, atrayendo a un público que ha perdido su autoeficacia o está convencido de la ineficiencia de procedimientos habituales. Estos procesos revolucionarios han sido interpretados por diversos autores como una nueva religión. El discurso revolucionario es simplista, dicotómico, maniqueo y promueve identidades colectivas. El carismático autoritario ofrece claridad en situaciones complejas, reduciendo oscuridades, ignorando causas, quitando a las personas que los siguen sus responsabilidades o culpas, y creando chivos expiatorios. Proporciona soluciones simplistas. Muchas veces no explica cómo se van a lograr esos objetivos, pero esto no pareciera tener importancia para sus seguidores.

En la tesis doctoral de McMahon (2008), la rutinización se evalúa como altamente improbable, dada la naturaleza autocrática de este liderazgo. McMahon distingue tres tipos de rutinización, todas con baja posibilidad de éxito: la sucesoral, donde el éxito dependerá de muchos factores, entre otros de la voluntad del líder de dejar sucesión, y que esta sea adecuada, lo que considera infrecuente. Un segundo tipo, cuando construye una estructura o mecanismo organizacional que continúe el legado carismático. En este caso, se reduce la unicidad y el atractivo que atrajo a los seguidores inicialmente, con lo que muchas veces se extingue. El tercer tipo es la rutinización a partir de la construcción de una «visión», de la que los seguidores se apropian y continúan. Este tipo, dice el autor, ignora el hecho de que la visión no es solo lo que dijo el líder, sino cómo lo dijo.

Centrada en el tema de la rutinización desde la opción organizacional está la reflexión presentada por Miguel Herrero y

Rodríguez de Miñón (1996) sobre rutinizaciones en partidos políticos carismáticos.

Un partido carismático fue definido por Angelo Panebianco como: «aquella organización cuya fundación se debe a la acción de un único líder y que se configura como un puro instrumento de expresión política de éste» (en Herrero y Rodríguez de Miñón, 1996: 621-622). Aparece en tiempos de crisis y expresa un déficit de modernidad. Sostiene que muchos partidos políticos pueden empezar bajo el liderazgo de un carismático y, al buscar permanencia, se transforman, primero, en una organización de notables y, luego, en una burocrática. La dinámica interna pasaría de la obediencia al carisma a la obediencia a los notables, y terminaría por ser la lucha de la organización burocrática contra la jefatura carismática del partido. Panebianco dice que el partido carismático o se disuelve a la desaparición del caudillo, o se burocratiza. Pero Herrero y Rodríguez de Miñón constata otras opciones.

Este autor apoya la idea de la importancia de la calidad que exhibe el liderazgo carismático para determinar la vía de rutinización y sus posibilidades de éxito. La cualidad del liderazgo va a permitir comprender cómo será el partido. Porque la cualidad extraordinaria no necesariamente es positiva. El autor contrapone al liderazgo carismático ideal o puro, que considera positivo por estar singularizado por relaciones de amor y afecto, el liderazgo tiránico, más basado en el temor, y el liderazgo patriarcal, que mantiene relaciones ambiguas de admiración y afecto con temor, el cual considera muy generalizado en las relaciones políticas.

El liderazgo patriarcal suscita sentimientos ambivalentes. Si la relación líder-masas no es capaz de superar la relación de padre y se produce la aspiración de perdurabilidad por parte del caudillo, se agudizan relaciones de agresividad patriarcal y se hacen *saturnales* o tiránicas. Esta conversión debilita solidaridades entre los hombres de confianza del jefe. Herrero y Rodríguez de Miñón sostiene que la tiránica y la patriarcal saturnina son formas de liderazgo *seudocarismáticas*.

Cuando los líderes solo pueden mantenerse rebajando a sus seguidores, la humillación se vuelve práctica política extendida y la deshumanización parte de las características del cuadro administrativo o séquito. Este tipo de autoridad prescinde de notables, es decir, de gente reconocida, profesionales, burócratas. Pudiera soportar como adornos a algunos notables que usarán para humillar a los otros, pero en general temerán la competencia y la desconfianza será su máxima de conducta. Según Herrero y Rodríguez de Miñón, este tipo de carisma no favorece condiciones para la consolidación de un verdadero partido. El cuadro administrativo no puede evolucionar hacia la profesionalización, sino a una *proletarización,* es decir a su alienación. A diferencia de lo planteado por Weber sobre la vía a la burocracia, como un grupo profesional, independiente y al servicio de los demás, el seudocarismático produce un cuadro administrativo de dóciles –no profesionales– dependientes económica, social y profesionalmente del líder.

En partidos carismáticos lo común es que la sucesión se haga por la designación del líder y su subsiguiente reconocimiento por parte de la comunidad de seguidores. Es una legitimidad por designación, sin perjuicio de que complemente o disfrace con formas seudodemocráticas, como la aclamación en un Congreso como candidato oficial del carismático. Los sucesores suelen exhibir otros rasgos.

Uno es el *cainismo* en las relaciones entre los inmediatos colaboradores. La sucesión toma el cariz de todos contra todos, que impide un partido institucionalizado, donde pares compitan, pero se respetan, y se mantengan unidos, aunque en tensión. Los no escogidos van creando desconfianza hacia afuera, hasta que el designado se queda con la sola fuerza de la designación por el jefe.

Otro, la mediocridad. El líder seudocarismático suele elegir a uno peor que él, para que se le eche en falta. El menos atractivo, el que carece de apoyos, el que por tener escasas posibilidades de triunfo garantizará que no se le olvide.

Un tercer rasgo es su debilidad. Al ser pésimo sucesor, necesita superar al desaparecido autoafirmándose, con lo que irá marginalizando al que lo designó, y ya con las riendas del poder tratará de exigir sumisión total al entorno dejado por su predecesor. Habrá purgas paulatinas y entrada de nuevos miembros al grupo administrativo que deben su lealtad a él. En contraste, jefes carismáticos positivos procuran y mantienen lazos de fidelidad con sus «compañeros de armas».

Finalmente, por carecer de verdaderas cualidades carismáticas lo tratará de compensar haciendo pruebas de fuerza. Concentrará aún más el poder decisorio, rechazará consejos, despojará a estructuras independientes de sus atributos, no permitirá colegiación. Estas actitudes llevarían a un *hiperautoritarismo*, que pasa del liderazgo patriarcal a una tiranía o dominación por temor. Los partidos carismáticos son rígidos hacia adentro y herméticos hacia afuera.

En caso del carisma positivo, el autor conviene con Weber, que se busca en una sucesión la institucionalización, tendiéndose hacia un Estado antiautoritario con cuadros burocráticos de rasgos impersonales y profesionales. Pero en los seudocarismáticos el tirano considera al partido como su propiedad y la tendencia va hacia la *patrimonialización* de los poderes de mando, con posibilidades lucrativas para sus seguidores. Se desarrolla un Estado autoritario. El autor sostiene que no hay posibilidad de sucesión de un tirano, solo descomposición y podredumbre.

La dominación tradicional patrimonial en América Latina ayer y hoy

Gina Zabludovsky (1986) hizo una apretada revisión de la literatura relacionada con la aplicación del concepto de dominación tradicional patrimonial en América Latina. Para ella, más que la estamental es la tradicional patrimonial la identificada por los estudiosos como más afín al ejercicio del poder en esta región.

Según la autora, diversos científicos sociales han echado mano del concepto weberiano para entender el orden político desde la colonización española, pues hay una importante bibliografía que cataloga al Estado de la monarquía española, tanto Habsburga como Borbona, como patrimonial, que reprodujo ese esquema en los nuevos territorios donde se asentó. Al rey pertenecería todo territorio descubierto, delegando su poder de gobierno a virreyes y otras autoridades.

Richard Morse, citado por Zabludovsky, fue pionero en esta caracterización del orden colonial español. Consideró que en España fue poco influyente la dominación tradicional estamental, siendo las tendencias patrimonialistas reforzadas con el descubrimiento de América. La institución de la encomienda fue una forma típica patrimonialista de recompensar a un servidor de la Corona, pues fue una concesión del rey a conquistadores y puso de relieve el cuidado que tuvo la monarquía española de no otorgar privilegios que se heredasen. Morse relacionó esta forma de ejercicio del poder con la influencia de las ideas tomistas en España y sus colonias, concretadas en el organicismo, el patriarcalismo y la idea de una sociedad plena de imperfecciones resueltas por una figura paternalista.

Otro pensador que usó este concepto para caracterizar la dominación ejercida por España a sus colonias fue Octavio Paz. En *Sor Juana Inés de la Cruz y las trampas de la fe*, afirmó que hubo en el Virreinato de la Nueva España una dominación tradicional patrimonialista como resultado del carácter patrimonialista del Estado español. Los cambios los dictaban los caprichos del gobernante y eran sus favores la fuente de privilegios, prestigio, influencia, poder y bienes materiales. Otros autores caracterizaron a España como un «despotismo oriental» (o sultanato), pues la Corona descansó sobre la Iglesia y una burocracia eficiente que le dio un poder estatal fuerte e independiente. Sin embargo, otros han alegado que hubo tendencias hacia un Estado racional-legal, por la riqueza de la jurisprudencia y reglamentaciones, que buscaron crear una burocracia eficiente y honesta.

Es interesante que este legado español es explicación también de por qué tal forma de ejercicio del poder continúa, según algunos autores, en las repúblicas latinoamericanas. En esta línea argumentativa, el retiro del Estado patrimonial trajo la emergencia de liderazgos personalistas fuertes que se apoyaron adicionalmente en tradiciones nativas y el constitucionalismo entonces en boga. El patrimonialismo continuó influenciando un orden político donde la legitimidad no reside en la ley sino en quien la lleva a cabo.

Corresponde también al ejercicio patrimonial del poder una dominación donde las masas desarticuladas se relacionan a través de un Estado centralizado que ejerce su poder como razón de Estado, como en los casos de nacional-populismo en el siglo XX. Finalmente, Zabludovsky identifica un renovado interés por este concepto y lo atribuye a la búsqueda de comprender los instrumentos con los que se ejerce el poder en la región, la evolución del cuerpo burocrático, la estructura del funcionariado, entre otros aspectos. Las dictaduras, la corrupción y otros rasgos actuales han hecho que estudiosos desempolven viejos conceptos de influencia weberiana como el corporativismo, patriarcalismo, patrimonialismo.

Krauze (1997), por su parte, señala que el gran mito de México en el siglo XX fue la revolución mexicana, que dio como resultado, por vía de la rutinización de su carisma y el de sus héroes, a un orden político de fuertes rasgos patrimoniales. Al igual que los autores arriba mencionados, tales rasgos –sostiene– hunden sus raíces en el Estado español, aunque el discurso oficial no lo reconoce y sostiene que sus formas de ejercicio del poder provienen de la tradición indígena azteca.

Reflexiones análogas encontramos en la literatura sobre el legado portugués en Brasil. De acuerdo con Ricardo Vélez-Rodríguez (2013), ni Portugal ni España conocieron la feudalidad como ejercicio tradicional del poder. La larga lucha de ocho siglos contra el invasor musulmán hizo que los cristianos, que se refugiaron en las montañas del norte de la península ibérica, terminaran copiando los procedimientos gubernamentales centralizadores de los califas, olvidándose de las tradiciones medievales y feudales de desconcentración del poder y reforzando una tradición legada por los bárbaros cuando irrumpieron en los espacios del imperio romano: el patrimonialismo. Según tal tradición, el gobierno surge como hipertrofia de un poder patriarcal original, que ensancha su dominación doméstica sobre territorios, personas y cosas extramatrimoniales, pasando a administrar a todos como propiedad familiar (patrimonial). Sérgio Buarque de Holanda en *Roots of Brazil* (2012), así como Victor Nunes Leal, en su *Coronelismo: enxada e voto* (1948), también trabajan el patrimonialismo en Brasil como parte del legado de la dominación portuguesa. Leal describe el proceso de constitución del *coronelismo* y su sobrevivencia en el Estado moderno brasileño, donde se han mantenido formas informales y personales en el ejercicio del poder, junto a las formales propias de los órdenes políticos modernos. Llama a esto un estilo político «brasileño».

Otro estudio que encontramos, que utiliza la teoría weberiana, es un informe de Oscar Ozslak para el Consejo Latinoamericano de Administración para el Desarrollo (CLAD) y el gobierno de República Dominicana, escrito en 1975, después de visitar ese país. El objetivo del informe fue levantar un diagnóstico de la situación del sector público, a los fines de comprender las causas estructurales de algunos problemas del aparato estatal y a partir de allí formular propuestas para superarlas. Ozslak identifica la superposición de diversos procesos sociohistóricos y políticos, que determinan la conformación de relaciones Estado-sociedad con múltiples y contradictorias formas organizativas y de funcionamiento. Las trabas principales para la consecución de un aparato estatal más moderno y eficiente pasa por entender «la orientación patrimonialista del poder central, reñido con la racionalidad legal que legitima sectores técnicos...» (p. 52). El texto alude a varios trazos patrimonialistas del gobierno, como el estilo «extremadamente personalista» del presidente y el permanente conflicto entre la racionalidad política y técnica, que produce males como el padrinazgo y la falta de control sobre espacios de la acción estatal.

El *neopatrimonialismo*

Para comprender la naturaleza del ejercicio del poder en sociedades que con posterioridad a la Segunda Guerra Mundial comenzaron procesos de descolonización y construcción de Estados nacionales, apareció en la década de 1960 el concepto de modelo de dominación tradicional *neopatrimonial*. El objetivo de sus formuladores ha sido encontrar una noción más precisa para dar cuenta de las nuevas realidades de la legitimación política que ocurren en procesos que no pueden catalogarse de *premodernos* como Weber describió los casos de la dominación tradicional patrimonial.

Varios trabajos publicados en el portal del German Institute of Global Area Studies (GIGA) de Hamburgo (Alemania) reflejan el interés por este concepto y su potencial para comprender la legitimación en las sociedades actuales (Korte, 2011, Erdman, 2006, Bechle, 2010). En lo que sigue, revisamos ideas para finalizar este capítulo con una visión más completa del estado del arte en la corriente de pensamiento weberiana y sus potenciales para explicar la situación de Venezuela pos la muerte de Chávez.

El trabajo elaborado por Karsten Bechle denominado «Neopatrimonialism in Latin America. Prospects and Promises of a Neglected Concept» (2010) es el más interesante para nuestros propósitos por estar directamente relacionado con el ejercicio del poder en la América Latina actual.

El autor busca convencer a la academia latinoamericana del importante potencial que tiene la noción de *neopatrimonialismo* para comprender la realidad política contemporánea de la región. Comienza por explicar que el concepto fue acuñado en 1968 por Guenther Roth y luego por Shmuel N. Eisenstadt en 1973, habiendo sido aplicado a casos de África que salían del dominio colonial en la segunda posguerra. Desde la década de 1980 se aplicó también en estudios del Medio Oriente y sudeste asiático.

Para Bechle, los países latinoamericanos parecen atrapados políticamente en una especie de zona gris. La transición hacia la democracia quedó a medio camino y lo que se aprecia son democracias «híbridas» o «con adjetivos», con instituciones débiles, donde falta capacidad en la sociedad para controlar al poder político. Una situación, además, donde no se avizoran progresos en lo inmediato.

Recuerda que el concepto patrimonial y ahora este de neopatrimonial, siendo de estirpe weberiana, no caracterizan a un régimen, sino a una manera de ejercer el poder, en la forma de relaciones personales, que no diferencian lo privado de lo público. La arbitrariedad de la autoridad solo está limitada por la tradición. Weber supuso que la dominación patrimonial daría paso a la legal con el proceso de modernización.

La diferencia del *neopatrimonialismo* con el patrimonialismo estriba en que no incluye la idea evolucionista de Weber. El neopatrimonialismo reconoce una convivencia de ambas formas de dominación en lo contemporáneo, que no necesariamente va a evolucionar. Pese a que una sociedad tenga en lo formal una legitimidad legal-racional, conviven con ella formas de dominación patrimoniales. El ejercicio del poder de líderes neopatrimoniales, a diferencia de los patrimoniales, está limitado por un pequeño espacio de legalidad que deben mantener, una fachada

48

de racionalidad-legal. Pero en lo fundamental predominan instituciones informales y relaciones personales.

Michael Bratton y Nicolas Van de Walle en 1997, según Bechle, sistematizaron en tres instituciones informales básicas la presencia del neopatrimonialismo: el presidencialismo, un clientelismo sistemático y el uso de los recursos estatales. El presidencialismo, definido como la concentración del poder en una sola persona, que solo delega cosas sin importancia. El clientelismo, entendido como la entrega de favores como forma de legitimación y el uso de los recursos estatales como la presencia de los fenómenos de corrupción, nepotismo, reparto de renta y otras prácticas.

En América Latina varios conceptos circulan para designar la presencia de estos fenómenos en la dominación: caudillismo, caciquismo, autoritarismo burocrático, neopopulismo, democracia delegativa. Bechle sostiene que lo que diferencia al neopatrimonialismo de estos es la presencia y centralidad que le da a las tres instituciones mencionadas. Su utilidad vendría de precisar la persistencia de ellas en los arreglos políticos recientes de la región, mostrando lo profundas que son sus raíces. Este autor pasa, luego, a señalar varias observaciones sobre conceptos alternos, en perspectiva comparativa con el de neopatrimonialismo.

Argumenta, por ejemplo, que el caudillismo y el caciquismo han sido usados para caracterizar principalmente el poder político en el siglo XIX, luego de la ruptura del lazo colonial. Hoy han perdido vigencia para explicar el ejercicio del poder. El populismo y el autoritarismo burocrático, por otra parte, aparecieron vinculados a los déficits de modernización política de la región. El segundo ha perdido atractivo con el resurgimiento de la democracia y, además, es un concepto que caracteriza formas de dominación donde lo legal tiene más peso que lo patrimonial.

En cuanto al populismo, señala que ha aparecido el concepto de «neopopulismo», que combina el liderazgo populista como se conoció en tiempos pasados, con una orientación económica de aplicar paquetes de ajuste de naturaleza neoliberal. Sería un tipo de dominación que combina dos aspectos, para algunos académicos, incompatibles. Pero, además, el descrédito del neoliberalismo a inicios del siglo xxi ha estado acompañado por el resurgimiento, otra vez, de populistas, pero esta vez de signo izquierdista, sin los paquetes neoliberales. Tanto populistas, neopopulistas y populistas de izquierda ejercen el poder de manera concentrada, desarrollan redes clientelares y hacen uso de los dineros públicos para legitimarse. Pero cada concepto parece definir fenómenos más acotados que el de neopatrimonialismo. Considera Bechle que este podría englobarlos.

El concepto de neopatrimonialismo es cercano en contenido al de populismo, no así al neopopulismo, porque en este el clientelismo no juega un rol central. Al contrario, la reducción del Estado, promovida por figuras como Alberto Fujimori o Fernando Collor de Melo, fue compensada por otras formas de clientela. Pero de acuerdo con uno de sus teóricos, Kurt Weyland, si el recurso clientelar toma mucho peso, no sería un neopopulismo. Tampoco el concepto de neopopulismo presta atención a la esfera administrativa o a la burocracia en los niveles de la administración pública. El neopatrimonialismo, por lo contrario, abarca ambas esferas. En el concepto de Guillermo O' Donnell de democracia delegativa, el carisma ciertamente juega un papel central, pero considera Bechle que el debate en torno a este concepto focaliza en la desviación democrática que representa por la falta de pesos y contrapesos.

Revisando estos términos, una ventaja del concepto neopatrimonial es que ayuda a trascender un cierto parroquialismo en la Ciencia Política dedicada a la región. Para fines comparativos esto es importante, pues hay muchos conceptos que tratan de dar explicación a un fenómeno y la mayoría no son suficientemente claros o precisos. Lo otro que señala es su potencial heurístico, su capacidad de caracterizar un fenómeno encontrando lo común en sociedades muy distintas.

En la última parte de su análisis también hace referencia al concepto de autoritarismo burocrático, una manera de gobernar que, a su entender, no significó una importante ruptura con las formas de ejercer el poder del pasado, en particular con el patrimonialismo. Bechle revisa trabajos de Marcelo Cavarozzi, Oscar Oszlak y otros para demostrar que hasta la década del setenta las dictaduras actuaron mucho en consonancia con la centralización del poder y el clientelismo de la etapa modernizadora de sustitución de importaciones y cuando ya impulsan paquetes neoliberales, la permanencia de patrones patrimoniales es más fuerte de lo que el concepto de autoritarismo burocrático pareciera indicar. El concepto de neopatrimonialismo siempre incluye un espacio racional-legal, como sería el caso de estos autoritarismos, pero la dominación del autoritarismo burocrático no llega a llenar los requisitos de la dominación racional-legal de Weber. Se establecieron, por ejemplo, filtros ideológicos en la administración pública y jerarquías militares paralelas a las civiles en los ministerios, los cuales dificultaron una gestión eficiente. Tampoco dieron decisiva autonomía del Estado sobre agentes económicos, aunque haya desmantelado vínculos corporativistas. El concepto neopatrimonial ayuda a que las continuidades con el pasado sean más evidentes.

En síntesis, la escuela de pensamiento weberiano revela una valiosa manera de comprender el ejercicio del poder que los venezolanos han legitimado en estos años de la era chavista. Se trata de una autoridad carismática, que obtuvo la obediencia a su voluntad sobre las bases de una percepción de su liderazgo como extraordinario o cuasi divino. A su muerte, sus seguidores han tomado la vía de una rutinización de tipo neopatrimonial, distanciándose crecientemente de vías racionales o legales, es decir, modernas. Esto ha exacerbado la inestabilidad del orden político del período en vida de Chávez y ha rejuvenecido formas tradicionales de la vieja política, como el nepotismo, el clientelismo y la corrupción. Sin embargo, los esfuerzos hasta ahora por arraigar este relacionamiento entre Estado y sociedad no han sido acompañadas con mecanismos que permitan, de alguna manera, compensar la ausencia del carisma con un aparato administrativo eficiente y/o el reemplazo de la anti-economicidad de la dominación carismática por la vuelta de alguna economía de mercado que permita el sustento de sus bases. Por ello, las posibilidades de su estabilidad lucen improbables.

Capítulo 2
Populismo chavista[2]

LA VICTORIA ELECTORAL DE HUGO CHÁVEZ y sus fuerzas «bolivarianas» en 1998 significó un momento de inflexión en el proceso sociopolítico venezolano. La sociedad, padeciendo una crisis integral que demoraba ya dos décadas sin solución, había visto perderse muchos logros modernizadores alcanzados en el siglo XX. Los partidos hegemónicos, Acción Democrática (AD) y socialcristiano COPEI, otrora populistas, habían terminado abrazando políticas y discursos neoliberales. El presidente Rafael Caldera, al asumir su segunda presidencia en 1994, había prometido revertir la situación crítica. También ofreció hacer una reforma constitucional para incorporar demandas de profundización democrática defendidas por instituciones y organizaciones sociopolíticas desde la década de los ochenta. Sin embargo, no cumplió. Se crearon entonces condiciones materiales y anímicas para que los votantes se pronunciaran por un cambio radical de elites y proyecto político. Chávez y su movimiento bolivariano obtuvieron el triunfo electoral, al expresar lo que pareció ser las aspiraciones de la mayoría: construir una democracia participativa, rechazar políticas neoliberales y expulsar del poder a partidos corruptos e insensibles.

En este capítulo interpretamos la llegada de Chávez al poder y su sostenida popularidad hasta su muerte, argumentando

---

2   Este capítulo es una reformulación de «Populismo, rentismo y socialismo del siglo XXI» de Margarita López Maya y Alexandra Panzarelli, aparecido en *Recso_02 Revista de Ciencias Sociales de la Universidad Católica del Uruguay*, vol. 2, Año 2, 2011, pp. 39-62.

su fuerte adscripción al populismo latinoamericano. El término populismo se presta a distintos enfoques y es polémico. En lo que sigue lo entendemos, siguiendo el pensamiento crítico derivado de la obra de Ernesto Laclau (2005), como una forma universal de hacer política, que aparece para empujar aspiraciones de inclusión social, y cuyo eje definitorio es un discurso dicotómico de gran valor movilizador, que construye sujetos políticos antagónicos e irreconciliables: el pueblo (los pobres y/o los que no tienen poder) y la oligarquía (el bloque de poder). En esta literatura se le reconoce como una forma de democracia directa que privilegia el vínculo identitario entre un líder carismático y sus bases, y rechaza las formas mediadas de la democracia representativa. Si bien es en esencia democrático, tiende a prescindir de instituciones de representación, concentrándose en la movilización tras el líder como el instrumento político por antonomasia. Esto termina produciendo profundos déficit de democracia en el régimen político y la sociedad.

En las líneas que siguen presentamos las condiciones que propiciaron el resurgimiento de esta forma de hacer política, desarrollamos los elementos distintivos del populismo a la Chávez y analizamos la composición social inicial de las elites que gobernarán el país a partir de 1998.

Condiciones para una *ruptura populista*

La victoria de Chávez en 1998 significó la reemergencia en Venezuela del populismo, una tradición que tuvo en el siglo xx tanto versiones radicales, como en el Trienio Adeco (1945 y 1948), como moderados, como el caso de Carlos Andrés Pérez entre 1974 y 1979 (Ellner, 1997; Gómez Calcaño y Arenas, 2006).

La persistencia del populismo en el país ha tenido en la economía petrolera un factor de peso, aunque el hidrocarburo actuó en el siglo xx reforzando factores históricos previos. En la república decimonónica, que siguió a la ruptura del lazo colonial, el caudillo carismático procedente de distintas regiones geográficas jugó un rol central en el control del orden social. Con la llegada del petróleo y la configuración de un *Petroestado* en el siglo XX se dieron condiciones en la relación Estado-sociedad favorables a la persistencia de este estilo de hacer política. El Petroestado se diferencia de otros Estados modernos por recibir importantes ingresos fiscales, que provienen del mercado mundial y no de la tributación de los ciudadanos o agentes económicos internos. Esto permite a quienes llegan al poder una significativa libertad de acción –o arbitrariedad– con relación a demandas y presiones de la sociedad civil y a la distribución de recursos públicos. El Petroestado también privilegia motivaciones políticas sobre cualquier otra racionalidad social, lo que lo hace altamente susceptible a ineficiencias y corruptelas (Karl, 1991).

El negocio petrolero propició, adicionalmente, un fuerte y particular nacionalismo, tanto en elites militares, políticas o burocráticas, como en la población. Este nacionalismo está basado en la idea de que todos los venezolanos somos propietarios de este recurso natural, correspondiéndole al Estado, en su carácter de representante de la nación, administrarlo con equidad y defenderlo, tanto de intereses externos que buscan hacerse de él, como de internos que quieren apropiárselo para beneficio propio. Quienes llegan al poder en Venezuela suelen legitimarse con discursos nacionalistas donde la igualdad y la justicia social juegan un rol central, igual que la desconfianza hacia potencias y corporaciones extranjeras. La cultura política socializada en el siglo XX inculcó el concepto de que corresponde al Estado la tarea de impulsar en nombre del pueblo la modernidad y el progreso a través de la administración de la *renta petrolera*, garantizando una «justa» distribución de ella (Coronil, 2002). En la democracia esto se entendió como un reparto equitativo de *renta petrolera*. La disminución de ella en la década de 1980 debilitó las bases materiales del proyecto modernizador y democrático propiciando un cambio político.

La crisis económica y la llegada del paradigma neoliberal

Desde 1958, los distintos gobiernos democráticos construyeron un discurso oficial donde la democracia implicaba tanto derechos civiles y políticos como un modelo económico que, apalancado por la renta petrolera, incluiría a todos en los beneficios del desarrollo. Sin embargo, en los años ochenta, la economía entró en declive y para resolverlo los gobiernos viraron hacia discursos y prácticas neoliberales, que ensalzaron el mercado y elevaron la pobreza, ampliándose también la desigualdad en la distribución del ingreso. Comenzó entonces un sostenido descontento social que dio paso a un cuestionamiento al Estado y a los partidos. En el evento conocido como *Viernes Negro*, de febrero de 1983, el gobierno de Luis Herrera Campins (1979-1984) se vio obligado por el desajuste económico originado, entre otros factores por un declive de los precios internacionales del barril petrolero, a cerrar las actividades cambiarias y proceder a una devaluación del bolívar. Fue un primer momento simbólico de concientización de los venezolanos sobre una crisis de la economía rentista petrolera, cuya responsabilidad fue atribuida principalmente a AD y COPEI, partidos que eran ejes del sistema político y que gobernaban alternativamente desde 1958.

La continuación de la crisis económica en los lustros siguientes y la aplicación de políticas de ajuste de carácter neoliberal para conjurarla, condujeron a que la sociedad se fuera escindiendo en dos polos sociales —ricos cada vez más ricos y pobres cada vez más pobres— mientras las capas medias se achicaban y los pobres crecían en número. Elites políticas y económicas fueron crecientemente cuestionadas, los partidos rechazados y se multiplicaron denuncias de corrupción. Partidos, sindicatos y gremios del bipartidismo

56

fueron dejando de servir como eficientes correas de mediación y distribución de favores, al desestructurarse las redes clientelares, producto de la reducción del gasto fiscal. La desinstitucionalización hizo visible una creciente, pugnaz y a ratos violenta protesta popular liderada por estudiantes, sindicatos de empleados públicos independizados de los partidos, desempleados, jubilados e informales. Según el Programa Venezolano de Educación - Acción en Derechos Humanos (Provea, 1989-1999), entre los nueve años que van de octubre de 1989 a septiembre de 1998 hubo un promedio anual de 720 protestas, es decir, dos diarias. Para 1998, el año cuando Chávez ganó las elecciones presidenciales, las cifras de pobreza y pobreza extrema eran cercanas al triple de lo que fueron en 1983. Si para 1979 el ingreso del 5 % más rico de la población era 41,58 veces superior al ingreso del 5 % más pobre, esa misma relación en 1997 era de 53,11 veces. Es fácil colegir de estos datos el escenario de malestar y resentimiento que envenenaba la atmósfera y favorecía una ruptura con el orden político vigente.

El Caracazo: se divorcian los pobres y capas medias del bipartidismo

La crisis económica, al no encontrar resolución, llevó a una descomposición social y esta –como señalamos– al aumento de confrontaciones entre sociedad y Estado. Muchos actores, a falta de canales institucionales de mediación, escenificarían el conflicto en protestas de calle. El 27 de febrero de 1989 tendrá lugar el segundo momento emblemático de conciencia colectiva sobre la crisis que se desarrollaba. El estallido popular conocido como El Caracazo abarcó casi todas las ciudades del país, prolongándose en la capital por una semana. Muchas urbes fueron paralizadas por multitudes que trancaron calles y avenidas, y saquearon miles de establecimientos comerciales. El Caracazo cedió solo después de un intento por controlar la situación, tardío e improvisado por parte del gobierno de Pérez, implicando una violenta represión a la población pobre y desarmada por parte del Ejército, con un saldo de centenares de muertos (López Maya, 2005).

El Caracazo fue una experiencia inédita para la democracia venezolana. Determinó un divorcio irreversible entre sectores pobres y el presidente Pérez, líder carismático de las filas de AD que, en su primer gobierno (1974-1979), había presidido sobre un auge de los precios petroleros sin precedentes, que lo llevó a impulsar un proyecto político que llamó la «Gran Venezuela». El Caracazo se produjo dieciséis días después de la inauguración de su segundo gobierno, luego del anuncio de un programa de ajustes económicos neoliberal ortodoxo y del tipo *shock*. Con este anuncio, los sectores populares se vieron defraudados por el presidente, cuyas promesas e insinuaciones electorales generaron expectativas de retorno a los años dorados. Es altamente simbólico que ese día, lunes, comenzaba el aumento del pasaje del transporte colectivo, como consecuencia del aumento de la gasolina que –según el nuevo discurso oficial– debía ser pagado por la población a precios más cercanos a los internacionales. El petróleo dejaba de ser un bien de todos.

Pérez nunca pudo sobreponerse a su impopularidad después de la represión que ordenó, ni su gobierno ni la democracia pudieron reparar su legitimidad herida. Como derivado de El Caracazo, tres años más tarde un grupo del Ejército, liderado por militares de rango medio, entre ellos Hugo Chávez, dio un golpe de Estado contra el presidente. Aunque fallido, el golpe sumió al gobierno en una crisis política de la cual nunca se recuperó. En mayo de 1993, Pérez fue destituido de su cargo por el Congreso Nacional, luego de que la Corte Suprema de Justicia dictaminara que había méritos para seguirle un juicio por malversación de fondos de la partida secreta.

El segundo gobierno de Caldera y la ruptura populista

A la salida de Pérez, el Congreso designó como presidente interino al historiador Ramón J. Velásquez, a quien le cupo la difícil tarea de conducir el Petroestado a las elecciones de diciembre de 1993, en medio de la crisis política e inestabilidad institucional. Durante la campaña electoral emergieron entre los favoritos dos candidatos propuestos por fuera del bipartidismo: el expresidente Rafael Caldera y el sindicalista Andrés Velásquez. Este último era candidato de La Causa R (LCR), un pequeño partido de izquierda de imagen anti-institucional, que venía haciéndose atractivo al desencantado electorado. Los resultados electorales fueron apretados y hubo dudas sobre su pulcritud. En todo caso, AD y COPEI perdieron por primera vez desde 1958. Caldera, fundador de COPEI y protagonista de los pactos constitutivos de la democracia venezolana, ahora sin el apoyo de su partido, resultó ganador. El expresidente representó en ese momento una salida política intermedia, entre una ruptura radical –entonces simbolizada por LCR– y una respuesta tradicional, representada por los candidatos de AD y COPEI. El atractivo de Caldera estuvo centrado en su discurso moderadamente populista, que ofreció elaborar una propuesta económica alternativa al neoliberalismo, con justicia social, así como una reforma constitucional que incorporaría las demandas de descentralización, formas de democracia directa y personalización del voto, aspiraciones debatidas por la sociedad civil y política desde la década de los ochenta.

Caldera no cumplió sus promesas. Si bien inicialmente pareció conjurarse la crisis política y se serenó el frente militar, el gobierno se vio enfrentado a una profunda crisis bancaria-financiera, a la cual respondió aliándose en el Congreso con el partido AD e impulsando un segundo ajuste neoliberal. Esta alianza impidió que se aprobara la reforma constitucional ofrecida, pues era AD el obstáculo principal al cambio en las relaciones de poder.

Durante el gobierno de Caldera continuó el declive institucional, visible en la creciente ineficiencia de las instituciones y los servicios públicos. Como Pérez, siguió desarrollando políticas sociales focalizadas de concepción neoliberal, contrarias al discurso estatista y de justicia social característico del proyecto democrático. También continuó y profundizó la política petrolera de Pérez, que cedía a la alta gerencia de Petróleos de Venezuela S.A. (PDVSA) el control sobre la política petrolera. Esto determinó que PDVSA se orientara hacia una política de internacionalización de la compañía, que disminuyó su aporte a las finanzas públicas agravando el déficit fiscal de esos años. La llamada política de Apertura Petrolera aumentó también los volúmenes de producción en detrimento de los precios del barril petrolero en el mercado internacional. Era esta una política opuesta a la OPEP, de la cual Venezuela era socio fundador. Se propendió a una eventual reprivatización del negocio petrolero, lo que era también contrario al discurso nacionalista. Cuando en 1998 los precios del barril petrolero se desplomaron una vez más en el mercado mundial arrastrando hacia abajo –como siempre– a la economía venezolana y disparando de nuevo al alza la pobreza, desigualdad y el desempleo, la población pobre, pero también las capas medias, estaba lista para abandonar el proyecto liderado por los partidos políticos y volcarse hacia un *outsider*.

Una encuesta publicada en 1995 por Latinobarómetro dio pistas de lo que buscaban los venezolanos. Si bien 60 % de los encuestados creían que la democracia era el mejor sistema de gobierno, expresaban tener poca o ninguna confianza en el sistema legal (70 %), en el Congreso (78 %) o en partidos políticos (84 %). Solo un quinto de la población urbana creía que los resultados electorales eran limpios y cerca de la mitad opinaba que daba lo mismo por quien se votaba. Al preguntárseles si un gobierno «de mano de hierro» podía o no ser bueno para un país, 78 % contestó que sí (en Welsh, 1995). El escenario para una «ruptura populista» estaba listo.

Chávez el seductor

Desde que Chávez iniciara su carrera política con el fallido golpe de Estado de 1992, muchos elementos se fueron conjugando para darle un aura irresistible a la población pobre o que había experimentado el empobrecimiento en los años de crisis. Por una parte, su fisonomía y orígenes familiares: «Alto, de contextura fuerte, pero no gruesa, tiene el tipo del venezolano que en los últimos cien años no ha recibido nuevas mezclas raciales. Pelo negro ensortijado, ojos achinados, boca gruesa, nariz perfilada» (Zago 1992: 14). Chávez nació en un pequeño pueblo del estado Barinas, Sabaneta, a distancia de las partes del país más dinámicas en el proceso de modernización. Este estado forma parte de los altos llanos occidentales, lo que le agrega al personaje el aura de «llanero», que evoca en la cultura popular imágenes de un carácter heroico e indómito, pero también indisciplinado e irreverente cuyo origen se remonta a la gesta independentista.

Chávez, por otra parte, fue construyendo un discurso político en el cual símbolos e imágenes elaborados a partir de referencias históricas, militares, religiosas y culturales reinterpretadas jugarían un papel de primer orden. En todo acto político usó continuamente símbolos de la nacionalidad para desarrollar y fortalecer su posición. En los orígenes mismos de su primera organización política, el Movimiento Bolivariano Revolucionario 200 (MBR 200), su ideología fue identificada como «el árbol de las tres raíces», siendo cada raíz la representación del pensamiento de Simón Bolívar, Simón Rodríguez y Ezequiel Zamora. Rodríguez fue maestro de Bolívar y Zamora un caudillo de la Guerra Federal a quien Chávez y otros fundadores del movimiento le han atribuido un «carácter reivindicativo y profundamente democrático» (Zago, 1998: 37). Este primer partido de Chávez incorporó doblemente en su nombre el símbolo más trascendente de la nacionalidad al llamarse «bolivariano» y al colocar el número 200 para representar el segundo centenario del natalicio del Libertador. Las primeras organizaciones de base se denominaron «círculos bolivarianos» y en 1999 se transformó el nombre de la república en «República Bolivariana de Venezuela».

El nacionalismo constituye el corazón inicial y más fuerte de la simbología bolivariana, aunque se fue complementando en los años de su segundo gobierno –debido al giro hacia el modelo socialista– con una creciente relevancia del imaginario de la izquierda política latinoamericana. Ejemplos de ello son las continuas referencias antiimperialistas contra EE.UU., el realce de figuras emblemáticas de la izquierda como Che Guevara, Fidel Castro y Salvador Allende, y el eslogan «Patria socialista o muerte» transformado al saberse de su enfermedad en «Viviremos y venceremos».

La polarización política fue, así mismo, ingrediente clave y permanente. En la etapa democrática previa fue poco frecuente la existencia de discursos presidenciales con el grado de pugnacidad que caracterizó buena parte de las intervenciones de Chávez. Desde su primera campaña electoral confrontaba utilizando un lenguaje directo, agresivo, en muchas oportunidades descalificador y hasta procaz contra partidos políticos, personalidades, factores tradicionales de poder e instituciones. Contra las elites políticas previas no ahorró calificativos despectivos y amenazas, desde ofrecer «freírles las cabezas» hasta llamarlos «imbéciles», «escuálidos», «traidores» o «pitiyanquis». A los dueños de los medios de comunicación privados más importantes del país los calificó, por un tiempo, de «cuatro jinetes del Apocalipsis». A un periodista que reseñó, de manera objetable según él, su derrota en el referendo de la reforma constitucional de 2007, lo tildó de periodista «de mierda». Con la jerarquía de la Iglesia Católica, en varias ocasiones la confrontación fue frontal llegando Chávez a calificar a algunos obispos de estar poseídos por el demonio. Su enfrentamiento con intelectuales y periodistas nacionales y extranjeros fue extenso. Al historiador Elías Pino Iturrieta lo catalogó de analfabeta. Al expresidente Bush de los EE.UU. lo asoció con el diablo y lo llamó «Mr. Danger», en alusión al personaje de la novela de *Doña Bárbara*. En una oportunidad, en Montevideo, le endilgó ante las cámaras: «*You are a donkey, Mr. Bush!*».

Estrechamente asociado con el discurso de polarización política, Chávez empleó profusamente un lenguaje militar y bélico. Su lucha política eran batallas épicas contra enemigos poderosos y llenos de maldad, llamando a «ponerse las botas» y vistiendo en distintas coyunturas el uniforme militar. Desde temprano, lo militar jugó un rol central en su simbología, ya que el movimiento se originó en los cuarteles, si bien siempre se presentó como una alianza cívico-militar. Luego de las duras confrontaciones políticas de su primer gobierno, el imaginario militar comenzó a prevalecer sobre el civil. En 2004, Chávez creó las Unidades de Batalla Electoral (UBE) para organizar sus bases en el referendo revocatorio presidencial, en agosto de ese año. El comando de campaña para su reelección en 2006 se organizó por batallones, pelotones y escuadras. En 2007, al fundar el Partido Socialista Unido de Venezuela (PSUV), le dio el nombre de «batallones socialistas» a las unidades organizativas del nuevo partido. En su segundo gobierno, ya lanzado al socialismo del siglo XXI, Chávez se hizo llamar «Comandante Presidente», título con que los cubanos distinguen a Fidel Castro, de quien fue ferviente admirador. A su muerte sus seguidores le otorgaron el título de «Comandante Eterno». El imaginario militar fortaleció el carácter polarizado en el cual se colocó la transformación, enfatizando el carácter trascendente y heroico que tienen las luchas contra los oponentes políticos, quienes son identificados como enemigos y no adversarios políticos.

El discurso de Chávez también se valió de un amplio repertorio de símbolos religiosos, que contribuyeron a moldear una visión totalitaria y salvacionista de su proyecto y liderazgo. El verbo presidencial construyó una visión omnicomprensiva del mundo, con respuestas para todo, con la misión última de crear una «sociedad de hombres nuevos».

Este discurso tuvo la clara intención de enfrentar y excluir una estructura de poder y una elite (interna y externa) consideradas como imperialistas, oligárquicas y corruptas. Como contraparte, Chávez elaboró un discurso incluyente de los sectores populares, centrado en la idea del «pueblo» como el protagonista de la historia y el agente de las transformaciones: «sólo el pueblo salva al pueblo, y yo seré el instrumento de ustedes...» (*El Universal*, 30-07-1997). Utilizó constantemente expresiones dirigidas a elevar la autoestima del pueblo, vinculándolo con gestas decimonónicas, en especial las de Independencia y de la Guerra Federal; se refiere al «bravo pueblo» o al «pueblo noble y valiente», siendo estos algunos de los tantos elogiosos calificativos que reiteradamente utilizaba.

Estos mismos elementos, en mayor o menor grado, provocaban el rechazo, desprecio y en múltiples ocasiones indignación entre sus adversarios. El discurso descalificador y excluyente fue el más despreciado. Los apelativos primero de «oligarcas», «negativos» y «puntofijistas», ampliados luego con «golpistas», «pitiyanquis» y «contrarrevolucionarios», metió en un mismo saco a posiciones y trayectorias públicas muy diversas. Con ello homologó a sus oponentes y alimentó sostenidamente la polarización política, que le dio constantes triunfos electorales. Las referencias al pueblo como centro del proceso fueron leídas por sectores medios y altos como evidencias de un populismo demagógico. Su informalidad con improvisación, alusiones beisbolísticas, por ejemplo, que eran reiteradas en programas semanales de *Aló, Presidente*, se percibieron como poco serias e impropias de un estadista y el uso del humor muchas veces una manifestación de chabacanería.

Como se ha sostenido con otros líderes populistas, como el colombiano Jorge Eliécer Gaitán, el lenguaje coloquial de Chávez, pleno de anécdotas y referencias familiares, fue una manera de democratizar la política, acercándola al hombre común. Igualmente, la constante repetición de ese discurso, así como la presencia de Chávez casi diaria en los medios, fue llevando a sus seguidores a sentirse partícipes de las decisiones que afectaban sus vidas, recuperando así sentimientos de inclusión. La polarización entre chavistas y «escuálidos», sirvió para materializar, como lo hiciera Gaitán con los «convivialistas», un adversario que sus seguidores podían identificar con claridad, borrando las incertidumbres de un mundo con distintos y distantes líderes y elites políticas.

Democracia directa: vasos comunicantes entre Chávez y su pueblo

El presidente Chávez, cónsono con la concepción del liderazgo populista, fue crecientemente debilitando las formas de mediación política, optando por vías cercanas a un enfoque de democracia directa. Tres de ellas nos parecen claves para entender tanto el enorme atractivo que ejerció sobre sus seguidores, como la fuerte legitimidad que gozó en vida.

La campaña permanente

En los catorce años que fue presidente, se llevaron a cabo diecisiete procesos electorales, que poco tuvieron que ver con el sentido que estos tienen en democracias representativas. En todos, tanto nacionales, regionales, locales o referendos, Chávez fue la figura principal, bien porque se estuviera relegitimando en el cargo —como en el 2000, 2006 y 2012— o porque su liderazgo se usó como «portaviones» para los miembros de su elite política, quienes poco podían competir con él. En el caso de los referendos, en todos operó la lógica de votar a favor o en contra de Chávez, independientemente de los contenidos. De esta forma se fue operando una relegitimación permanente del líder, donde los partidos eran apenas una parte de la plataforma que movilizaba a sus bases. Para su reelección en 2006, por ejemplo, el comando de campaña estaba integrado por dirigentes de su partido de entonces, el Movimiento Quinta República (MVR) y organizaciones sociales, mientras los otros partidos de la alianza fungieron solo como asesores. Desde 2006, la tendencia a la personalización que la lógica plebiscitaria fue imponiendo se exacerbó. Luego de las elecciones regionales y locales de noviembre de 2008, el presidente se dirigió a su partido: «He visto que algunos dicen que este triunfo se debió a tal o cual partido. Se equivocan, este triunfo es de Chávez y de nadie más».

En general, todos los comicios siguieron la lógica plebiscitaria. En elecciones regionales y locales Chávez impuso con frecuencia candidatos de poco arraigo en regiones o municipios, convirtiendo la elección en un «plebiscito de confirmación» de él y su gobierno[3]. El recurso del *kino,* plantilla usada en las elecciones para diputados a la Asamblea Constituyente de 1999, fue un caso en cuestión[4]. El apoyo del líder dependía de seguir al pie de la letra lo indicado en ella. Esta situación llegó a ser en 2008 extrema, imponiendo Chávez candidatos a gobernador y alcaldes sin arraigo en sus territorios. Si bien los resultados vistos en su conjunto fueron muy positivos para el chavismo, hubo excepciones notables. En ciudades como Caracas y Maracaibo, y en estados como Zulia, Miranda y Carabobo esa lógica terminó no resultando exitosa para los candidatos oficialistas. Esta dinámica convirtió a Chávez en un presidente en permanente campaña, en la cual los partidos y otras mediaciones jugaban un papel secundario. El carácter plebiscitario de la presidencia, moldeado por esta

---

3   Pierre Rosanvallon (2006) llama «plebiscito de confirmación» al que se da en elecciones legislativas bajo el régimen cesarista.

4   Esta plantilla ilustrativa tomó su nombre de un popular juego de lotería en el país. En esta se explicaba en detalle las columnas y posiciones que debían marcarse para «votar» por el presidente Chávez, pese a que en esas elecciones el presidente no competía.

campaña permanente, fue ahondando la incapacidad de la sociedad para ejercer contraloría sobre el Estado, socavando la continuidad de las instituciones democráticas.

El «Estado comunicador»

Los medios de comunicación fueron vía privilegiada para la comunicación entre líder y masas, intrínsecamente vinculado con la estrategia plebiscitaria. Desde el inicio de su primer gobierno, bien porque no había una clara o coherente política comunicacional o bien porque Chávez así lo decidió, lo cierto es que desde un principio fue su figura el centro de la estrategia comunicacional del oficialismo. A partir de 2004, cuando ya tomó cuerpo una política estatal compleja, esa centralidad se reforzó, girando todo el andamiaje en dos recursos principales: las cadenas presidenciales de televisión y radio y el programa dominical *Aló, Presidente*. Las cadenas presidenciales alcanzaron en los primeros diez años (1999-2008) el equivalente a 1038 horas de transmisión, es decir unos 43 días. El promedio para *Aló, Presidente* hasta junio de 2008 fue de 4 horas y 21 minutos. Desde 2006 el promedio subió a 6 horas y 22 minutos. Como referencia comparativa, el presidente estadounidense Franklin D. Roosevelt, otro líder que gustaba de usar los medios y a quien le tocó estar al frente de su país durante la Segunda Guerra Mundial, utilizó unas 499 horas, 21 días en sus doce años de gobierno, es decir la mitad que Chávez en más años que él. Por otra parte, Venezolana de Televisión (VTV), el canal bandera del Estado, se usó casi exclusivamente para la comunicación directa entre líder y pueblo (Bisbal, 2009). En su segundo gobierno, se incluyó como estrategia en los medios del Estado adoctrinar en los valores del llamado socialismo. Tres de cada cuatro horas de programación fueron dedicados durante sus últimos años en el gobierno a propaganda oficial y a reproducir extractos de las cadenas y del *Aló, Presidente*.

Después del golpe de Estado de 2002, donde medios privados jugaron un rol protagónico en contra del líder, el gobierno fue elaborando lo que algunos han denominado una estrategia de «Estado-comunicador». Fue creando una amplia estructura o plataforma comunicacional con la finalidad de enfrentar al «enemigo» (tanto interno como externo) y a la vez irradiar, a través de la cultura de masas, el proyecto y proceso político-ideológico bolivariano, que sería con los años y, especialmente en el segundo gobierno, un proyecto socialista «chavista», en el sentido de orientarse de manera principalísima por el pensamiento de Chávez.

La constitución del «sistema público de medios» es, con más precisión, un sistema de medios del chavismo, adueñándose esta parcialidad política de VTV, canal que modernizó y expandió su señal hasta tener cobertura en todo el territorio nacional, y abriendo otros canales como Vive TV, Ávila TV y Telesur, a los cuales también puso al servicio de sus intereses. Este último fue concebido en 2005 como un canal de varios estados latinoamericanos (Argentina, Cuba y Uruguay), pero terminó por ser otro canal del gobierno venezolano, pues gracias a la abundancia de petrodólares que entonces disfrutaba Venezuela terminó por financiarlo casi íntegramente y lo fue usando, primero, para posicionar el liderazgo chavista en la región y, al desaparecer Chávez, el proyecto socialista que continúa su sucesor en la presidencia, Nicolás Maduro.

Además de estaciones de televisión fue creciendo la red radial chavista, donde Radio Nacional de Venezuela (RNV) funge como el centro de un conglomerado de estaciones que transmitían mientras vivió Chávez el *Aló, Presidente,* así como información y propaganda oficial que llegaba a toda la geografía del país. En 2004, RNV también adquirió una señal de onda corta internacional. Adicionalmente, podemos mencionar también a la Agencia Bolivariana de Noticias (ABN, hoy Agencia Venezolana de Noticias, AVN), con corresponsalías en varios países y varios periódicos, algunos de distribución gratuita. Toda esta plataforma se reforzó con el impulso y financiamiento del gobierno a numerosas radios comunitarias, muchas de las cuales apoyan políticas del chavismo y se movilizan en coyunturas electorales para respaldarlo.

Gracias a esta estrategia Chávez fue figura cotidiana en la vida de sus seguidores. Lo vieron permanentemente, se sintieron en contacto con él y se percibieron participando de su gestión de gobierno. Su avasallante presencia a través del espacio audiovisual y radioeléctrico, amén de periódicos, vallas y grafitis, fue una modalidad de democracia directa direccionada de arriba hacia abajo. A través de los medios, Chávez hizo avanzar su agenda y al mismo tiempo estigmatizó y obstaculizó toda iniciativa que se le opuso.

La construcción del adversario político y la lucha contra él se desenvolvió de manera importante en el espacio mediático. Si bien Chávez en sus inicios recibió apoyos de las principales corporaciones mediáticas del país, esta relación fue breve y pasó rápidamente a una lucha frontal. Desde los medios «estatales» –léase «chavistas»–, el presidente estigmatizó a todo medio que lo criticara. Algunos medios privados, sobre todo en los años de su primer gobierno, también jugaron a la polarización, estigmatizando al presidente y su proyecto político. Entre ambos polos se vivieron varios momentos de clímax, como los casos del *blackout* televisivo que se produjo durante el golpe de Estado del 11 de abril de 2002 y el cierre de Radio Caracas Televisión, el 27 de mayo de 2007.

En los años del segundo gobierno de Chávez el proyecto chavista alcanzó la hegemonía comunicacional, tras múltiples prácticas que incluyeron restricciones legales y materiales a medios privados y estrategias intimidatorias contra medios que consideró contrarios a sus intereses. Desde 2005, con la política del Nuevo Orden Comunicacional y el control absoluto que ejerció el chavismo sobre la AN, se aprobaron instrumentos legales, como la Ley de Responsabilidad Social en Radio y Televisión y la Ley de Telecomunicaciones, que dotaron al gobierno de recursos a los que podía acudir para debilitar medios considerados opositores políticos.

Estas normativas, si bien tienen aportes importantes para regular este «cuarto poder», mantienen ambigüedades que han permitido que sean objeto de interpretaciones de acuerdo con la ocasión. Con la pérdida de autonomía de los poderes públicos, en particular del Judicial, las interpretaciones han servido para controlar o castigar a dueños de medios o periodistas que Chávez, o después Maduro, consideran enemigos. El gobierno utiliza también otros recursos intimidatorios como sanciones tributarias, confiscación de equipos, retiro de publicidad del Estado, uso abusivo de las cadenas, que representan cuantiosas pérdidas para medios privados. Al final algunos medios vendieron, bien al gobierno o a empresarios afines al gobierno, que pasaron a alinearse con las líneas editoriales de este.

Las redes populares

Una tercera vía de la relación directa de Chávez con sus bases fue la construcción de un vasto tejido organizativo político y social, impulsado desde el gobierno y centrado en su figura. Una estrategia organizativa para la movilización eficaz y frecuente es preocupación central para una forma de hacer política que rechaza formas de representación propias del modelo liberal. Podemos diferenciar por lo menos tres etapas en la evolución de estas prácticas.

Una primera, antes de llegar al poder, de formación del movimiento bolivariano como un movimiento nacional popular, contenido y orientado por el primer partido de Chávez: el MBR 200. Aparte de su composición cívico-militar y ciertos rituales (como el juramento bolivariano al ingresar) el MBR 200 fue similar a los demás partidos de masas del país. Sin embargo, nunca pudo contener a todos los simpatizantes del líder, que procedían de los más diversos caminos sociales e ideológicos. De modo que, además del MBR 200, el bolivarianismo contó desde antes de 1998 con diversas organizaciones populares, grupos de simpatizantes, partidos de izquierda y personalidades, que compartían ideas y particularmente el liderazgo carismático de Chávez. Para aglutinarlos en la campaña presidencial, ese año nació el MVR, pensado inicialmente como una estructura electoral paralela al partido, fuertemente centralizada y controlada por Chávez. Al ganar el MVR esa elección y los siguientes comicios hasta 2006, terminó por sustituir al MBR 200, debilitando el concepto del partido como empresa colectiva y fortaleciendo tendencias personalizadas, centralizadas y pragmáticas orientadas por la lógica electoral.

Una segunda etapa abarcó el primer gobierno de Chávez, donde se buscó que el MVR cuajara como instrumento político del movimiento, pero los esfuerzos hechos fueron intermitentes y su éxito escaso. Más exitosas fueron organizaciones creadas fuera del MVR, ligadas directamente a la defensa del presidente y con propósitos electorales, como círculos bolivarianos, unidades de batalla electoral y batallones electorales. Estas organizaciones reforzaron el verticalismo y el personalismo político en torno a Chávez. En otra dimensión, se impulsaron organizaciones sociales en los barrios populares urbanos y en el campo, dirigidas a gestionar con el Estado servicios públicos en las comunidades. Mesas Técnicas de Agua, Comités de Tierra Urbana o Rural, Comités de Salud y otras formas asociativas constituyeron la base de un tejido social novedoso, con distintos grados de autonomía y con el fin de concretar en la práctica el derecho constitucional a la participación ciudadana en la gestión de políticas públicas. Las comunidades organizadas experimentaban para encontrar modalidades eficientes al propósito de inclusión, autodesarrollo y solución a graves problemas en el acceso a servicios públicos, impulsando una importante dinámica «de abajo hacia arriba», que generó el entusiasmo popular y explica la legitimidad que el presidente adquirió entre los sectores de ingresos bajos. La dinámica *empoderadora* convivió con dinámicas que llevaban una direccionalidad «de arriba hacia abajo», impulsadas también por el presidente y funcionarios públicos, particularmente militares que controlaban algunas de las «misiones sociales». Esta dinámica se acentuaba en coyunturas electorales, presionando a las organizaciones civiles a movilizarse a favor del líder. Las tensiones motivaron durante un tiempo un importante proceso de movilización y politización.

Una tercera etapa se dio en el segundo gobierno de Chávez, con el desplazamiento de la democracia participativa por el modelo socialista del siglo XXI. Bajo esta propuesta, Chávez convocó a la disolución de todos los partidos de la alianza política, incluido el MVR, para conformar el PSUV como único de la revolución, concebido y controlado por él. Igualmente, se procedió a considerar a los Consejos Comunales (CC) creados por ley en 2006, como una modalidad privilegiada de organización social, que debía articular todas las otras formas de organización comunitaria. Los CC, a diferencia de la mayoría de las formas asociativas previas, fueron concebidos para depender directamente de la Presidencia de la República, que aprueba sus proyectos y otorga los recursos. Ambas formas de organización –la partidaria en el PSUV y la participativa en los CC– tienen en su vértice al presidente Chávez y en lo fundamental siguen una lógica direccionada desde arriba, debilitando las prácticas de autonomía, que fueron más frecuentes en el primer gobierno. En la Ley Orgánica de los Consejos Comunales (LOCC) aprobada por la AN en 2009 se les dio por finalidad la «construcción de un modelo de sociedad socialista», asignándoles tareas como crear organizaciones socio-productivas para impulsar la propiedad social y coordinar con las Milicias Bolivarianas acciones «en lo referente a la defensa integral de la Nación» (LOCC, 2009, art. 23). Esto reforzó su carácter estatal, debilitando el concepto participativo constitucional, que buscaba fortalecer a la sociedad frente al Petroestado.

Composición social de la elite y base chavista

Una ruptura populista, como la que aquí hemos narrado, implica un importante quiebre con el régimen político anterior, así como con quienes ejercían las funciones de gobierno. Revisemos brevemente la composición social inicial de grupo en ascenso, tanto en lo que atañe a sus bases como a sus elites.

Una manera de identificar la composición social de las bases del chavismo la proporcionan los resultados electorales (ver la segunda parte de este libro). En estos se constata correspondencia entre la polarización social y política en Venezuela. Los sectores sociales medios y altos tienden a votar mayoritariamente por cualquier opción contraria a Chávez, mientras que los sectores más pobres votan por él. También se manifiesta polarización entre el campo y la ciudad. Aunque Venezuela es una sociedad altamente urbana, el voto de ciudades pequeñas, pueblos y caseríos tiende a volcarse a favor de Chávez, mientras que en las grandes esa tendencia no es tan pronunciada. En el cuadro siguiente se ilustran estas tendencias comparando los resultados del referendo revocatorio de 2004, de las elecciones de 2006 y de la enmienda constitucional de 2009. Esta polaridad electoral ha sido una característica sostenida hasta la actualidad.

Cuadro 1.
Ejemplos de polarización electoral
Porcentaje de votos para chávez en el RR 2004, las elecciones
2006 y el referendo para enmienda constitucional 2009

	El NO en Referendo 2004	Elecciones 2006 Voto por Chávez	El SÍ en enmienda Constitucional 2009
NACIONAL	59,1	62,9	54,9
Zona Metropolitana de Caracas	48,7	54,8	45,2
Municipio Libertador	56,0	62,6	52,0
Parroquia Antímano	76,7	81,9	72,3
Parroquia San Pedro	28,0	32,3	25,4
Municipio Baruta	20,6	24,2	18,6
Parroquia El Cafetal	9,3	10,9	8,1
Municipio Chacao	20,0	23,3	17,4
Municipio El Hatillo	17,9	20,3	16,9
Centro Club La Lagunita	5,7	7,8	4,5
Municipio Sucre	47,1	53,1	43,8
Parroquia La Dolorita	73,1	78,4	68,5
Parroquia Leoncio Martínez	21,8	26,4	20,1
Estado Zulia	53,1	51,4	47,3
Municipio Maracaibo (Maracaibo)	47,9	46,9	40,6
Parroquia Idelfonso Vásquez	67,4	57,8	53,2
Parroquia Olegario Villalobos	26,3	26,9	21,9
Estado Carabobo	56,8	61,7	52,4
Municipio Valencia (Valencia)	47,6	52,4	45,08
Parroquia Sta. Rosa	62,0	65,5	55,7
Parroquia San José	14,1	17,6	13,2

Estado Lara	64,8	66,5	55,5
Municipio Irribarren (Barquisimeto)	60,9	64,8	51,4
Parroquia Unión	72,5	74,7	61,5
Parroquia Sta. Rosa	40,5	45,4	34,9

Fuente: http://www.cne.gov.ve/

El cuadro muestra una selección ilustrativa del comportamiento de electores de distintas ciudades y diferentes niveles de ingreso. En Caracas se ve cómo los tres municipios pequeños, pero de mayores niveles de ingreso (Baruta, Chacao y El Hatillo) votaron sostenidamente en contra de Chávez mientras que los municipios grandes (Libertador y Sucre), por congregar la mayoría de los barrios populares de la ciudad, consistentemente favorecían a Chávez con su voto. Dentro de los distintos municipios caraqueños se tomaron parroquias con distintas composiciones sociales, lo cual muestra con nitidez la tendencia mencionada. Por ejemplo, la parroquia Antímano del municipio Libertador es una de las más pobres de la ciudad y siempre votó sólidamente por Chávez. En contraste, la de San Pedro, mayoritariamente de clases medias, se pronunciaba electoralmente por la oposición. Un ejemplo extremo es el centro Club La Lagunita, sector residencial de sectores altos, donde la oposición captura más de 90 % de los votos.

El cuadro también presenta datos correspondientes a tres estados del país que son asientos de tres de las ciudades más importantes y pobladas. Allí se aprecia que la votación a favor de Chávez en todo el estado era superior porcentualmente a la obtenida en la capital del estado. En zonas rurales y más rezagadas, Chávez tenía mayor pegada electoral. También para cada ciudad se comparan los resultados electorales de la parroquia más rica con los de la más pobre. Consistentemente Chávez perdía en las ricas y ganaba en las pobres.

La composición social de dirigentes y quienes a lo largo de estos años conforman las elites del chavismo es diversa y, aunque no existen demasiados estudios sobre ello, algunos datos nos permiten dibujar algunas características iniciales. En un estudio sobre la composición de la AN de 2000, por ejemplo, se observó que la mayoría de los diputados procedentes de la alianza chavista (MVR y MAS) reconocían su nuevo ingreso como suficiente o más que suficiente (84,5% y 66,7%, respectivamente), mientras los parlamentarios del partido Proyecto Venezuela, de la oposición, lo consideraban mayoritariamente insuficiente (75%). También lo consideraban insuficiente 50% de los parlamentarios adecos (Martínez Barahona, 2002). Es un dato que parecería indicar que el nivel de ingresos que devengaban los chavistas entonces era el más alto que habían tenido, lo que señalaba su más baja extracción social con relación a otras elites. Si se atiende al nivel educativo, en la AN de 2000 72,4% de los congresistas del MVR eran profesionales (con grado universitario o posgrado), lo que era muy similar al nivel educativo de los diputados de AD, pues 75% declaraban tener grado universitario o posgrado. Parecería que estábamos en presencia de una elite profesional, aunque procedente de clases medias de ingresos más bajos.

Estos datos guardan afinidad con las elites militares, otra importante fuente de la que se nutren las elites chavistas. Son los militares también de clases medias bajas o incluso de extracción humilde, pero con niveles de educación profesional. Los casos de Chávez, Francisco Arias Cárdenas o Jorge García Carneiro son ilustrativos de este origen. El general García Carneiro, quien fue ministro de la Defensa en el primer gobierno de Chávez y después gobernador del estado Vargas, nació y vivió en un barrio popular de la parroquia El Valle, de Caracas. Chávez provino de una familia pobre de seis hermanos, cuyos padres eran maestros de escuela en un pueblo del remoto estado Barinas. Arias Cárdenas nació en una familia humilde andina, de doce hijos, cuyo padre se ganaba la vida como chofer de transporte público. Ingresó primero al seminario y luego a la carrera militar como medio para sobrevivir y educarse. Estos militares recibieron educación hasta el nivel universitario en la Academia Militar.

Por otra parte, distintos estudios coinciden en que muchos de los políticos o funcionarios públicos civiles que debutaron con el chavismo en cuerpos deliberantes y en la administración pública, cuando eran de mediana edad solían tener una importante formación, experiencia y compromiso político con valores contrahegemónicos que databan de muchos años antes de la llegada al poder de Chávez. Algunos provenían de partidos tradicionales como AD y COPEI, pero la mayoría tuvieron militancia en partidos de la izquierda o se formaron en el activismo social de la década del sesenta en adelante. Por ejemplo, cuadros de LCR, partido que se originó en 1970 de una división del Partido Comunista de Venezuela (PCV) y que en 1997 se dividió conformando el partido Patria Para Todos (PPT), han proporcionado figuras claves de los dos gobiernos de Chávez, como Alí Rodríguez, Aristóbulo Istúriz, María Cristina Iglesias, Julio Montes, Bernardo Álvarez y Francisco Sesto. Todos son profesionales universitarios, venían del activismo social y político, y han ocupado altos cargos en el gobierno.

Capítulo 3
Aparición del Poder Popular[5]

DESDE QUE EN 1999 COMENZARA a gobernar, Chávez fue impulsando un cambio profundo de las instituciones políticas, primero justificado oficialmente por el objetivo de profundizar la democracia fundada en 1958, para ir a una «participativa y protagónica» y, en su segundo gobierno, para avanzar hacia un socialismo inédito. En ese contexto, términos como «democracia», «soberanía popular», «voluntad popular» y «poder popular» fueron frecuentemente utilizados en el lenguaje oficial y coloquial para explicar los cambios que sucedían. ¿Qué significaban estos conceptos? ¿Eran sinónimos? Pierre Rosanvallon (2006) ha señalado, que están interrelacionados, pero suelen tener significados ambiguos y hasta contradictorios, dependiendo de qué actores los usan y en qué contexto.

En este capítulo vamos a analizar el uso de la expresión *poder popular* en el léxico oficial, considerando que los cambios sucedidos en su uso ayudan a comprender la evolución ideológica ocurrida en la relación sociedad-Estado durante el chavismo. Realizamos una exploración y análisis de las formas y contenidos que la expresión tuvo en documentos y discursos oficiales en los dos gobiernos de Chávez, así como en leyes de la República desde 1999. Identificamos tres lapsos distintos, que revisaremos en tres subpartes.

---

5   Este capítulo es la versión en español reformulada de «Popular Power in the Discourse of Hugo Chavez's Government (1999-2013)» en Carlos de la Torre, ed., *The Promise and Perlis of Populism. Global Perspectives*. EE.UU., Kentucky University Press, 2015, pp. 372-396.

El primer lapso comprende de 1999 a 2005. En él descubrimos que la expresión no perteneció al lenguaje oficial, y apareció solo en declaraciones de organizaciones sociales defensoras del gobierno, sobre todo después del golpe de Estado del 11 de abril de 2002.

El segundo lapso va de 2005 a 2006, es decir, el final del primer gobierno, cuando la expresión comenzó a oírse en declaraciones de diputados recién electos de la AN. Finalmente, consideramos como un tercer lapso todo el período del segundo gobierno de Chávez (2007-2013), cuando la expresión pasó a ser central en el discurso oficial del socialismo del siglo XXI y su Estado Comunal.

El resultado de nuestro rastreo contribuye a esclarecer el cambio que ocurrió en el proceso de transformaciones sociopolíticas que se fue desarrollando a lo largo de la era chavista, entre el primer y segundo gobierno de Chávez. La ausencia de este término en el discurso oficial inicial y su preeminencia en el segundo pone en evidencia un giro radical en la matriz conceptual del proyecto político gubernamental. En los primeros años la transformación propuesta estuvo mayormente influida por el pensamiento democrático liberal, con ingredientes católicos y del socialismo democrático, donde ese concepto no figura. Sin embargo, de manera creciente, a partir de 2005 el proyecto de Chávez toma ideas del marxismo-leninismo, principalmente contenidas en el socialismo estatista cubano. Desde esa perspectiva es un concepto central y frecuente.

Poder Popular entre 1999 y 2005

Durante los primeros años del primer gobierno del presidente Chávez, el término *poder popular* no perteneció al lenguaje oficial. Pese a que fue entonces cuando se refundó la República para transformar el régimen democrático representativo en una *democracia participativa y protagónica*, tanto en la CRBV, aprobada en referendo popular en 1999, como en las leyes y normas que se aprobaron hasta 2005 para regular las nuevas formas de participación de los ciudadanos y comunidades organizadas en la gestión de las políticas públicas, el término no apareció ni una sola vez. Encontramos, sin embargo, que el concepto de la *soberanía popular*, que está interrelacionado con el de poder popular, sí estuvo presente como base legitimadora del cambio constitucional. Este concepto es de uso más frecuente en la literatura democrática liberal o representativa, y es también muy antiguo. En las democracias modernas se refiere al poder constituyente y constituido del pueblo, y se le contrapone con el concepto de la *dictadura soberana*, el poder de un solo hombre o un grupo sobre el pueblo. En nuestro caso, la soberanía popular aparece en Venezuela estrechamente vinculada al nuevo principio participativo que introduce la CRBV en la reconfiguración del Estado, y este principio a su vez se relaciona con objetivos como el autodesarrollo, la corresponsabilidad y el empoderamiento, atributos considerados, como necesarios para alcanzar «ciudadanía plena»[6].

Brilla por su ausencia

La expresión *poder popular* no aparece en la CRBV. Sin embargo, el artículo 5 referido a la «soberanía popular» fue modificado con relación al artículo 4 de la Constitución de 1961 para introducir lo siguiente:

> **Artículo 5.** La soberanía reside intransferiblemente en el pueblo, quien la ejerce <u>directamente en la forma prevista en esta Constitución y en la</u>

---

6   En debates sobre la democracia en Venezuela y América Latina de los años ochenta, la ciudadanía plena se asoció con atributos políticos alcanzables mediante la participación de sectores socialmente excluidos en la toma de decisiones políticas y en la cogestión de servicios públicos. Se enfatizó en la necesidad de acometer políticas que lograran más inclusión e igualdad social, condiciones *sine qua non* de una democracia profunda (Gómez y López, 1990).

<u>ley, e indirectamente</u>, mediante sufragio, por los órganos que ejercen el Poder Público. <u>Los órganos del Estado emanan de la soberanía popular y a ella están sometidos</u>[7].

Según Pablo Medina, diputado de la Asamblea Constituyente de 1999 y, para la época de la Constituyente, secretario general del partido PPT, uno de los partidos de izquierda pertenecientes a la coalición gubernamental de aquel momento, este cambio de enfoque sobre la soberanía para introducir el «directamente» fue sugerido por él, como forma de asentar de manera clara el cambio en la naturaleza de la democracia que se buscaba institucionalizar (entrevista, 2000).

El partido PPT de Medina se creó en 1997 por una división del partido La Causa R (LCR). Este, a su vez, se originó de una división del PCV a inicios de los años setenta, como resultado de tensiones internas atribuibles a la derrota de la lucha armada, a discrepancias con el modelo socialista que evolucionaba en la URSS, y a críticas con la concepción leninista, vertical y autoritaria de los partidos comunistas. LCR, lo mismo que el partido Movimiento al Socialismo (MAS) –también producto de una escisión del PCV– abrazaron un *socialismo democrático*. Reconocían ciertas bondades en los principios de la democracia liberal, pero mantuvieron el concepto de la democracia directa como la mejor y más profunda democracia.

A partir de 1999 el régimen de democracia propendería, según el punto de vista de Medina y seguramente de su partido, a ser directa, lo cual él consideraba como lo auténticamente revolucionario del cambio en curso. Señaló, que, al limitar la soberanía popular directa a la Constitución y las leyes, como finalmente quedó aprobado, se le puso una limitación innecesaria:

---

7   Subrayo los añadidos al artículo 4 de la Constitución de 1961.

En la nueva Constitución te vas a encontrar con la modificación del artículo 4 de la vieja Constitución, que decía: «La soberanía reside en el pueblo, quien la ejerce mediante el sufragio por los órganos del Poder Público». Ese era un principio ideológico y está en todas las constituciones de América Latina y el mundo. Era, hace 200 años, revolucionario, pero ahora es conservador. Nosotros en nuestra propuesta la reelaboramos para decir que la soberanía reside en el pueblo que la ejerce de manera directa y de manera indirecta a través del Poder Nacional. Fui a reunirme con Chávez, estuve dos horas exponiéndole y él le puso la coletilla. Ahora el artículo dice «La soberanía reside intransferiblemente en el pueblo, quien la ejerce directamente en la forma prevista por esta Constitución e indirectamente, mediante el sufragio, por los órganos que ejercen el Poder Público». Le dije por qué ponía esa limitación a la democracia directa, esa rigidez innecesaria (Medina, entrevista, 2000).

La observación de Medina pone de relieve la presencia de una concepción de la soberanía y de la democracia como democracia directa y no representativa liberal en el proceso constituyente de 1999. Pero, como señala el mismo Medina, esta concepción no prevaleció en el texto constitucional de diciembre de 1999, pues a la soberanía se le pusieron restricciones.

Al quedar redactado de esa manera, el texto constitucional expresa un enfoque sobre la democracia «participativa y protagónica», como un régimen político mixto, que mantiene instituciones de democracia representativa liberal ya establecidas en la Constitución de 1961, añadiendo mecanismos de democracia directa, como referendos, iniciativas legislativas y cabildos abiertos y también formas de participación de la sociedad organizada en la gestión pública. La CRBV dejó así asentadas orientaciones para un Estado con todas sus instituciones de democracia representativa liberal más una amplia gama de mecanismos de democracia directa, que habían alcanzado importante consenso social y político en el país, gracias a dos décadas de luchas sociales, demandas, propuestas y debates.

La posición de Medina, inclinada a un modelo de democracia directa no liberal, aunque no prevaleció, quedó presente en la Carta Magna como una tensión. Esta incomodidad con instituciones representativas se revela también, por ejemplo, en la no utilización en la Carta Magna del término «partidos políticos», siendo sustituido el concepto por «organizaciones con fines políticos», y «asociaciones con fines políticos» (arts. 67, 293, 296). Así mismo, se prohibió el financiamiento de estas asociaciones por parte del Estado (art. 67), caso único en América Latina y que ha contribuido a su debilitamiento. Además, se reforzó el desequilibrio entre el Poder Ejecutivo y el resto de los poderes públicos y se debilitaron controles civiles sobre el sector militar.

Pudiera asegurarse que, al prevalecer el enfoque de la democracia liberal en la CRBV, el léxico oficial usó por esos años términos como soberanía popular, democracia y ciudadanía, propios de esa matriz conceptual. Si bien el primer gobierno de Chávez impulsó decididamente normas y leyes que persiguieron la «participación protagónica» del pueblo, mediante la creación de una variedad de formas participativas en la gestión de servicios y en el acceso a derechos, en ninguna de las normativas que sobre estas revisamos, encontramos que se hiciera mención de un emergente poder popular distinto a la soberanía popular subyacente a los cinco poderes públicos de la CRBV, a saber: Ejecutivo, Legislativo, Electoral, Judicial y Ciudadano, además de los poderes nacional, estadal y municipal. Como sujetos políticos aparecen «ciudadanos y ciudadanas», «el pueblo» y «las comunidades», a los cuales se les establecen derechos y se les regulan formas de participación.

La expresión *poder popular* tampoco fue utilizada en la Ley Orgánica para la Prestación de los Servicios de Agua Potable y Saneamiento de diciembre de 2001, donde se impulsó la modalidad participativa conocida como Mesas Técnicas de Agua (MTA), con la finalidad de incentivar la participación de las comunidades organizadas en la problemática de las aguas servidas y potables en los barrios populares. Las MTA fueron normadas, según esta ley, por el Código Civil, lo que revela que se las consideraba organizaciones de la sociedad civil, es decir, pensadas dentro de la óptica liberal de la CRBV que establece que son parte de la sociedad, existiendo una separación conceptual entre Estado y sociedad.

Tampoco apareció este término de *poder popular* en el Decreto Presidencial 1666 de febrero de 2002, donde se crearon los Comité de Tierra Urbana (CTU). El decreto estuvo dirigido a regularizar la tenencia de la tierra urbana promoviendo la organización de las comunidades pobres para que gestionaran su acceso al derecho a la propiedad de las tierras donde construyeron sus viviendas. A estas organizaciones, a diferencia de las MTA, no se les reconoció personalidad jurídica y se adscribieron a la Vicepresidencia. Se les pensó como temporales, que irían desapareciendo, una vez que la propiedad en los barrios se hubiese reconocido y regularizado. Pero en la ley siguieron siendo concebidas como espacios de la sociedad distintos al Estado.

En la Ley Especial de los Consejos Locales de Planificación Pública de diciembre de 2002 (LECLPP) no se menciona tampoco ningún poder popular cuando se habla por vez primera de los CC, como organizaciones comunitarias impulsadas por las autoridades municipales para promover la acción conjunta del gobierno local y los vecinos en la planificación en este nivel político-administrativo. En esta ley los CC, al igual que las MTA, fueron considerados como parte de la sociedad civil.

No apareció el término en la Ley Orgánica de Descentralización, Delimitación y Transferencia de Competencias del Poder Público de agosto de 2003, ni en la Ley Orgánica del Poder Público Municipal de junio de 2005, ni tampoco en la Ley Orgánica para la Planificación y Gestión de Ordenación del Territorio de marzo de 2006, en todas las cuales se hace énfasis en la participación ciudadana como esencial al nuevo Estado.

La ausencia de esta expresión es un gran contraste con la asiduidad con que se va a usar en los años siguientes. ¿A qué se debe el cambio en el lenguaje? El discurso de organizaciones sociales que apoyan en esta época al presidente Chávez nos da a continuación las pistas, pues, así como el término estuvo ausente del lenguaje oficial, lo localizamos al indagar reseñas hemerográficas referidas a declaraciones de organizaciones populares cercanas a la izquierda política del país, así como entre políticos, ideólogos, partidos y activistas de estas tendencias desde tiempos anteriores al chavismo[8].

Presente en organizaciones sociales de izquierda

Si bien la expresión *poder popular* no formó parte del léxico oficial, al explorar en nuestra base de datos hemerográfica sí lo localizamos en discursos de organizaciones sociales defensoras del gobierno a partir de las confrontaciones violentas vividas durante los años que van del golpe de Estado del 11 de abril de 2002 a las elecciones parlamentarias de 2005[9]. Estas organizaciones, ligadas a la tradicional izquierda venezolana, adquirieron entonces visibilidad en la prensa y en Internet debido a su activo rol en la supervivencia del gobierno. En ellas el término apareció asociado al imaginario revolucionario de la democracia directa y a nociones de empoderamiento del pueblo organizado frente al Estado.

En enero de 2002, por ejemplo, en una protesta contra el diario *El Nacional* protagonizada por la dirigente chavista Lina Ron,

---

8   Durante las décadas de 1970 y 1980 lo encontramos en textos de Teodoro Petkoff (1976), fundador del MAS, y en documentos del partido MIR (1982), por poner solo dos ejemplos.

9   Entre 2002 y 2005 Venezuela vivió un período de confrontación violenta entre las dos parcialidades políticas que se disputaban la hegemonía en la sociedad. La confrontación desbordó los cauces constitucionales con el golpe de Estado del 11 de abril de 2002, la insubordinación a la autoridad del Presidente por parte de militares activos en la plaza Altamira, también en 2002, y el paro petrolero de diciembre. Hubo otros episodios como las *guarimbas* o cierres de vía, algunas violentas, en los primeros meses de 2004. Finalmente se comenzó a salir del enfrentamiento violento con el referendo revocatorio de agosto de 2004 y las parlamentarias de 2005. (López Maya, 2005). Sobre el golpe de Estado ver Rey (2002).

ella se autoidentificó como la «coordinadora de redes del poder popular» (*El Nacional*, 08-01-2002). La protesta estuvo motivada por una información periodística de ese diario, que señaló que el presidente había sido protestado con cacerolas durante su visita al sector popular de Catia, en el oeste de Caracas. Ron declaró al diario que tal información era mentira y que el embuste formaba parte de la desinformación que daban los medios privados de comunicación. Dijo: «Desde este momento asumimos el control de las cacerolas. Le habíamos avisado a los medios que dijeran la verdad. Desde hoy vamos a devolverlas al pueblo. Que se preparen los medios, los canales de televisión, le toca el turno a Globovisión». De acuerdo con la reseña: «Los hombres y mujeres de Lina, dispuestos a 'una vigilia' frente al periódico, se agolparon con palos (los de las pancartas y otros) frente a las puertas con ánimo de derribarlas, mientras gritaban toda clase de obscenidades contra los empleados…: 'O dicen la verdad o los vamos a quemar', gritaban».

En agosto, poco después del golpe de Estado del 11 de abril, en una atmósfera de gran efervescencia y polarización política, un documento circuló en Internet firmado por la «Alianza Bolivariana del Estado Zulia», donde se usó profusamente la expresión *poder popular* como el poder que subyace a la construcción del «nuevo Estado de la democracia participativa y protagónica» (APB-EZ, 2002). Según este texto, el marco legal vigente –el de la CRBV y las normas que a partir de él se han dado– son insuficientes para alcanzar tal democracia, pero sirven para desarrollar la participación para ir,

> … hacia estadios superiores, correlativos al grado de profundización de la revolución, es decir, de la democracia participativa o lo que llama Heinz Dieterich 'el socialismo del siglo XXI'. Las iniciativas del poder deben partir del pueblo y la dirigencia que ejerce el poder formal (especialmente el poder ejecutivo y legislativo [SIC, en minúsculas]) deben

aceptarlas, compartir con estas formas del poder popular, el poder del Estado, que en definitiva es la concreción de influir de manera determinante en decisiones trascendentales como el gasto público, las relaciones exteriores, el control de las instituciones.

Este documento conceptúa el poder popular como uno diferente al poder del Estado, al que llama «poder formal». Según la reseña, poder popular pareciera no ser un poder subyacente a los poderes públicos, sino ubicado en la sociedad, que busca compartir el poder con el Estado. El documento se refiere a preparativos para un encuentro de redes bolivarianas a celebrarse en septiembre de ese año en Caracas. El nuevo Estado que propugnaban se vinculaba con la noción de democracia directa del pensamiento marxista, pues señalaron que no se trataba de transformar el Estado que hay, sino de destruirlo para hacer otro:

> … no se trata de perfeccionar el estado actual, sino que el nuevo estado tiene que ser otro, que por su esencia, estructura y forma permita participar directamente al conjunto de la sociedad en la administración del poder socializado. Una estructura organizativa basada en la democracia directa del pueblo, en vez de la democracia delegada burguesa, representada por la clase política, instrumentalizada por diferentes partidos. El pueblo participará de abajo hacia arriba de una forma natural, desde los lugares donde realmente le es posible participar (*Ídem*, 2002).

También la expresión fue usada en estos años por miembros de los Círculos Bolivarianos (CB). Los CB fueron el nombre dado a las células base del MBR 200, el primer partido político fundado en los años ochenta del siglo pasado por Chávez junto con un grupo de militares activos y civiles. Ese partido fue sustituido por MVR en 1997 y los CB, así como el MBR 200, desaparecieron. Pero en el 2000 el presidente decidió resucitar a los CB, pero no como parte de su nuevo partido MVR, sino como base social de lo que él llamó su «*revolución* democrática» (Hawkins, 2006).

Los nuevos CB tuvieron entre sus funciones organizar a las comunidades, facilitando el acceso de las personas a los programas sociales de alivio a la pobreza y movilizándolos electoralmente. Según el presidente Chávez, complementaban el partido MVR, con cuyo desempeño no estaba contento. Debían registrarse en una oficina de la Vicepresidencia, entonces dirigida por Diosdado Cabello, exmilitar y persona de la entera confianza del presidente. En diciembre de 2001, en la avenida Bolívar, Chávez hizo un acto político para juramentar a lo que dijo ser más de 20 000 CB. Los nuevos CB jugaron un papel destacado durante el golpe del 11 de abril, ayudando a la movilización popular que apoyó el regreso de Chávez al poder el 13 de abril. En diciembre de 2003 realizaron un Congreso Ideológico en la sede de la Universidad Bolivariana y en abril de 2005, el Frente de Círculos Bolivarianos de Caracas, desde la Alcaldía Mayor de la capital, promovió la creación de un «Frente Unitario del Poder Popular» que aglutinaba a 10 000 CB, y una cantidad no precisa de CTU, comités de salud, asociaciones civiles y comunitarias. Después perdieron protagonismo por falta de claridad en sus objetivos, conflictos de liderazgo y falta de recursos y apoyos estatales. La trayectoria de los CB y del Frente Unitario del Poder Popular desdibujó las fronteras entre organizaciones sociales pro Chávez como parte de la sociedad civil y como instrumentos del partido y del gobierno.

Las Unidades de Batalla Electoral (UBE) fueron otras organizaciones creadas como vehículos de movilización de las bases de apoyo chavistas. Aparecieron durante el proceso del referendo revocatorio de 2004 identificándose como poder popular. En estas UBE el presidente buscó la coordinación de todos «los factores bolivarianos», es decir, misiones, partidos políticos y movimientos sociales, frentes estudiantiles y juveniles, organizaciones comunitarias, campesinas, mujeres, profesionales y técnicos, trabajadores, organizaciones religiosas, etc., que estuvieran activos en una determinada Zona de Batalla Electoral (ZBE) (Asociación Venezolana de Mujeres, 2004). En el concepto de UBE se identificaban como chavistas tanto organizaciones sociales autónomas, pertenecientes a la sociedad civil, como otras que habían surgido de iniciativas del Estado y/o dependían de este, como el caso de los CTU, las misiones y los CB. Las UBE tuvieron un importante éxito político electoral contribuyendo a la victoria del sí en el referendo. No obstante, el gobierno, poco después, no quiso consolidarlas y al abrirse el proceso reeleccionario de Chávez en 2006, de nuevo Diosdado Cabello, ahora como jefe de campaña del presidente, informó de su disolución definitiva, alegando que ya habían cumplido la tarea para las cuales habían sido creadas (*Últimas Noticias*, 29-07-2006). Activistas de estas organizaciones, sin embargo, consideraron más bien, que dirigentes del MVR temieron que pudieran competir con ellos y por eso las desecharon[10].

En 2004, otra instancia de coordinación de organizaciones populares chavistas, también reflejando su filiación marxista, se llamó «Conexión Social para el Poder Popular» (en adelante Conexión Social). Conexión Social, según sus documentos colgados en Internet, fue una red compuesta por decenas de organizaciones progubernamentales, la mayoría impulsadas por el mismo gobierno, como los CTU, Comités de Salud, Barrio Adentro, cooperativas, gente de Misión Ribas, Robinson y Sucre, la Coordinación Nacional de CB, Catia TV, Comisión Presidencial contra el Área de Libre Comercio de las Américas (ALCA), Radio Alí Primera, Clase Media en Positivo y otros. Se creó después del golpe de Estado del 11 de abril y se fue potenciando con las movilizaciones e

---

10 En 2006, haciendo trabajo de campo en un proyecto de investigación sobre innovaciones participativas en la era de Chávez, recibí comentarios de activistas de estas UBE en los barrios Unión y Carpintero de Petare. Ellos se sintieron frustrados cuando PDVSA, que les había otorgado computadoras y equipos durante la campaña del revocatorio, pidió su devolución pasado el proceso electoral. Me explicaron que con la UBE iban a construir una «estructura política» y esto produjo tensiones con el partido del gobierno, el MVR, que decidió debilitarlos.

iniciativas generadas por sectores durante y luego del paro petrolero y, sobre todo, para incidir a favor del presidente en el referendo revocatorio de agosto de 2004.

En otro documento del mismo año, Conexión Social y una diversidad de organizaciones plantearon que las misiones creadas por el gobierno como políticas sociales novedosas, para que adquirieran su desarrollo pleno debían pasar al control del pueblo para reorientarlos, y que este debía también controlar las modalidades de la economía social que el gobierno impulsaba para hacerlas «realmente endógenas». Sostuvieron que era necesario «darle más poder directo a la gente, 'desde abajo', a través de las asambleas de ciudadanos, los cc, el Congreso Nacional del Poder Popular Participativo y Protagónico (CNPP) y otras instancias regionales y nacionales». Propusieron una profundización de la *revolución*, lo que contemplaría la construcción del «Estado Popular Participativo y Protagónico», en el cual,

> … las Asambleas de Ciudadanos tomen decisiones y participen plenamente en todo lo concerniente a la planificación, presupuesto, ejecución y control de la gestión, de la evaluación y la revocatoria de los funcionarios electos que no hayan funcionado satisfactoriamente, así como en la reformulación de planes y proyectos. Es el poder político directo de la gente lo único que puede solucionar sus problemas. (*Ídem*)

Poder Popular entre 2005 y 2006

En los años finales del primer gobierno de Chávez continuó entre las organizaciones prochavistas este discurso de un poder popular diferente al poder del Estado y base de la «verdadera» democracia participativa. Al mismo tiempo se fue colando en el lenguaje oficial dicha expresión. El debut lo localizamos entre el referendo revocatorio presidencial de agosto de 2004 y las elecciones parlamentarias de diciembre de 2005. Parece estar directamente relacionado con el fortalecimiento del liderazgo personal del presidente como resultado de la confrontación hegemónica de los años anteriores y como resultado de ello, con su relación cada vez más abierta y estrecha con las organizaciones populares de izquierda y con el gobierno cubano.

Encontramos por vez primera la expresión usada por el presidente durante su discurso en un evento de CTU en agosto de 2005. Al entregar títulos de propiedad y recursos a estas organizaciones, Chávez aseguró que el acto formaba parte de un proceso que buscaba «darle poder al pueblo»[11].

Ese diciembre, al pasar las fuerzas políticas del presidente a controlar todos los curules de la AN, como resultado del retiro de las fuerzas de oposición de la contienda parlamentaria pocos días antes de esta tener lugar –alegando que el gobierno haría un fraude electoral– surgió en el bloque parlamentario del oficialismo la iniciativa llamada «parlamentarismo de calle».

Consistía esta iniciativa del bloque chavista en llevar las leyes a «la calle» (es decir a plazas, parques y otros espacios públicos) para su deliberación, como una forma de complementar la actividad legislativa y darle más legitimidad, al supuestamente dotarla de una pluralidad y deliberación «directa», alternativa a la de partidos de oposición. Cilia Flores, diputada reelecta del PSUV, fue la primera en plantear abiertamente la existencia de una dicotomía entre poder popular y democracia representativa. Dijo Flores, que el compromiso de la «AN es trasladarse al poder popular para que legisle junto con los diputados». Poco, después, en febrero de 2006, en el portal del Ministerio de Comunicaciones e Información (Minci), se colgó la siguiente información:

> El gobierno tiene que estar en la calle, porque es del pueblo la calle; y es ahí donde anda el pueblo, en la calle, en el campo, en el barrio.

---

11 Ver www.italiacuba.it/informazio-ne/resume/resume-31.htm. Bajado el 03-10-2005.

(…) Es así como se gobierna, como se legisla, en la calle, en el campo, en el barrio, oyendo a la gente, oyendo al pueblo, buscando solución a sus problemas. (…) Tenemos, que trascender definitivamente la democracia meramente representativa para irnos a la democracia participativa. (…) Ese pueblo tiene un potencial muy grande para hacer cosas, facilitémosle la ejecución de esas cosas a través de la aplicación del poder popular, la organización popular (Minci, 2006).

En el mismo portal oficial del Minci, el presidente de la AN, Nicolás Maduro, a propósito de los problemas urbanos de Caracas, preanuncia una transformación de los Consejos Locales de Planificación Pública (CLPP). La idea es que tengan más recursos, atribuciones y poder político. Estos CLPP fueron inicialmente pensados como órganos vinculados al gobierno municipal, que se encargarían del proceso de planificación participativa contemplado por la CRBV. En la ley que los creó en 2002 aparecieron, como ya se señaló, por primera vez los consejos parroquiales y comunales, considerados «redes» de las comunidades, llamadas a participar en todas las etapas del proceso de planificación estatal. Podían formular iniciativas, emitir opinión, ejercer control social y la ley exigía al CLPP que se les consultara en todo (LECLPP, art. 6). Maduro anunció un cambio de los CLPP para poder asignarles recursos, otorgarles capacidad de ejecutar proyectos y otras facultades:

Nosotros deberíamos declarar a Caracas en emergencia social, política y organizativa. El pueblo quiere participar. Hacemos un llamado a todo el pueblo organizado, a todas las instituciones que tienen que ver con los problemas de Caracas. Estamos haciendo una reforma de los concejos locales de planificación, para que reciban inversión pública, los recursos, ejecutar proyectos, desarrollar contraloría social y además definir el ámbito poblacional y territorial, sobre el cual deben organizarse los Consejos Comunales (Minci, 2006).

Paralelamente, Chávez también comenzó a mencionar este poder popular. En su caso, lo vincula con un «poder constituyente», que consideraba contrapuesto al poder de los partidos políticos, que serían poder «constituido». Este poder constituyente, según el presidente, era complementario al poder del Estado y prevalecía sobre lo representativo:

> No se trata de la agrupación de los partidos allí en el barrio...
> No se trata de un poder paralelo, se trata de un poder complementario al poder constituido (poderes públicos) que subsume lo representativo (Chávez en *Aló, Presidente* 15-01-2006, tomado de Harnecker, 2006).

En abril de 2006 la AN aprobó la primera Ley de los Consejos Comunales (LCC). En ella se usó por primera vez oficialmente el término poder popular. Se le definió como un poder generado en las asambleas de ciudadanos y ciudadanas de las comunidades y serían «la instancia primaria para el ejercicio del poder, la participación y el protagonismo popular» (LCC, 2006, art. 4).

La expresión poder popular tendría también en esta ley otro sentido, más bien contradictorio con la idea de empoderamiento social, procedente como ya vimos de las organizaciones marxistas prochavistas. Se usó en la denominación de una comisión que se ocuparía de todo lo relativo a los CC, con el fin de «fortalecer el impulso del poder popular en el marco de la democracia participativa y protagónica» (art. 30). Paradójicamente, todos los integrantes de dicha comisión en todos los niveles político-administrativos del Estado, serían designados por Chávez (art. 30). Con la Comisión Presidencial del Poder Popular comienza la metamorfosis del poder popular de pensarse como poder de la sociedad a convertirse en un poder generado y controlado por la Presidencia del Estado o más precisamente por Chávez.

Durante la campaña presidencial de fines de 2006 la expresión fue usada en la lógica polarizadora que caracterizó la dinámica política venezolana de la era chavista. Según el jefe de la campaña del presidente, Francisco Ameliach, Chávez representaba el poder popular, «mientras que el candidato opositor representa al gobierno de élite». Así mismo, instaurar un poder popular formó parte del ofrecimiento de la propuesta del socialismo del siglo XXI, junto con la reelección indefinida del presidente. Qué se entendía por eso, sin embargo, permaneció entonces en la vaguedad de los ofrecimientos electorales.

De 2007 a hoy: Poder Popular como base del Estado Comunal

En el segundo gobierno de Chávez, iniciado en enero de 2007, la expresión pasó a jugar rol protagónico dentro de lo que el gobierno anunció como la radicalización de la democracia participativa y protagónica, para transformarse en socialismo del siglo XXI (*Aporrea*, 08-01-2007). El poder popular se erigió en un concepto cada vez más importante en el cambio político promovido por el presidente, considerándosele, primero, como la base de un nuevo poder del Estado, que Chávez formuló en su propuesta de reforma constitucional rechazada por el pueblo en 2007 y, después, a partir de 2009, en leyes que se fueron aprobando, como el poder que legitimaba un Estado Comunal, que sustituiría al Estado contemplado en la CRBV.

La derrotada reforma constitucional de 2007

En su discurso con motivo del comienzo de su nuevo período constitucional, dado el 8 de enero de 2007, Chávez confirmó el inicio de la radicalización revolucionaria que había ofrecido durante la campaña, tomando medidas para acelerar la construcción del socialismo. Anunció la modificación por decreto del nombre de los ministerios para incorporarles la coletilla «del Poder Popular». Así, la Cancillería cambió su nombre para llamarse el Ministerio del Poder Popular para las Relaciones Exteriores; Educación, el Ministerio del Poder Popular para la Educación, y así todos los demás. En algunos casos se cambió poco después completamente el nombre del ministerio para que correspondiera de manera más clara con lo que el presidente consideró el nuevo enfoque socialista. El Ministerio de Desarrollo Social y Participación Popular, creado en 2005, por ejemplo, pasó a llamarse Ministerio del Poder Popular para Las Comunas y Protección Social.

En el mismo discurso, el presidente informó que la «etapa de transición» había terminado y entrábamos en la «era del Proyecto Nacional Simón Bolívar». El 2007, dijo, «es un año de arranque, vamos a encender los motores, un conjunto de motores y pongo de nuevo al poder constituyente, al poder popular, combustible verdadero para que estos motores puedan llevarnos». Afirmó: «Vamos rumbo a la República Socialista de Venezuela y para ello se necesita una profunda reforma de nuestra Constitución Bolivariana de Venezuela».

Como vemos por esta cita, Poder Popular se identifica con Poder Constituyente y es el presidente quién decide cuándo este se activa. Se da por hecho que ese poder está de su parte. Se reconoce, así mismo, que la CRBV no está ajustada a ese nuevo enfoque, por lo que se le acometerá una reforma «profunda». De los cinco *motores constituyentes* que el presidente entonces decidió prender, Chávez nominó como quinto motor –y dijo ser el más importante– la «explosión revolucionaria del poder comunal», según la cual se conformaría en el Estado un Poder Popular, que cambiaría la naturaleza de este y lo haría socialista. En este discurso, Poder Popular y Poder Comunal parecen conceptos idénticos. Consideró que todos los cinco motores estaban interconectados entre sí y que la explosión creadora del poder comunal dependería para su desarrollo, expansión y éxito, de todos los anteriores (Minci, 2007)[12].

---

12 Los otros cuatro motores fueron: una ley habilitante; una reforma constitucional profunda; una campaña educativa extensa para cambiar valores; y el cambio territorial llamado «la geometría del poder».

Como parte de su estrategia de los motores constituyentes, el 15 de agosto de ese año Chávez entregó a la AN su propuesta de reforma constitucional, elaborada por él con un grupo de asesores que designó y obligó a trabajar sin divulgar lo que hacían[13]. El presidente quiso dejar asentado que era una propuesta personal, escrita de «su puño y letra». La propuesta que presentó constó de 33 artículos que la AN amplió a 69 en los dos meses en que la discutió. Muchos fueron los cambios constitucionales que propuso para erradicar lo que dijo ser la naturaleza capitalista del Estado (AN, 2007).

Entre las más relevantes destacaron: la potestad del presidente para crear regiones especiales con fines estratégicos y nombrar autoridades especiales para garantizar la soberanía y defensa del territorio en situaciones de contingencia o desastres (art. 11); la ciudad como unidad político-primaria de organización territorial en vez del municipio (art. 16); la reducción de la jornada laboral a seis horas diarias y treinta y seis semanales (art.90); la creación de un fondo de seguridad social para trabajadores por cuenta propia (art. 87); la institucionalización de las misiones como una segunda administración pública paralela a la tradicional (art. 141) y la polémica reelección indefinida para el presidente con aumento del período presidencial a siete años (art. 230).

Este proyecto de reforma, contradiciendo la profundización de la participación ciudadana que orientó la CRBV, propuso elevar todos los porcentajes de firmas necesarias para activar los distintos mecanismos de participación popular directa (arts. 72, 74 y 348), con lo cual se hacían prácticamente inviables. Así mismo, propuso la creación del Poder Popular como una nueva estructura del Poder Público, conformando este Poder «comunidades» (que llamó «núcleos espaciales del Estado Socialista» (art. 16). Este Poder

---

13 Designó como integrantes de esta Comisión Presidencial de la Reforma Constitucional miembros de los otros poderes públicos, incluyendo la presidenta de la Asamblea Nacional, con lo cual los puso en posición subordinada a él, despojándolos de independencia incluso para hacer declaraciones públicas.

no se regiría por el principio de la representación: «no nace del sufragio ni de elección alguna, sino de la condición de los grupos humanos organizados como base de la población.» (art. 136). Al aparecer con este nombre, el Poder Popular pasó a servir de base a un Poder Público que pretendió ser diferente de todos los otros poderes públicos, que aparentemente no emanaban del poder del pueblo[14].

Otras propuestas, que revelaron los rasgos del Poder Popular del nuevo modelo socialista, fueron las dirigidas a una recentralización del aparato estatal, como la expresada en la reforma para darle potestad al presidente para nombrar los vicepresidentes que estimara necesarios (art. 125), y la sustitución del Consejo Federal de gobierno por un Consejo Nacional de gobierno.

El 2 de diciembre de ese 2007 se celebró el referendo popular para la aprobación de la propuesta de reforma, que resultó rechazada por los electores (ver Capítulo 7). Si bien la CRBV es taxativa en señalar que una reforma constitucional presentada y rechazada por los ciudadanos no puede ser presentada de nuevo en el mismo período constitucional (art. 345), las autoridades del Poder Judicial le dieron una vuelta interpretativa, autorizando que contenidos de la reforma fueron aprobados en los años siguientes a través de otros procedimientos legales. Por otra parte, las Líneas Generales del Plan de Desarrollo Económico y Social de la Nación 2007-2013 (LGPDESN), también llamado Proyecto Nacional Simón Bolívar y Primer Plan Socialista (PPS), elaboradas en simultáneo

---

14 En relación con esta contradicción, léase la observación que hicieran Viciano Pastor y Martínez Dalmau (2008), catedráticos de la Universidad de Valencia y asesores del gobierno de Chávez durante la Asamblea Constituyente de 1999: «Otro ejemplo de la poco acertada redacción del proyecto [de reforma constitucional] se encontraba en la generación de un nuevo poder público (junto al Nacional, Estadal o Municipal) que se denominaba Poder Popular (art. 136), el cual apuntaba hacia la absurda idea de que éste sea un poder más del Estado, en lugar del fundamento del mismo, esto es, del conjunto de los poderes públicos. Toda la acción pública, en un Estado democrático, se legitima sobre un solo Poder Popular, el cual cuenta con diferentes manifestaciones que, por razón de la claridad, no deberían asumir la misma denominación...».

y con las mismas orientaciones de la derrotada reforma, mantuvieron las políticas conducentes a la transformación socialista del Estado venezolano. En este documento se hizo presente un cambio del título del cargo presidencial, pues apareció firmando el presidente como «Comandante-Presidente Hugo Chávez». Reveladoramente, es el mismo título que detentó Fidel Castro mientras fue presidente de Cuba.

Poder Popular y Estado Comunal

Pese a la derrota de la reforma constitucional, el presidente sometió dos años después a referendo una de sus propuestas, la reelección indefinida de su cargo, ahora como enmienda a la CRBV (ver Capítulo 8). Este referendo se celebró en febrero de 2009 y la enmienda fue aprobada. Contribuyó a su aprobación su modificación con relación a la propuesta propugnada en la reforma constitucional. En aquella propuesta, la reelección era solo para el presidente, mientras que en 2009 el oficialismo la propuso para todos los cargos públicos. Con este triunfo, Chávez dio por zanjada la derrota de 2007 de la reforma constitucional, interpretando este nuevo referendo como un plebiscito aprobatorio de todo su proyecto político, y pasó en los meses siguientes a aprobar un conjunto de leyes que han dado forma a un nuevo Estado, que se ha desarrollado en paralelo al Estado constitucional y se conoce como el Estado Comunal.

Durante la campaña por la aprobación de la enmienda se develó otro cambio importante en la forma en que Chávez y su gobierno entendían el poder popular. La Ministra del Poder Popular para el Desarrollo Social hizo en enero, en cadena nacional, un llamado a los CC y otras modalidades participativas comunitarias a abandonar sus tareas y abocarse a la campaña por el sí para el presidente:

A partir de este momento, cada consejo comunal se constituye en un comité por el sí. Es un órgano del poder. Todos deben ser organizaciones para la Batalla del sí. Comités de tierra, mesas de energía, mesas de telecomunicaciones son comités por el sí (...) Hay que entender que es un trabajo político; hay que dejar de lado cualquier otro proyecto para poner la lucha (...) Vamos a vencer al enemigo estratégico (...) Los comités por el sí tienen que convertirse en patrullas para que no quede ningún chavista sin votar. Tenemos que movilizar y necesitamos organización (Lugo-Galicia, 2009).

Con estas declaraciones las organizaciones participativas impulsadas por el gobierno, pasaron a ser conceptualizados como instrumentos de movilización del partido del presidente, el PSUV, y de su gobierno, lo que va desdibujando las fronteras entre partido, Estado y organizaciones de la sociedad. Estos rasgos revelan la creciente cercanía del Estado emergente con modelos socialistas del siglo pasado, en particular con el cubano, versión tropical del modelo soviético.

En noviembre de 2009, la AN aprobó la LOCC, que derogó a la ley de los CC de 2006. Esta ley, que por su carácter orgánico elevó el rango de los CC en el orden político, retomó muchos de los aspectos de la reforma constitucional rechazada dos años antes. Una revisión comparativa de ella con la de 2006 permite observar los cambios que se están dando en la forma de entender al poder popular y en el enfoque participativo inherente a él.

Un primer cambio tiene que ver con la definición misma del CC. En esta nueva ley la definición, si bien es parecida en su redacción a la ley anterior, se ha producido un cambio sustantivo al final del artículo 2, pues ahora se les impone la finalidad de la «construcción de un modelo de sociedad socialista», inexistente en la ley de 2006. Este añadido es contradictorio con la concepción de democracia participativa de la CRBV, pues fija de antemano el modelo de sociedad que deben perseguir los CC, sin que se les consultase, con lo cual la autonomía de estas organizaciones sufre un serio golpe, ¿cuál es el poder popular soberano que toma decisiones? ¿El pueblo, que son sus ciudadanos, o el Ejecutivo Nacional –o sea el presidente–, como «encarnación del pueblo»?

Un segundo cambio es que los CC ahora deben registrarse no en la Comisión Presidencial, como se señalaba en la ley anterior, ni en el registro civil público, como corresponde a organizaciones de la sociedad civil, sino en un registro creado *ad hoc*. En la Exposición de Motivos se dice que el status jurídico de los CC es *sui generis*, «son públicas no estatales». También argumenta que son autónomas, aunque esta ley –más que la de 2006– las regula en todo:

> … el Ministerio del Poder Popular con competencia en materia de participación ciudadana DICTARÁ[15] las políticas estratégicas, planes generales, programas y proyectos para la participación comunitaria en los asuntos públicos y acompañará a los consejos comunales en el cumplimiento de sus fines y propósitos, y facilitará la articulación en las relaciones entre éstos y los órganos y entes del Poder Público» (art. 56).

Este artículo tuvo una redacción distinta en el anteproyecto discutido por la AN en plenaria. Decía: «El Ministerio del Poder Popular como órgano rector en participación ciudadana ACOMPAÑARÁ a los CC en el cumplimiento de sus fines y propósitos y ARTICULARÁ las relaciones de éstos y los órganos y entes del Poder Popular» (mayúsculas mías). Estos cambios de redacción parecieran reflejar un forcejeo entre quienes participaron de la elaboración de la ley y quienes en la AN finalmente la aprobaron. Pareciera sugerir tensión entre quienes siguen viendo el Poder Popular como parte de las organizaciones autónomas de la sociedad y quiénes

---

15 Mayúsculas mías.

las consideran parte del partido-gobierno-Estado en construcción. Los segundos alcanzaron hegemonía.

En esta ley también se ampliaron las funciones de los cc para incluir actividades de planificación que les habían sido removidas en la ley de 2006, y la tarea de crear organizaciones socioproductivas para impulsar la propiedad social y coordinar con las Milicias Bolivarianas acciones «en lo referente a la defensa integral de la Nación» (art. 25, ordinal 8). De nuevo se revela el carácter cada vez más estatal de los cc, incluso con funciones militares.

De esta manera, para 2009, los cc pasaron a ser nuevos sujetos de un proceso, ya no de descentralización, como buscaba la crbv, sino de desconcentración de los servicios del Estado, pues ellos y la figura nueva de las «comunas», que aparece en la Ley Orgánica del Consejo Federal de gobierno (locfg) de febrero de 2010, son señaladas de tener prioridad sobre los municipios y las entidades federales en la transferencia de servicios públicos. En la locfg se crearon las Regiones Federales de Desarrollo (rfd), entidades, que a diferencia de los estados y municipios cuyas autoridades son electas estas son nombradas por el presidente y, bajo sus directrices, orientan los procesos de planificación y transferencia de competencias a los cc y comunas (arts. 2 y 7). En el artículo 4 se dice que el Consejo Federal de gobierno «fija los objetivos» de cc y comunas en la planificación del Estado, con lo cual pasaron a concebirse como estructuras estatales para la gestión de políticas públicas dictadas por una planificación, cuya ley también fue modificada para darle un enfoque centralizado reñido con la crbv (Ley Orgánica de Planificación Pública y Popular, 2010).

En diciembre de 2010, como parte del *paquetazo legislativo* que el presidente y su partido introdujeron en la an de manera sorpresiva e inconsulta, para asegurar su proyecto socialista antes de que tomara posesión una nueva an donde no controlarían las mayorías calificadas, se aprobaron varios instrumentos jurídicos para asegurar las bases del emergente Estado Comunal.

La Ley Orgánica de Comunas (LOC, 2010) fue una de las leyes aprobadas. Allí se estableció esta nueva forma participativa como la «célula» fundamental del nuevo Estado Comunal y se la definió como «un espacio socialista» donde se articulan CC y toda otra organización social comunitaria (art. 5). La ley asentó que toda organización comunitaria debe regirse por la LOC y que las comunas no necesitan seguir el ordenamiento territorial del Estado constitucional (art. 10), pues pueden delimitarse por encima de los límites del ordenamiento territorial, teniendo prioridad sobre municipios y regiones en la transferencia de los recursos.

Tanto en comunas como en CC no hay sufragio universal directo ni secreto (art. 23). Acceden a estas instancias miembros de las asambleas de los CC designados por estas y se les considera voceros(as), pues no tienen libertad de conciencia, solo transmiten a otras instancias las decisiones tomadas en las asambleas de CC. De esta manera el Estado Comunal se fue estableciendo como un régimen de democracia directa, asamblearia, y las instancias superiores con voceros(as) designados por elecciones de segundo, tercer y cuarto grado. Esta forma de representación es propia de experiencias socialistas del siglo XX, que la historia ha probado muchas veces desembocar en imposiciones, manipulaciones y autoritarismos. El sindicalismo agrupado en la Confederación de Trabajadores de Venezuela (CTV) durante los años de la democracia representativa fue un caso ilustrativo de este tipo de legitimidad, y este mecanismo probó favorecer tendencias de cooptación de la directiva sindical por parte de partidos hegemónicos.

Entre las funciones de las comunas, la LOC estableció la de contribuir con el orden público y construir una economía de propiedad social como tránsito al socialismo (art. 29). También las encarga de elaborar planes comunales, que concretan los planes dictados por el gobierno central, del cual dependen a través de las RFD, que es por donde el presidente en Consejo de Ministros encausará inversiones y demás recursos fiscales. Las comunas pueden construir sistemas de agregación, como ciudades comunales y federaciones comunales, bajo condiciones establecidas por el gobierno nacional (art. 60).

Con estas y otras nuevas leyes fue emergiendo para el país un Estado que se separa de los principios y enfoques liberal representativos y participativos de la CRBV: en él no hay sufragio universal, directo ni secreto, no hay separación entre sociedad y Estado, no hay descentralización, no hay independencia de los poderes públicos y no hay pluralismo. Las organizaciones sociales se transforman en estructuras del partido-gobierno-Estado, en lo fundamental dirigidas desde arriba por el Ejecutivo Nacional, que controlado por el presidente Chávez, es el verdadero poder popular, que toma decisiones sobre el devenir de la sociedad. CC y comunas, como sus análogas en otras experiencias socialistas del siglo pasado, no formulan ni deciden, solo son gestores y supervisores de planes y proyectos emanados del presidente y su cúpula de allegados.

Capítulo 4
El Estado Comunal y los retos de la oposición[16]

En el segundo gobierno de Chávez, los errores cometidos por las fuerzas políticas de oposición en los años precedentes fueron aprovechados por el presidente para profundizar el desequilibrio entre los poderes públicos y, en la práctica, subordinarlos todos a su voluntad. De esta manera, dispuso de recursos institucionales para torcer el rumbo del país hacia un proyecto político distinto al aprobado en la Constitución de 1999. El nuevo proyecto implicó un continuo desmantelamiento de instituciones de democracia liberal contempladas en la CRBV, a favor de una «democracia revolucionaria».

Desde 2003, Chávez gozó de un alza de los precios del barril petrolero en el mercado mundial que, salvo el 2009, cuando fue afectado por la crisis financiera de EE.UU., se prolongó hasta su muerte (ver cuadro N° 2 del anexo). Dispuso así de un ingreso fiscal cuantioso, que utilizó para impulsar un conjunto de políticas sociales de emergencia, conocidas como «misiones». Estas, combinadas con su carisma, la lógica electoral plebiscitaria y la creciente sujeción del resto de los poderes públicos a su control, facilitaron la neutralización y el debilitamiento de todo tipo de resistencias o rechazos a sus ideas. En las elecciones presidenciales de 2006, Chávez llegó a la cúspide de su apoyo popular, triunfando

---

16 Este capítulo está sustentado en «La relación gobierno-oposición en Venezuela: notas sobre unas relaciones negadas», ponencia presentada en el *Taller de Actualización Política: gobierno y oposición política, experiencias comparadas: Bolivia, Chile y Venezuela* (OEP-IDEA-PNUD). Cochabamba, octubre 2012.

con 63 % de los votos. Fue entonces cuando se convenció de que había llegado el momento de impulsar un proyecto para la sociedad más acorde con sus aspiraciones personales. En el capítulo anterior revisamos las características conceptuales básicas el Estado Comunal.

Las fuerzas políticas opositoras, por su parte, totalmente derrotadas hacia 2005, lograron hacia 2010 comenzar a reponerse. El malestar de sectores antichavistas de siempre, más un descontento en ascenso en otros grupos sociales, en la medida en que problemas institucionales y sociales persistían, fueron incentivando su organización y aumentando su caudal electoral, alcanzando a fines de ese segundo período una posición de creciente fuerza política y electoral.

Este capítulo está dedicado primeramente a poner de relieve el carácter iliberal o antiliberal del proyecto político socialista propugnado por Chávez en su segundo gobierno. Se sustenta en el análisis de documentos y leyes aprobadas en esta etapa. Este régimen se concretó, como ya vimos, en el llamado *Estado Comunal.*

En segundo término, analizamos el proceso sociopolítico que se desarrolló durante estos años, destacando, por una parte, la agresiva estrategia de polarización política con que actuó el gobierno y, como contraparte, el proceso de recuperación de las fuerzas de la oposición a Chávez. Fue en estos años que los opositores al presidente crearon una plataforma distinta y de mejor calidad que la CD, que denominaron Mesa de la Unidad Democrática (MUD). Como resultado de estos desarrollos, en una última parte señalamos la continua reducción del espacio público como espacio compartido por los miembros de la nación y el debilitamiento del pluralismo político para favorecer un régimen cada vez más arbitrario y autoritario.

El socialismo chavista

El segundo gobierno de Chávez fue cualitativamente distinto al primero, porque se buscó trascender el proyecto político de la democracia participativa para establecer las bases de un régimen socialista, de democracia «revolucionaria» y Estado Comunal. Esta propuesta apareció en los discursos de la campaña electoral presidencial de 2006, luego de que el presidente, en el Foro Social Mundial de Porto Alegre de 2005, declarara su convicción de la inviabilidad de una vía dentro del capitalismo para alcanzar la sociedad democrática y justa que propugnaba:

> ... no tengo la menor duda. Es necesario, decimos y dicen muchos intelectuales del mundo, trascender el capitalismo, pero agrego yo, el capitalismo no se va a trascender por dentro del mismo capitalismo, no. Al capitalismo hay que trascenderlo por la vía del socialismo, por esa vía es que hay que trascender el modelo capitalista, el verdadero socialismo. ¡La igualdad, la justicia![17]

¿Cuál socialismo?

Chávez presentó su propuesta socialista como una «radicalización» de la democracia participativa y protagónica» de la CRBV, explicando con frecuencia que era una propuesta que profundizaba aún más la democracia venezolana. Sin embargo, a diferencia del régimen democrático que se pauta en la Carta Magna, que señalábamos en el capítulo anterior como de matriz representativa liberal, el régimen que comienza a emerger desde 2007, a través de las iniciativas del presidente, no contempla principios e instituciones de esa democracia. Por el contrario, los cambios que se desarrollaron para institucionalizar el nuevo régimen, en diversos aspectos contradicen a la CRBV.

---

17 http://www.minci.gob.ve/wp-content/uploads/downloads/2013/02/folletoeluturodelnorteeselsur.pdf

El modelo socialista que Chávez fue construyendo fue influenciado principalmente por ideas procedentes de socialismos de influencia bolchevique que se practicaron en el siglo XX en partes de Europa, Asia y Cuba. A diferencia del régimen asentado en la CRBV, la propuesta de democracia revolucionaria y Estado Comunal, que tomaría forma legal en este período, tendría en el modelo estatista y colectivista del Estado soviético y sus satélites su principal fuente de inspiración.

Para comenzar, la base de legitimidad del emergente Estado Comunal descansa en un Poder Popular, que como señaláramos en el capítulo anterior no reside en el ciudadano individual –como corresponde a las democracias liberales y a la CRBV– con sus derechos civiles y políticos y su poder de voto, sino en sujetos colectivos que deciden a través del mecanismo de asambleas. El modelo establece que lo colectivo prevalece sobre lo individual. Las asambleas son los espacios donde se toman decisiones y pueden tener lugar tanto en espacios territoriales como en barrios urbanos, comunidades rurales e indígenas, como darse en sectores sociales, como entre trabajadores, estudiantes y mujeres.

Otra distintiva diferencia con lo establecido en la CRBV es que el Poder Popular en el Estado Comunal no es un poder fuera del Estado, no existe una «sociedad civil» que se relaciona o controla el aparato estatal desde una posición de relativa autonomía. Al contrario, la sociedad se organiza desde el Estado en modalidades de consejos comunales y comunas, consejos de trabajadores, estudiantes, mujeres, etc., cuyas características organizativas y de funcionamiento emanan de un poder centralizado.

El Estado Comunal, como ya lo dijimos en el capítulo previo, carece de sufragio universal, otra diferencia con la concepción liberal de democracia. La función de representación política tampoco incluye la libertad de conciencia del representante electo, que es denominado «vocero» para darle claridad a este aspecto. Estos cambios fueron establecidos por leyes llamadas «socialistas», entre ellas, la Ley de los Consejos Comunales, reformada y elevada a orgánica en 2009, la Orgánica del Consejo Federal de gobierno y la Ley Orgánica de las Comunas, ambas de 2010, así como varias otras sancionadas en diciembre de ese año, cuando la AN, controlada enteramente por el chavismo, concluía su período constitucional. Los diputados de la Asamblea entrante en enero de 2011 ya habían sido electos, habiéndose dado un vuelco en la composición política de este Poder por la elección de un nutrido, aunque minoritario, grupo de diputados opositores. Para el nuevo período legislativo el chavismo carecía de mayoría calificada, necesaria, entre otras materias, para otorgarle leyes habilitantes al Ejecutivo o para sancionar leyes orgánicas sin necesidad de negociar para alcanzar consensos con fuerzas opositoras. Por ello el chavismo convocó a sesiones extraordinarias, antes de instalarse la nueva AN, y aprobó intempestivamente las leyes socialistas, sin permitir ni la consulta popular obligatoria por ley, ni la deliberación propia de este Poder.

El Estado Comunal también está reñido con la territorialidad definida en la CRBV, pues su unidad territorial primaria, de acuerdo a la Ley Orgánica de Comunas, es la comuna y no el municipio. La comuna agrupa a CC, el municipio tiene parroquias. Los CC, a su vez, van agregándose en federaciones comunales y ciudades comunales o socialistas. Los municipios, por el contrario, están contenidos dentro de los territorios de las entidades federales o estados.

Según las normas legales de este Estado socialista, toda organización de las comunidades, para ser reconocida por el Estado, debe articularse primero a los CC y, a través de estos, a las comunas. En razón de ello, deben cumplir con los objetivos de CC y comunas, que son por ley, entre otros, construir la sociedad socialista. Así, CC y comunas no contemplan pluralismo político en sus espacios comunitarios, más allá de corrientes que el gobierno pudiera eventualmente reconocer como socialistas. Si la asamblea de una comunidad no abraza el socialismo, su CC no es reconocido por el Estado, no pertenece a la comuna y, por lo tanto, no es receptora de la transferencia de servicios y recursos públicos que contemplan las leyes socialistas. Por otra parte, estas leyes señalan que la nueva estructura de CC y comunas puede desconocer el diseño territorial definido en la CRBV, en cuanto que pueden asentarse en territorios que no obedecen a la división político-administrativa de esta, es decir, los linderos de municipios y entidades federales. Aunque no fue hecho explícito, el Estado Comunal, como nueva estructura administrativa del socialismo, buscaba desplazar gradualmente las unidades político-administrativas contenidas en la CRBV.

En la estructura territorial y administrativa en construcción a través de este cuerpo de leyes no se escogen autoridades mediante sufragio universal, directo y secreto. En su lugar, en los niveles micro, como los CC, se designan en las asambleas «voceros», que transmiten informaciones a las comunas u otra instancia parecida. En los niveles superiores, las autoridades son nombradas por el «Comandante-Presidente», nuevo título que le fue conferido a Chávez en la Ley Orgánica de la Fuerza Armada Nacional Bolivariana, reformada también en 2010. Como ya se mencionó en el capítulo anterior, en las leyes socialistas los CC y comunas tienen prioridad sobre los municipios y las gobernaciones para recibir transferencias de servicios y recursos del gobierno central. En pocas palabras, la estructura naciente se concibió como vertical, centralizada y dependiente económicamente de las directrices del presidente, además de prevalecer sobre las estructuras y divisiones político-territoriales existentes en la CRBV.

Estas transformaciones del régimen político y del aparato estatal sobrepasan con mucho las directrices de la CRBV. Consciente Chávez de esto, presentó en agosto de 2007 a la AN, un proyecto de reforma constitucional, que propuso la modificación de un total de 33 artículos de la CRBV para ajustarla al nuevo régimen. La Asamblea elevó a 69 los artículos a reformarse y siguiendo lo pautado por la CRBV llamó a referendo para que fuese aprobada la reforma. El referendo popular convocado ese diciembre para aprobar las reformas que ajustarían la CBRV al socialismo resultó, como ya señalamos, adverso al oficialismo. No obstante, el presidente hizo caso omiso del mandato popular y continuó desarrollando la negada propuesta a todo lo largo de este segundo gobierno, produciendo importantes situaciones de conflicto político e inestabilidad gubernamental.

Legalidad y legitimidad del nuevo régimen

El gobierno de Chávez pudo desarrollar esa reforma, pese a las contradicciones que tenía con la CRBV y haber sido rechazada por los venezolanos en referendo popular, gracias al uso de varios recursos políticos, institucionales y administrativos.

En términos políticos, para cuando se produjo el revés electoral de 2007 con el referendo de reforma constitucional, Chávez ya había logrado una importante subordinación del Tribunal Supremo de Justicia (TSJ) a sus directrices «revolucionarias». Gracias a ello, consiguió que dicho Tribunal interpretara a su favor el artículo 345 de la CRBV que taxativamente dice: «La iniciativa de reforma constitucional que no sea aprobada, no podrá presentarse de nuevo en un mismo período constitucional a la Asamblea Nacional.» El TSJ dictaminó que, si bien no podía presentarse otra vez la reforma constitucional, los contenidos de esta podían aprobarse mediante leyes. Gracias a esta interpretación desde 2008, pero sobre todo a partir de 2009, cuando Chávez logró la aprobación de una enmienda constitucional que le permitiría la reelección indefinida, fueron aprobadas más de una decena de leyes «socialistas» por vía de decretos-leyes sancionadas por Chávez, gracias a facultades legislativas extraordinarias que le confirió la AN al presidente –la Ley Habilitante–. Otras fueron aprobadas por la propia AN.

Por otra parte, las LGPDESN o PPS, redactado para desarrollar los contenidos nuevos que tendría la CRBV al ser modificada, no fue corregido por el gobierno al ser rechazada la propuesta de reforma constitucional. Por el contrario, Chávez siguió implementando este Plan, como si los cambios constitucionales se hubiesen aprobado[18]. Así mismo, siguiendo su lógica plebiscitaria, interpretó los procesos electorales posteriores, en particular el referendo de enmienda constitucional de 2009 (ver Capítulo 8), como un plebiscito a favor de su proyecto político socialista. Al triunfar la propuesta de enmienda, Chávez pasó la hoja de su derrota y optó por acelerar de nuevo los cambios hacia el Estado Comunal a través de decretos y leyes.

Como en el régimen socialista y de Estado Comunal no se contempla el pluralismo político, individuos o comunidades que defiendan valores de la democracia liberal, no pueden operar en los espacios de los CC y comunas, y no tendrían derecho a recibir apoyos ni financiamientos públicos. Tampoco cuentan con apoyos estatales, según estas leyes, quienes defienden los principios básicos del capitalismo, como la propiedad privada y la ganancia en el proceso productivo. De acuerdo a la LOCC de 2009, estas unidades y las comunas se asientan sobre propiedad social y deben desarrollar unidades socioproductivas sin fines de lucro.

Polarización política y resurgimiento de la oposición

Correspondiendo con la voluntad política del gobierno de imponer a la sociedad un Estado y régimen político que excluye sectores sociales y actores sociopolíticos que no compartían los ideales socialistas de Chávez, las relaciones entre el gobierno y la oposición se movieron en este período dentro del estrecho espacio que dejaba una extrema polarización política, sostenida ahora

---

18 Para detalles del Primer Plan Socialista ver Capítulo 8 de este libro.

como estrategia política principalmente por el presidente, su partido y los poderes públicos, que crecientemente actuaban subordinados a sus directrices.

Según el politólogo Giovanni Sartori, por *polarización política* se entiende un tipo de polarización que se da en sistemas de partidos cuando las fuerzas tienden a girar en torno a dos o más polos frecuentemente definidos en términos ideológicos. Sartori distingue la *polarización política* de la *bipolaridad* en política, que entiende como una polarización moderada, inevitable en los sistemas de partidos y hasta normal, sobre todo en coyunturas electorales y en el debate de algunos asuntos públicos. Según su criterio, habría polarización política cuando los polos son distantes y hay una situación de falta de consenso básico. Ha sido el caso de la Venezuela chavista.

En un sistema de partidos polarizado, las opiniones están radicalizadas y el sistema adquiere diferencias cualitativas con relación a sistemas de partidos bipolares. Los sistemas de partidos polarizados son centrífugos, es decir, tienden los actores a alejarse del centro político y las fuerzas son inmoderadas o extremas. En los sistemas bipolares los actores tienden hacia el centro político. En su dimensión psicosocial la polarización política se acompaña con una importante carga emocional, que hace que se acepten a las personas del propio grupo y se rechazan a las del contrario, sin matices; se pierda el sentido común por posiciones intolerantes y rígidas, que sustituyen el diálogo y el debate entre diversas posiciones y puntos de vista.

En Venezuela la polarización política se hizo presente en las elecciones de 1998 como una estrategia política de los actores en esa contienda y ha continuado desde entonces. Pero deben señalarse al menos dos etapas. En el primer gobierno de Chávez, la polarización política fue practicada tanto por el gobierno como por las fuerzas de oposición. Se llegaron a situaciones extremas, que fortalecieron condiciones para que se produjera un quiebre en las relaciones de convivencia pacífica de la sociedad. Entre 2002 y 2005, la oposición social y política, reunida en la plataforma paraguas de la CD, se aventuró por un camino violento para sacar a Chávez del poder. El golpe de Estado de abril de 2002, el paro general y petrolero de 2002-2003, los cortes de vías violentos tipo «guarimbas» de 2004, e incluso el referendo revocatorio presidencial de agosto de ese año y las elecciones parlamentarias de 2005 formaron parte de una estrategia fundamentalmente de tipo «insurreccional», desarrollada por las fuerzas de la CD, enmarcada en un juego de extrema polarización política y con casi nula posibilidad de relacionamiento entre gobierno y oposición. En todas esas confrontaciones Chávez salió victorioso.

En el segundo gobierno la situación cambió, pues, aunque siguió dominada por la estrategia política polarizante, esta fue practicada de manera continua, extensa y expresa principalmente por el gobierno. Esto en razón a que había mostrado con creces que no les convenía a las fuerzas sociopolíticas opositoras, visto que solo había resultado en un fortalecimiento del liderazgo de Chávez y sus propuestas, y un debilitamiento y deslegitimación de ellas. A diferencia de su primer gobierno, cuando esta estrategia sirvió para delimitar dos propuestas de país que se presentaron como antagónicas y con fuerzas muy parejas, en este período fue sostenida para servir a la propuesta socialista del presidente, que en rigor era nueva y bastante diferente a la democracia participativa que orientó su primera gestión.

El gobierno consideró, a la luz de los buenos resultados que la polarización política le brindó en el pasado, continuar la polarización en un contexto donde ya no parecía necesaria, pues inicialmente las fuerzas opositoras no exhibían ni la fuerza ni la unidad para enfrentar con algún éxito el nuevo giro político. Pero, además de propulsar ahora un proyecto político diferente al de su primer gobierno, la polarización también le servía a Chávez para acallar corrientes políticas dentro del chavismo, que se oponían a este giro o tenían diferencias con aspectos del nuevo proyecto presidencial.

Aunque fuerzas opositoras fueron convenciéndose de las desventajas de continuar con la polarización política, evadir el juego polarizador cuando el gobierno lo mantenía permanentemente a través de sus políticas, discursos e instituciones, no fue totalmente posible. Y así, las fuerzas de la oposición se vieron permanentemente confrontadas por desafíos y dilemas que fueron transformándolas. En la medida en que el gobierno se fue radicalizando en su política revolucionaria, las fuerzas opositoras fueron compelidas a reunificarse en torno a un proyecto político, que trataron de presentar como menos antagónico con el chavismo que el del pasado. Así mismo, el juego político volvió a manos principalmente de los partidos políticos, que fueron desarrollando una política de unidad. Factores de poder y organizaciones civiles muy politizados en el gobierno anterior bajaron el perfil. Otro componente nuevo fue la utilización de un discurso menos pugnaz y ofensivo, más centrado en lo social y con explícitas alusiones a la búsqueda de la paz, la despolarización y el diálogo para la «reconciliación del país».

De la derrota opositora de 2004 a las elecciones presidenciales de 2006

La CD como plataforma paraguas comenzó a disolverse después de la derrota de la oposición en el revocatorio presidencial de agosto de 2004. Se oyeron entonces severas críticas por la forma en que fue conducida la campaña, por un liderazgo cortoplacista, obcecado, con la única meta de salir de Chávez por la vía que fuera, polarizado e intolerante como el gobierno mismo. La CD, liderada entonces por factores de poder como los medios privados de comunicación, empresarios de Fedecámaras, la Confederación de Trabajadores de Venezuela (CTV), jerarcas de la Iglesia

Católica, organizaciones civiles de capas medias y partidos políticos débiles, muchos con líderes de escasa formación política, ignorantes y ajenos a la realidad que vivían las mayorías empobrecidas del país, fracasó ante un oponente repetidamente legitimado en procesos electorales, con una propuesta de profundizar la democracia, con un discurso populista y con los recursos de un Petroestado cada vez más buchón. Las torpezas, sectarismos y las estrategias antidemocráticas dejaron a las fuerzas opositoras en una situación de fragmentación, deslegitimación y debilidad suprema. Partiendo de tal situación, comenzó un dificultoso aprendizaje y la paulatina construcción de una estrategia que les permitiera recuperarse.

Contaban a su favor que –pese al fortalecimiento político alcanzado por Chávez y su gobierno, y su debilidad como partidos y factores de oposición– siguió siendo significativa la resistencia de una porción de la sociedad a las orientaciones políticas y actitudes del gobierno. Encuestas como la de Keller & Asociados e Hinterlaces revelaban a fines de 2005, que cerca de 40 % de los encuestados no compartía las propuestas socialistas. Sin embargo, solo 7 % simpatizaba con algún partido político opositor. ¿Cómo, entonces, expresar y aprovechar políticamente este malestar?

Voces dentro de los partidos opositores, que llamaban a la autocrítica y a la reflexión, pensaban en la no conveniencia de continuar con la CD. La mayoría, sin embargo, quizás por depresión e inercia, siguió haciéndose eco de posturas como las de denuncias de fraude ante el referendo revocatorio de 2004, cuando los resultados de este le fueron adversos, típico del estilo CD. La continuación de esta equivocada estrategia contribuyó a que, en octubre de ese año, cuando se produjeron las elecciones regionales y municipales, la oposición viera una merma considerable de su presencia en los espacios subnacionales, al producirse una alta abstención electoral –de 54,27 %– principalmente de sus bases. Siguió fortaleciéndose el presidente y sus propuestas, al obtener veinte de las veintidós gobernaciones en disputa y la mayoría de las alcaldías[19].

Fue después de esas elecciones de 2008 cuando tomaron más fuerza las críticas y solicitudes de disolución de la CD. Teodoro Petkoff, prestigioso político de izquierda, que fundó el partido MAS en 1970, fue ministro en la segunda gestión del presidente Caldera y dirigía para estos años el periódico *Tal Cual*, de línea editorial opositora, abogó por un nuevo liderazgo. Antonio Ledezma, exadeco, fundador del partido Alianza Bravo Pueblo (ABP), propuso un nuevo frente sobre nuevas bases. Henry Ramos Allup de AD, uno de los más fervientes sostenedores de la estrategia de cantar fraude, declaró a favor de que cada partido se fuera por su lado, buscara nuevos adeptos y construyera nuevas propuestas.

Por otra parte, como resultado de la derrota en el revocatorio de 2004, sectores empresariales de Fedecámaras, medios privados, así como personalidades de la jerarquía de la Iglesia Católica y de la sociedad civil comenzaron a bajar el perfil político y a dejar espacios para una mayor visibilidad e influencia de los políticos y sus partidos.

El camino de la construcción de una expresión política de oposición se dio de a poco. Entre 2004 y 2006 importantes tensiones se manifestaron en el seno de los partidos políticos opositores, produciéndose divisiones, reajustes y la creación de nuevas organizaciones. En el partido Primero Justicia (PJ) se produjo un desprendimiento en el 2006, saliendo dirigentes como Leopoldo López, Delsa Solórzano y Gerardo Blyde. Ese año también, el alcalde de Baruta de ese partido político, Henrique Capriles Radonski, fue acusado de los hechos violentos ocurridos durante el golpe de Estado en abril de 2002 frente a la Embajada de Cuba. Capriles fue detenido y cumplió cuatro meses de cárcel, siendo liberado el 15 de diciembre de 2006. El excopeyano Oswaldo Álvarez

---

19 En esa oportunidad no hubo elección de gobernador en el estado Amazonas.

Paz fundó un nuevo partido, Alianza Popular. En 2004 también se conocieron retornos al chavismo, como el del excandidato presidencial de la oposición y antiguo compañero de armas del presidente, Francisco Arias Cárdenas y su partido Unión. Es de notar también que en estos años adquirió relevancia la diáspora de venezolanos que se autoexiliaban, muchos a EE.UU., otros a Europa y otros continentes.

El primer esfuerzo importante para reunificar al fragmentario, débil y díscolo mundo organizativo de la oposición tuvo lugar en 2006, en el contexto de las elecciones presidenciales ese diciembre. Como consecuencia de los continuos reveses, las opiniones a favor de cambiar la estrategia insurreccional y buscar por la vía de la CRBV y las leyes una salida del gobierno comenzaron a ganar terreno. Participar en las elecciones presidenciales pareció necesario, pero, aun así, no había procedimientos ni estructuras que facilitaran una coordinación de la oposición. Se habló de hacer unas elecciones primarias, escoger un candidato por acuerdos políticos o apoyarse en las encuestas. Muchísimos eran los aspirantes, pareciendo reflejar el mantenimiento de la ceguera y el sectarismo político.

El camino comenzó a despejarse cuando, poco antes de iniciarse la campaña, los candidatos más fuertes o de más prestigio: Teodoro Petkoff, Julio Borges, fundador de PJ; y Manuel Rosales, exadeco y gobernador del estado Zulia, fundador del partido Un Nuevo Tiempo (UNT); suscribieron un acuerdo de unidad, donde se comprometieron a apoyar a aquel de entre ellos que tuviera mayor popularidad, según encuestas de opinión complementadas por otras consideraciones políticas. El acuerdo fue apoyado por otros partidos como COPEI, Proyecto Venezuela y el MAS, pero rechazado por AD y ABP, que mantuvieron ese año la posición abstencionista. El método favoreció a Manuel Rosales, el único que alcanzó una popularidad de dos dígitos en las encuestas, quien de seguidas recibió el respaldo de los otros dos. Informó Rosales que, de ganar, Julio Borges sería su vicepresidente. Con tensiones y reticencias, en los días siguientes fueron declinando otras candidaturas presidenciales para sumarse a la de Rosales. Sin embargo, se mantuvieron para esa contienda electoral, otros doce candidatos además del presidente Chávez y del gobernador Rosales.

Con Rosales la oposición comenzó un giro en su discurso, colocando lo social en el centro de su oferta electoral. También, imitando al gobierno, se apoyó en ofertas populistas, aunque distintas a las oficialistas. Durante la campaña, el candidato presentó la tarjeta «Mi Negra», una tarjeta de débito bancaria que, de ganar, prometió otorgar a cada venezolano. En ella se repartiría 20 % de la renta petrolera.

Pese a la derrota en las elecciones presidenciales ese diciembre, los resultados electorales fueron un importante avance para la oposición. Rosales obtuvo 36 % de los votos y Chávez ganó con 63 %. Esa misma noche Rosales reconoció la derrota, a pesar de importantes presiones en su Comando de Unidad para que denunciara un fraude. La participación ciudadana fue alta, alcanzando el casi 75 % del registro electoral. Los otros candidatos no alcanzaron 1 % de los votos, revelando el ahorro del voto que hacían los votantes opositores. Estos resultados fortalecieron las percepciones dentro de la oposición, de que había una minoría significativa del país que seguía apoyando otra opción distinta a la del gobierno y, si continuaban los esfuerzos unitarios para el próximo proceso electoral de 2008, que era de carácter regional y local, podrían obtener algunas victorias en entidades y municipios que los ayudaría a seguir creciendo. Otro resultado de estos comicios fue el fortalecimiento del partido de Rosales, UNT. Partidos como el MAS, Solidaridad y LCR redoblaron en los meses siguientes los esfuerzos por la reunificación de la oposición hablando de crear alguna estructura paraguas.

La Mesa de la Unidad hasta 2013

En la medida en que el presidente Chávez radicalizaba su discurso y proceso de cambios, buscando la aprobación de su propuesta del socialismo del siglo XXI, volviendo al uniforme militar que había abandonado después del golpe de Estado de abril de 2002 y exigiendo a los partidos de su alianza disolverse para integrarse en un solo partido –el PSUV–, los desafíos se hicieron más fuertes para la oposición. Los esfuerzos por cimentar una unidad de mayor calidad que la del pasado pareció la única alternativa viable para frenar lo que se diagnosticaba como la legitimación y posible consolidación de un régimen autoritario.

Pocos días después de su contundente victoria en diciembre de 2006, el presidente amenazó con cerrar uno de los canales de televisión de señal abierta, Radio Caracas Televisión (RCTV). El presidente acusó a los dueños de ese canal de haber participado en el golpe de Estado de 2002. El canal fue efectivamente cerrado el 28 de mayo de 2007, al expirar su concesión y el gobierno negarse a renovarla. El procedimiento administrativo usado fue legal, pues tiene el Ejecutivo Nacional la protestad de otorgar o negar las concesiones del ámbito radioeléctrico. Pero el presidente actuó de una forma que no dejó lugar a dudas de que se trataba de una revancha política. El 28 de diciembre de 2006, desde un cuartel y vestido de militar anunció que él cerraría el canal. Meses después su gobierno apeló a métodos legales y administrativos para concretar la amenaza.

El cierre de RCTV la noche de 28 de mayo, el canal más antiguo y de mayor cobertura nacional, desencadenó un conjunto de protestas callejeras, algunas violentas, y la irrupción de un movimiento estudiantil preponderantemente de composición universitaria, opuesto al proyecto chavista, que desde entonces ha seguido actuando en la arena política, inyectándole a las fuerzas opositoras nuevas energías, ideas y liderazgos. Este movimiento social, junto con los partidos y otras organizaciones, actuaron ese año estimulando y canalizando el rechazo a la reforma constitucional socialista propuesta por el presidente, convocando a votar por el NO en el referendo de reforma constitucional realizado en diciembre de 2007, la primera y única victoria del anti-chavismo en ese período. Lo significativo del referendo de reforma constitucional fue que las fuerzas opositoras lograron mantener cohesionadas y participando a sus bases, aunque el aumento del caudal electoral con relación al año anterior fue modesto, poco más de 200 000 votos. El gobierno, por el contrario, se encontró con una merma muy importante de los votos chavistas, con relación a los obtenidos en las presidenciales un año antes (ver Capítulo 8).

Los esfuerzos unitarios y sus positivos resultados permitieron a la oposición desembocar en 2008 en la conformación de un Acuerdo de Unidad Nacional por parte de varios partidos de oposición, que se comprometieron a continuar coordinándose entre sí, ahora con el objetivo de alcanzar una visión compartida de país y llevar a las elecciones subnacionales y parlamentarias candidatos comunes. Para las elecciones regionales de noviembre ese año (ver Capítulo 8) se suscribieron acuerdos unitarios, que permitieron que, al ir juntos, la oposición pudiera mantener o recuperar espacios regionales perdidos en 2004 y obtener algunos nuevos. Pero poco después, el oficialismo en la AN, haciendo uso de su control absoluto sobre este Poder, aprobó una ley «especial», creando el cargo de «Jefe de gobierno de Caracas», sobreponiéndolo al territorio a la Alcaldía del Municipio Libertador y despojando de recursos y atribuciones a la Alcaldía Mayor. También aprobaron una reforma a la ley de descentralización para devolver al gobierno central la administración de puertos y aeropuertos, algunos de los más importantes del país, como Puerto Cabello, ubicados en entidades federales que ahora estarían bajo la administración de gobernadores de oposición.

Ha sido esta manera de conducirse un típico modo de actuar del gobierno en su nueva fase radical. Usa procedimientos de dudosa legalidad –justificadas por estar «en revolución»– para sustraerse del mandato popular. El Poder Judicial, ya subordinado también al Ejecutivo, dictamina sistemáticamente a su favor. Otro recurso fue dificultarles o negarles los recursos asignados por presupuesto y leyes a las entidades con gobernadores de la oposición. Y, como hemos señalado arriba, desde 2009 le otorgaron a los CC y comunas prioridad para recibir recursos y gestionar servicios, en una clara tendencia a ir debilitando y eventualmente destruyendo la estructura político-administrativa descentralizada de la CRBV.

En 2009 cristalizó la MUD, una estructura de articulación política, más compleja que la CD, donde más de una treintena de partidos y once unidades de trabajo sobre diversos campos de intereses, van a negociar las estrategias políticas de las fuerzas opositoras al chavismo y elaborar propuestas unitarias de programación y acción.

El primer documento aprobado y llevado a la opinión pública por la MUD se dio en abril de 2010 y llevó el nombre de «Cien soluciones para la gente». En las elecciones parlamentarias de ese año, los esfuerzos unitarios lograron que la mayoría de los diputados que concurrieron por la oposición recibieran el respaldo de todos los partidos de la MUD. Los resultados fueron positivos. Del total de los votos, 47% fue para candidatos de la MUD, 48% para la coalición chavista y un poco más de 5% para partidos no chavistas no incorporados a la MUD. Sin embargo, la conformación de la AN quedó con una mayoría de 98 diputados para el oficialismo, 65 para los partidos de la MUD y 2 para el partido PPT, un partido que para ese entonces se separó de la coalición de gobierno y no quiso incorporarse a la MUD. El chavismo mantuvo la mayoría simple, pero perdió las calificadas. La AN aprobó en agosto de 2009, antes de esa contienda, una nueva Ley Orgánica de Procesos Electorales que alteró el sistema electoral vigente y produjo un nuevo sistema de características cuasi-mayoritario. El sistema electoral en Venezuela debe ser proporcional porque así lo exige la

CRBV (art. 63). Sin embargo, estos cambios se han dado dentro de la lógica «revolucionaria» que alega el gobierno, contando con su control sobre el Poder Judicial y la debilidad de la sociedad civil y política para hacerle cumplir los mandatos del Estado de Derecho.

Las elecciones de 2010 fueron consideradas una especie de parte aguas para la oposición, pues el voto chavista fue ligeramente inferior al voto no chavista, revelando la vuelta a una situación entre gobierno y oposición muy pareja y similar al inicio de la era chavista. Como contexto sociopolítico más general, para 2010 se dibujaba un marco de creciente descontento y desencanto en las bases chavistas, que luego de catorce años, aparte de la retórica incendiaria y algunas innegables mejoras en la distribución del ingreso fiscal petrolero entre los anteriormente considerados sectores sociales pobres y excluidos, no se habían visto aún sustanciales soluciones a los muchos problemas estructurales de la sociedad, mientras fueron empeorado algunos servicios y condiciones de vida.

Por otra parte, el alarmante aumento de la violencia social, el colapso de infraestructura vial, desabastecimientos y continuos apagones de luz comenzaron a revelarse como penurias permanentes de una vida cotidiana llena de dificultades. Durante este segundo mandato de Chávez, se vieron reducidos derechos civiles y políticos fundamentales como la libertad de expresión, la representación proporcional del sistema electoral, la libertad de conciencia en los cuerpos deliberantes, el acceso a información pública, el pluralismo y el derecho a la manifestación pacífica. La administración de justicia se postró ante la revolución y la impunidad nutrió la espiral de violencia que fue convirtiendo al país en uno de los más peligrosos y violentos del mundo.

La MUD, a partir de sus logros electorales, continuó fortaleciéndose. Pero siendo un mundo tan diverso ideológica y políticamente, cada paso implicó un gran esfuerzo. A inicios de 2011 se visibilizaron tensiones sobre el método y la fecha para escoger a los candidatos para las contiendas electorales a celebrarse en 2012 y 2013. Las toldas partidistas, después de mucho debate, acordaron que se efectuarían mediante elecciones primarias, donde tendría derecho a votar todo ciudadano inscrito en el Registro Electoral Permanente (REP). Se fijó como fecha febrero de 2012, incluyéndose en esas primarias la selección de los candidatos unitarios, tanto a la Presidencia de la República como a las gobernaciones y alcaldías. En septiembre, la MUD y los precandidatos presidenciales que se medirían en las primarias, respaldados por gobernadores y jefes de partidos políticos, suscribieron un «Compromiso de Unidad Nacional». En diciembre respaldaron unos «Lineamientos del Programa de gobierno de Unidad Nacional».

Compitieron cinco precandidatos para la candidatura a presidente: Henrique Capriles Radonski, del partido PJ y gobernador del estado Miranda; Pablo Pérez de UNT y gobernador del estado Zulia; María Corina Machado; Diego Arria y Pablo Medina como independientes. El precandidato Leopoldo López, de Voluntad Popular, pocos días antes de las primarias declinó su candidatura a favor de Capriles. Este alcanzaría el triunfo de manera holgada, con 62,5 % de los votos. La concurrencia a las primarias fue sorprendente, 17 % del REP, es decir, más de tres millones de ciudadanos. La oposición mostró su mejor cara después de muchos años.

Capriles se separó poco después de la gobernación y comenzó su campaña por la presidencia. La MUD continuó respaldándolo y, pese a los naturales problemas que surgen de la necesidad concertar con tantos y tan disímiles intereses políticos, los partidos de oposición en su gran mayoría se mantuvieron unidos y centrados en el objetivo de vencer ese adversario formidable que fue el presidente Chávez, quien, aunque enfermo, seguía concentrando considerable poder, dinero y carisma.

A inicios de junio de 2012, Capriles presentó su programa de gobierno llamado «Hay Un Camino. Progreso Igual Para Todos», programa que seguía en consonancia con los contenidos de documentos previos de la MUD. En él la oferta programática de la oposición se hizo más concreta y diferenciada con relación al presentado por Rosales en 2006. Contrastando con el Plan de la Patria de Chávez, prevaleció el lenguaje del «nosotros» sobre el «yo», la idea del gobierno como esfuerzo colectivo y no personal. Incorporó dos criterios de participación necesarios en la práctica gubernamental: la de la gente, que debe ser consultada siempre, y la de los expertos, que con su conocimiento perfeccionan las políticas.

Otro elemento de contraste fue el enfoque con el que ofreció encarar los problemas. Se presentó una perspectiva focalizada en la persona desde su nacimiento para que fuera obteniendo calidad de vida, lo que permitiría «progresar» a todos. Se trataba de una dinámica de lo pequeño hacia lo grande. Para hacer este programa posible se ofreció a desarrollar una estrategia de alianzas entre el sector público y el privado, y en general con todos los agentes sociales como gremios y universidades. Todo esto debía estar enmarcado en un contexto donde se garantizara la convivencia y el diálogo, y que toda práctica estuviera ceñida a la CRBV. El candidato de la MUD ofreció en su programa la vuelta a una política industrialista en lo económico, sin aclarar si era la misma del pasado. Evadió la problemática petrolera al no mencionar cuál sería la política del Estado con PDVSA ni con la renta petrolera. Tampoco abordó qué haría con la naciente estructura comunal ni cómo financiaría la seguridad social. Estos temas carecían de consensos y el programa optó por evadirlos.

Durante la campaña, Capriles rehuyó la confrontación agresiva directa, evitó personalizar a su adversario, no respondía a descalificaciones de las que era objeto y se presentó como una alternativa válida. En las elecciones del 7 de octubre de 2012 Chávez ganó una vez más, pero la MUD y su candidato Capriles obtuvieron 6 583 426 votos, equivalente a 44,31 % de los votos válidos. Las fuerzas opositoras sin haber ganado seguían acortando significativamente la distancia entre ellos y el chavismo.

Los menguados espacios del pluralismo político

Lo señalado hasta ahora –sin ser exhaustivo– permite poner de bulto las casi inexistentes condiciones institucionales y políticas en este segundo gobierno de Chávez para una relación de intercambio democrático entre fuerzas del gobierno y de oposición. Sin embargo, a continuación, señalamos ciertos espacios donde de alguna manera se relacionaban, tomando en cuenta que el régimen no había cancelado aún todas las instituciones de la democracia liberal, aunque sí las debilitó pronunciadamente y en algunos casos les hubiera cambiado el sentido.

Podemos señalar, por ejemplo, el Poder Electoral, cuya institución nacional, el Consejo Nacional Electoral (CNE) conducía las elecciones con objetivos plebiscitarios. En este poder siguieron teniendo lugar consultas y conversaciones entre gobierno y partidos opositores, si bien solían trascender poco a la opinión pública.

El Poder Electoral, al igual que el resto de los otros cuatro poderes del Estado, se fue crecientemente subordinando a las directrices del gobierno y a su propuesta socialista. Esto se expresó tanto en la composición de las altas autoridades del Poder, los rectores del CNE, en la designación hecha en diciembre de 2009, donde cuatro de los cinco miembros eran pro chavistas, como en su renuencia a controlar las violaciones y excesos en que incurrió continuamente el gobierno y sus partidos cuando se daba la competencia electoral. Como veremos en los capítulos dedicados a los procesos electorales, en la etapa chavista no han estado garantizadas en Venezuela elecciones equitativas. El gobierno nacional y su partido, el PSUV, usan los recursos públicos para su parcialidad, sin que el CNE actúe para impedirlo[20].

Sin embargo, siendo todavía en este período los procesos electorales un instrumento importante en la legitimación del

---

20 Pueden verse los informes de Ojo Electoral y el Centro Carter en esta materia.

poder del chavismo, el CNE se mantuvo celoso en cumplir con el objetivo de garantizar el derecho al voto universal, directo y secreto de los ciudadanos. En este sentido fue construyendo un sofisticado y transparente sistema electoral automatizado, que ha blindado el voto ciudadano de ser alterado. El acto electoral, para las presidenciales de 2012, estuvo respaldado por un sistema automatizado que cubrió todo el territorio nacional y todas sus etapas. Este sistema fue abierto a los comandos de campaña de las distintas parcialidades políticas, para que revisaran de manera exhaustiva las máquinas y sus diversos programas. Así mismo, participaron los partidos políticos del gobierno y de la oposición en la introducción de claves secretas que solo podrían ser activadas por todas las parcialidades políticas.

Adicionalmente, el CNE jugó en ocasiones un rol de «mediador político», sosteniendo conversaciones con los partidos de oposición para acordar ciertas condiciones en los procesos electorales. Estas conversaciones fueron realizadas en secreto y fuera de las sedes formales de este Poder. También sostuvieron conversaciones con los candidatos perdedores antes de anunciar los resultados «irreversibles» de procesos electorales, contribuyendo a bajar la conflictividad que la derrota hubiese desencadenado de no ser reconocida por el perdedor. Fue el caso en 2006 cuando la oposición con su candidato Manuel Rosales perdió, pero también fue el caso del referendo constitucional de 2007 cuando el gobierno con su presidente Chávez sufrió una derrota. Trascendió entonces, dicho por el mismo presidente, que el CNE le envió técnicos que lo convencieron de que el cómputo con 92 % de los votos daba una tendencia «irreversible». Él convino en reconocer entonces que su propuesta había sido derrotada.

En otros poderes, la información es escasa, pero es de pensar que también existieron vasos comunicantes un tanto clandestinos. En la AN las leyes principales que buscaron construir las bases del Estado Comunal fueron elaboradas fuera del Poder Legislativo. Fue el presidente con sus ministros o asesores quienes los redactaron y fueron aprobadas por la AN controlada por el oficialismo, muchas veces sin discusión parlamentaria. Otras veces se discutió, pero eran poco relevantes o nulas las observaciones que pudieran hacer los diputados de oposición al recibir los proyectos para su aprobación sin dar tiempo para que se estudiaran. Hubo comisiones de la AN que eran de composición plural y, en estos casos, a veces se compartieron labores propias de este Poder. Pero se trataba de un poder muy disminuido de sus atribuciones. Una investigación en esta materia revelaría posiblemente algunas leyes que, por no ser relevantes o por estar fuera de las prioridades e intereses del presidente, contaron con contribuciones de los diputados de partidos de oposición. La situación en otros cuerpos deliberativos, como los de las entidades regionales y los concejos municipales, repetía la situación de la AN. En dichas instancias la línea del gobierno fue ignorar a la oposición, cuando era mayoría en el cuerpo deliberativo, o sabotear su labor cuando el chavismo era minoría. Cuando el chavismo controlaba el cuerpo deliberante de una entidad o municipio donde la autoridad ejecutiva era de un partido opositor, también entorpecía su labor.

El partido PPT, por ejemplo, denunció reiteradas veces cómo, una vez que se separó de la coalición de gobierno en 2010, el oficialismo incluso negaba el acceso de sus concejales a la cámara municipal en los diversos municipios. En otras comisiones conformadas por el Ejecutivo, como el Consejo Nacional de Universidades, la situación fue similar. Concurrían rectores de universidades que no estaban alineadas con el proyecto político del gobierno, se les dejaba intervenir, pero sus criterios no eran relevantes en las discusiones, mucho menos en la toma de decisiones.

El angostamiento del espacio público de las ciudades venezolanas sirve para ejemplificar bien la situación que padeció la sociedad, que ha continuado hasta los años posteriores a la muerte de Chávez con el presidente Nicolás Maduro. Hay territorios chavistas y territorios de la oposición. Allí se desarrollan actividades proselitistas, deportivas o culturales; los ciudadanos de un bando político u otro puede que crucen esos territorios y disfruten de las actividades, pero se cuidan bien de exteriorizar sus preferencias políticas. Los espacios comunes se fueron reduciendo a su mínima expresión; los canales de televisión pública fueron puestos al servicio del gobierno, los privados al servicio de los intereses de fuerzas opositoras, pero estos, asediados por múltiples prácticas intimidatorias por parte del gobierno –u obligados sus dueños a venderlos por problemas de acceso a dólares, papel, créditos o propaganda oficial– se fueron debilitando o pasando a dueños que se alinean con la orientación editorial del oficialismo. Mientras, los ciudadanos vieron extinguirse muchos espacios para compartir en entretenimientos o diversas actividades comunes. Al caer la noche, por otra parte, también se fueron privatizando las calles por parte del hampa y organizaciones delictivas.

Capítulo 5
Un régimen de desigualdad política[21]

> Puede ser el caso que [...] la mayoría piense que un derecho
> fundamental para la democracia no es conveniente, esto significa
> que ha dejado de creer en la democracia y estamos en una oligarquía
> o en una tiranía.
>
> DAHL, 2008: 25.

LA IGUALDAD EN LA ESFERA POLÍTICA constituye requisito *sine qua non* de un régimen democrático. El politólogo Robert A. Dahl explica que la idea apareció con la modernidad en el siglo XVIII, pues con anterioridad la condición humana se percibió principalmente desigual y en consecuencia los regímenes políticos suponían desigualdad política. La igualdad política se ha ido arraigando y extendiendo como noción moral y sentido común, hasta legitimarse hoy en las más diversas culturas y naciones. Actualmente cerca de 60% de la humanidad vive bajo ordenamientos políticos democráticos, que suponen la creencia en la igualdad política.

La igualdad política como noción moral establece que todo ser humano tiene el mismo valor intrínseco y, por lo tanto, «entre adultos ninguna persona está mejor calificada que otra para gobernar como para que se le deba encomendar el gobierno del Estado con autoridad absoluta y definitiva» (Dahl, 2008: 19). Tres argumentos sostienen, según Dahl, su conveniencia: la primera, que, si el poder corrompe, el poder absoluto corrompe absolutamente y, por ende, la permanencia en el tiempo se transforma en una identificación del bien público con el mantenimiento de los propios poderes y privilegios. Dos, sin debate de ciudadanos libres lo probable es que los líderes cometan errores garrafales, lo que ha

---

21 Este capítulo es una reelaboración del artículo «La desigualdad política en Venezuela», preparado para el libro coordinado por Joaquín Marta Sosa, *Derrotar la desigualdad*. Caracas, Fundavag, 2015, pp. 136-159.

sido demostrado en innumerables regímenes autoritarios modernos. Y tres, cuando quedan excluidos de su participación, no existe en la historia regímenes que defendieran o protegieran adecuadamente los intereses de sectores excluidos o minorías como mujeres, negros, sexodiversos, etc.

En lo que sigue presentamos primeramente algunos indicadores sociales que permiten sostener que existe entre los venezolanos crecientes, aunque inestables, sentimientos de igualdad que, según diversos enfoques sobre la democracia, son base necesaria para mantener un régimen de igualdad política. A continuación, analizamos la calidad de procedimientos o instituciones que garantizan la igualdad política en Venezuela, orientados por el interés de responder tres preguntas: ¿Se respeta en Venezuela el derecho de los ciudadanos a elegir a sus gobernantes sin discriminación alguna? ¿Pueden ser elegidos los ciudadanos en igualdad de condiciones? ¿Pueden todos ejercer de manera igualitaria la función pública?

El arraigo de sentimientos de igualdad

Desde la reflexión que hiciera Alexis de Tocqueville en el siglo XIX sobre la emergencia en EE.UU. de la primera democracia moderna, muchos teóricos han sostenido la necesidad de condiciones de igualdad social para que este tipo de régimen enraíce. Una democracia solo puede funcionar allí donde los miembros de la sociedad se perciban y compartan la idea de ser iguales. Para que esto ocurra parece necesario que existan niveles reducidos de desigualdad de bienes, educación y principios.

En sociedades de América Latina y el Caribe el déficit de igualdad social ha sido considerado como permanente obstáculo a la estabilidad de instituciones democráticas. La región ha sido considerada como la de mayor desigualdad social del planeta, y su historia democrática, un proceso errático, largo y doloroso, cuyo principal dilema ha sido adaptar un sistema político, que teóricamente está comprometido con la igualdad, en sociedades divididas por desigualdades socioeconómicas severas.

Venezuela no escapa a estas consideraciones generales. Su proceso de modernización y democratización fue tardío en comparación a otras sociedades y, a la luz de las características crecientemente autoritarias y de crisis económica que ahora padece, también fue particularmente frágil. No obstante, la democracia representativa liberal, que prevaleció en la segunda mitad del siglo xx, así como la socialista revolucionaria, que moldea el proyecto político del chavismo, pusieron gran énfasis tanto discursivo como en sus políticas públicas, en tratar de corregir los déficits de desigualdad y la exclusión sociales.

De acuerdo con la evolución del coeficiente de GINI[22], usado para medir la brecha en desigualdad de ingresos entre los miembros de una sociedad, según Asdrúbal Baptista, en 1962 en Venezuela era de 0,470. A fines de los años setenta se había reducido a 0,428, y terminando los ochenta, el índice seguía evolucionando positivamente, aunque de manera más lenta: 0,423[23]. Para 1993, el coeficiente reflejó la menor desigualdad del siglo: 0,399. Estos datos mostraron un desempeño de Venezuela mejor que otros países de la región como Brasil, México o Chile, considerándose a nuestro país entre los más igualitarios de esta desigual región.

La tendencia positiva se interrumpió a partir de ese año para retroceder al rango de cuatro décimas hasta 2006 –durante doce años–, cuando los cálculos de Baptista revelan de nuevo una reducción en la desigualdad de ingresos que vuelve a ser tendencia. Estas son las cifras[24]:

---

22 En el coeficiente de GINI el 1 equivale a la mayor desigualdad, el 0 a la igualdad perfecta. El dato de 1962 está calculado con base en datos oficiales de CORDIPLAN.

23 Calculado con base en datos oficiales de la OCEI.

24 Agradezco al profesor Asdrúbal Baptista haberme proporcionado la serie completa del GINI, según sus cálculos, lo que me ha permitido evaluar a partir de una fuente única su evolución.

Cuadro N° 2
Coeficiente de GINI en Venezuela (2003-2011)

AÑO	2003	2004	2005	2006	2007	2008	2009	2010	2011
GINI	0,437	0,428	0,432	0,371	0,331	0,368	0,358	0,300	0,268

Fuente: Baptista (2014)

Si complementamos este índice con otro también importante, como la medición del acceso a la educación formal pública
y privada, los datos muestran de nuevo una tendencia no continua. Según datos recopilados por Luis Bravo a partir de información oficial, entre 1958 y 1988 hubo un constante aumento en el
número de personas incorporadas a educación básica. Iniciándose la serie con una tasa de escolaridad de 11,7 % de venezolanos, y
llegando a 32,5 % para 1987, de los cuales cerca de 80 % recibían
educación en instituciones públicas gratuitas. A partir de ese año
la variable se estancó en algunos años y retrocedió en otros hasta 2002.

Partiendo de 31,7 % en 2002 se retoma una tendencia ascen-
diente en el número de personas incluidas en el sistema educativo hasta 2008 (ver Cuadro N° 3), cuando vuelve a retroceder. Los
años 2003 a 2008 marcan un lapso de crecimiento sin precedentes, pues se alcanza 40 %, incluso un poco más en algunos años.
Fue clave el lanzamiento de las misiones educativas Robinson (primaria para adultos) y Rivas (secundaria para adultos), concebidas primeramente como políticas de emergencia para solventar
los graves déficits en los niveles de educación básica, pero posteriormente estabilizadas y consideradas parte del proyecto político
socialista. Sin embargo, a partir de 2007 la tasa tendió de nuevo a
retroceder, la serie cierra con 37,1 % en 2010.

Cuadro N° 3
Población incluida en el sistema educativo venezolano

Años	Matrícula Total	Variación %	Población Total	Variación %	% Matrícula respecto a población
2002	8 253 735	5,6	25 093 337	1,9	32,9
2003	10 651 645	29,1	25 553 504	1,8	41,7
2004	12 950 267	21,6	26 127 351	2,2	49,6
2005	13 690 841	5,7	26 577 423	1,7	51,5
2006	13 954 105	1,9	27 030 136	1,7	51,6
2007	11 281 506	-19,2	27 483 208	1,7	41,0
2008	11 209 325	-0,6	27 934 783	1,6	40,1
2009	10 639 590	-5,1	28 384 132	1,6	37,5
2010*	10 693 529	0.5	28 833 845	1,6	37,1

Fuente: Bravo, 2012: Cuadro N° 1: 51

* Se toma la suma del cuadro N° 1 de la Memoria y Cuenta del MPPE y una declaración pública de la Ministra Yadira Córdova sobre educación universitaria.

Estas cifras no agotan un tema complejo e importante. Sin embargo, nos permiten constatar una inestabilidad institucional, que implica que importantes esfuerzos para mejorar la inclusión e igualdad social no se sostienen en el tiempo pudiendo por ello ser insuficientes en la inculcación de permanentes sentimientos de igualdad en nuestra población. A esta constatación puede añadirse que estudiosos del sistema de las misiones educativas Robinson y Rivas han argumentado que estas son problemáticas para propósitos de inclusión, pues conforman un sistema paralelo al institucional, que ha crecido sin que hasta la fecha se haya planificado vasos comunicantes entre ambos lo que viene produciendo, no un sistema de educación básica integrado, estable, extenso, inclusivo y de mejor calidad que en el pasado, sino dos sistemas educativos cerrados, con múltiples problemas conceptuales, curriculares y presupuestarios.

Según Mabel Mundó (2009), esta situación condena a quien entra en uno de ellos a tener que mantenerse en él hasta la educación universitaria, lo que lejos de integrar a la población en una comunidad común e igualitaria, favorece su polarización social, creando nuevas formas de desigualdad y exclusión. Esta observación vale también para el Sistema Bolivariano de Educación Universitaria, que ha crecido notablemente en paralelo a las universidades públicas y privadas existentes anteriormente.

Igualdad para votar

En las democracias modernas o representativas, la garantía de igualdad política comienza por un marco institucional que garantice que todo individuo de la comunidad política pueda votar en condiciones de igualdad, sin discriminación alguna. Este marco se sostiene a su vez en el reconocimiento de Derechos Humanos básicos de la población –en particular un conjunto de derechos civiles y políticos– que le confieren y aseguran la condición de ciudadanía.

En Venezuela, la ciudadanía para todos los mayores de 18 años se alcanzó en el estatuto electoral de 1945, con el cual se convocó a la Asamblea Nacional Constituyente de 1946 y fue ratificado en la Constitución de 1947. Se perdió después por la vuelta a regímenes dictatoriales, para reestablecerse en 1958 y reconsagrarse en las constituciones de 1961 –cuando se le dio carácter obligatorio al voto– y 1999, cuando se eliminó esa obligatoriedad. El derecho al sufragio universal ha estado acompañado por políticas conducentes a viabilizar el ejercicio efectivo de ese derecho que, en la medida en que han sido exitosas, han posibilitado que el votar en igualdad de condiciones se fuera extendiendo sin distingo de género, instrucción, etnia, nivel de ingresos, ideología y otras particularidades de desigualdad o diferencia social.

Una decisión política en el camino hacia la real igualdad para votar fue la aprobación del mecanismo de las tarjetas de colores, instaurado por la Junta Revolucionaria de gobierno de 1945 para las elecciones del Trienio Adeco (1945-1948). Fue reestablecido en 1958 y se mantuvo hasta fines de los años ochenta, cuando demandas de la población fueron respondidas con reformas electorales que incorporaron diferentes modalidades de personalización del voto. El mecanismo de las tarjetas adjudicaba a cada partido político un color, permitiendo que se pudiera votar para presidente y cuerpos deliberativos sin necesidad de saber leer y escribir, una condición que era mayoritaria en la población durante los primeros lustros de la democracia, pero que hacia la década de los ochenta se había reducido a menos de 10 % de la población adulta.

Este y otros esfuerzos institucionales impulsaron una alta y extendida participación política en la democracia hasta los años ochenta. Entre 1958 y 1973, la participación electoral promedió 93,46 % (Molina, 1991). De 1978 a 1988, el promedio bajó a 85,7 %. En las presidenciales de 1988 la tendencia a la baja siguió, 81,92 %, y en las de 1993 ya presente la crisis política del segundo gobierno de Pérez, cayó a 60,16 %, informándose además que la mitad de los jóvenes en edad de votar no se inscribieron en el registro electoral.

La llegada al gobierno del Movimiento Bolivariano significó retomar de nuevo políticas de inclusión electoral, que implicaron la creación constitucional de un nuevo poder público, el Poder Electoral y un órgano rector despartidizado, el CNE. Se buscó incrementar la confianza de los electores en la trasparencia de los procesos electorales, diagnosticado como una causa del creciente abstencionismo. También se tomaron medidas dirigidas a facilitar el acceso al ejercicio de votar en condiciones igualitarias, incentivando la inscripción de nuevos electores en el REP e incrementando el número de centros y mesas electorales con mejor distribución geográfica. El REP aumentó de 11 013 020 electores en 1998 a 19 056 012 en 2013, un aumento de 73,03 %. Desde 2006, un promedio cercano a 480 electores por mesa, fortaleció el acceso al sufragio en igualdad de condiciones.

La mejora en las condiciones para votar ha sido un factor que contribuye al incremento en la participación. En las presidenciales de 1998 la abstención fue de 36,55 %, mientras en 2006 bajó a 26,10 %, en 2012 a 19,30 % y en las de 2013, se colocó en 20,32 %.

¿Igualdad para ser electo?

En contraste a la evolución señalada arriba, el derecho a ser elegido en igualdad de condiciones ha venido reduciéndose mediante tres mecanismos principales que asientan situaciones de inequidad.

El financiamiento inequitativo de las campañas

El artículo 67 de la CRBV prohíbe el financiamiento por parte del Estado a organizaciones con fines políticos. Esta disposición no existía en la Constitución de 1961 y, a la fecha, es la venezolana la única constitución en América Latina con tal restricción. Al retirar el financiamiento público a los partidos políticos, la CRBV colocó en situación de inequidad a organizaciones partidarias y/o a políticos que representan intereses de sectores de escasos ingresos, frente a otros de ingresos altos y medios, capaces de financiar organizaciones y campañas a quienes garanticen sus intereses.

La prohibición del financiamiento público tuvo el aparente propósito de frenar la corrupción de los partidos, un mal recurrente y considerado a fines del siglo pasado como causante de la crisis económica, social y moral que se vivía. Sin embargo, fue un remedio peor a la enfermedad, tomando en cuenta que la política transcurre en Venezuela condicionada por un PetroEstado, donde la disposición al uso privado de los recursos públicos por quienes tienen acceso al ingreso fiscal petrolero es fuerte, mientras la capacidad de la sociedad civil para controlarlos es débil. Esta situación empeoró desde 2007 con la progresiva puesta en práctica de la propuesta de Estado socialista de Chávez, pues este diseño estatal no contempla contrapesos entre los poderes públicos, sino un Ejecutivo concentrador de todas las decisiones, al cual se subordinan los demás poderes. En esas condiciones las ventajas del partido de gobierno son desproporcionadas.

Ha sido práctica política del chavismo desde 1999, acentuada a partir del segundo gobierno de Chávez, la colonización de todos los poderes públicos, haciendo uso igualmente de los recursos del Petroestado para financiar sus campañas. Los candidatos del PSUV y de los de partidos de la alianza gubernamental han tenido en este período acceso con escasas restricciones a los *petrodólares*, así como a instalaciones públicas, comedores, transporte público, funcionarios y medios de comunicación del mal llamado «Sistema Nacional de Medios Públicos». Los candidatos de partidos opositores al chavismo, con acceso a recursos públicos en niveles regionales (gobernaciones) o locales (alcaldías) también han usado estos recursos para fines de proselitismo político. Sin embargo, en la medida en que se fue estrechando la tolerancia al pluralismo político en el esquema socialista chavista, estas prácticas resultan altamente riesgosas. Uno de los recursos más usados por el chavismo para sacar del juego a opositores capaces de disputarles poder, es acusarlos de corrupción administrativa y aplicarles la ley, para lo cual cuentan con la subordinación a sus intereses del Poder Judicial[25].

Los gobiernos de Chávez, y ahora también el de Maduro, así mismo fueron obstaculizando crecientemente el financiamiento

---

25 Podemos, como muestra de esta subordinación, señalar que en la inauguración de las actividades del TSJ en años recientes se incluyen vítores a Chávez y su revolución (*El Universal*, 25-01-14).

privado para actividades políticas de organizaciones opositoras. A través de prácticas intimidatorias y presiones que hacen valer el poder económico del Petroestado, inhiben a sectores empresariales nacionales de aportar a opositores. Amenazas de quitarles acceso a dólares preferenciales para importar materias primas, dejarlos sin créditos o contratos públicos, amedrentamientos con supervisiones tributarias intimidantes son algunos recursos usados para menoscabar el derecho a ser elegido en igualdad de condiciones señalados por informes independientes de ONG que, como el Observatorio Electoral Venezolano, el Centro Carter o la Unión Europea (UE), han monitoreado procesos electorales desde 2004. Adicionalmente, en la Ley de Defensa de la Soberanía Política y la Autodeterminación Nacional (LDSPYAN) de 2010, se hizo explícito la prohibición de financiamiento externo de cualquier organización que persiguiera «fines políticos». Las sanciones contemplan inhabilitación política de hasta ocho años al presidente(a) de la organización que incurra en esta falta.

Inhabilitaciones políticas del Contralor General

La CRBV, como la de 1961, establece el derecho de todos los miembros de la comunidad política a postularse y ser electos para ocupar cargos públicos, salvo en casos de inhabilitación política o interdicción civil (CRBV, art. 39)[26]. Hasta 2008 la inhabilitación política se entendió como una sanción derivada de sentencia firme, que acarreaba presidio o prisión, de acuerdo al artículo 24 del Código Penal. Sin embargo, la Contraloría General de la Republica (CGR), también subordinada en el segundo gobierno de Chávez a los intereses del presidente, le dio en 2008 una interpretación distinta, apoyándose en el artículo 105 de la Ley Orgánica

---

26   Constituye la interdicción el estado de una persona a quien se le ha declarado incapaz de actos de la vida civil por adolecer o por carencia de un defecto intelectual grave o por virtud de una condena penal (http://www.monografias.com/trabajos16/interdiccion-venezuela/interdiccion-venezuela.shtml).

de la Contraloría General de la República y del Sistema Nacional de Control Fiscal, que faculta al contralor a imponer inhabilitaciones políticas cuando encuentra evidencias de irregularidades administrativas por parte de funcionarios públicos.

Clodosbaldo Russián, contralor general desde 2000 y hasta 2011, cuando murió, elaboró en 2008 una lista de 272 funcionarios que según su criterio debían ser inhabilitados para postularse como candidatos en los comicios regionales a celebrarse ese noviembre. Incluyó al alcalde de Chacao, Leopoldo López, quien había anunciado su decisión de postularse a la Alcaldía Mayor de Caracas. La interpretación de Russián fue avalada por la Sala Constitucional del TSJ, quedando López y las demás personas de la lista despojadas sin juicio ni sentencia de sus derechos a ser electos[27].

En 2010, antes de las elecciones parlamentarias de ese año, el contralor presentó una nueva lista con más de un centenar de nuevos inhabilitados, incluyendo al exgobernador, ahora de un partido opositor, Ramón Martínez, y a los políticos opositores Ernesto Paraqueima y Numa Rojas, que tenían aspiraciones a postularse.

En 2011, la Corte Interamericana de Derechos Humanos (CIDH) sancionó en contra de la interpretación del TSJ venezolano y a favor de una demanda que introdujo Leopoldo López, considerando que el art. 23 de la Convención Americana sobre Derechos Humanos establece que los derechos a participar en asuntos públicos, a votar y ser elegido, y a tener acceso en condiciones de igualdad a funciones públicas pueden ser restringidos «exclusivamente por razones de edad, nacionalidad, residencia, idioma, instrucción, capacidad civil o mental, o condena, por juez competente en proceso penal». La CIDH pidió anulación de la inhabilitación de

---

27   En la primera lista de 2008 quedaron inhabilitados, entre otros, Alfredo Peña, Carlos Blanco, Enrique Mendoza, Enrique Ochoa Antich, Humberto Bello, Jesús Suárez, José Gregorio Ruiz, José Lander, Óscar Pérez, Pedro Durán, Ricardo Blanco y Xiomara Lucena (http://www.noticierodigital. com/forum/viewtopic.php?t=603470&sid=24fb42ff0f7b036d 92ccd9ee453616eb) bajado en marzo de 2014. La sentencia del TSJ se dictó en agosto de ese año (http://www.elmundo.es/elmundo/ 2008/08/06/ internacional/1217978732.html).

López, así como del artículo 105 de la Ley Orgánica de la Contraloría General de la República que fundamenta este tipo de sanciones administrativas. La decisión no fue acatada. Una investigación adelantada por el partido de López, Voluntad Popular, arrojó la cifra de 803 personas afectadas por las sanciones de la Contraloría, 80 % de los cuales eran dirigentes de oposición.

Desigual acceso a propaganda y medios de comunicación

Otra forma relevante de discriminación política se da por el desigual acceso a medios públicos. Ha sido este un proceso deliberado, continuo y creciente, profundizado en este período presidencial, el de Nicolás Maduro, a través de la política conocida como de «hegemonía comunicacional».

La hegemonía comunicacional se materializa en la dominación que ejerce el discurso oficialista en el espacio comunicacional nacional y se ha consolidado en el gobierno de Maduro. El avance de esta política ha sido posible gracias a los abundantes recursos económicos del *boom* de los precios petroleros en el mercado internacional, que entre 2003 y 2012 dio al país un ingreso fiscal petrolero sin precedentes. Implicó, entre sus muchos instrumentos, la instalación de equipos de alta tecnología, que ampliaron y mejoraron la cobertura de los medios públicos a escala nacional e incluso mundial; la elaboración de instrumentos legales regulatorios de los medios de comunicación para favorecer intereses gubernamentales; prácticas de presión y amedrentamiento al sector mediático privado para limitar su libertad de expresión; cierres, cooptación o compra de medios privados por parte del gobierno o de empresarios cercanos a él, para cambiar sus líneas editoriales. Adicionalmente, se ejercitaron políticas de polarización y estigmatización de toda expresión u organización política opositora.

Venezuela ha sufrido también una creciente censura y/o autocensura en los medios televisivos privados. De acuerdo con el investigador en estas temáticas, Marcelino Bisbal (2009), la no renovación de la concesión radioeléctrica por parte del Estado a RCTV en 2007, el canal más antiguo y de mayor cobertura en el país, significó la reducción en 50% del espacio comunicacional al que podían acceder expresiones políticas independientes y de oposición al gobierno y sus candidatos. Con anterioridad otros dos canales privados, Venevisión y Televen, por presiones gubernamentales, cambiaron sus líneas editoriales y ofertas, reduciendo programas de opinión y la presencia en ellos de políticos opositores. En 2013 el canal informativo aún de línea editorial crítica, Globovisión, cambió también de dueño, plegándose a una posición más favorable al gobierno y reduciendo la visibilidad en su programación de figuras políticas de oposición. Henrique Capriles Radonski, dos veces candidato de la MUD, desde entonces no aparece en vivo, sino solo en imágenes editadas. En los canales que pertenecen al Estado, incluyendo Telesur, canal público internacional creado en 2005, candidatos que no pertenezcan al oficialismo no son invitados y se les nombra solo para criticarlos y/o estigmatizarlos.

La falta de condiciones de igualdad para hacer llegar ofertas electorales distintas a las de oficialistas también ocurre en el conglomerado de estaciones de radio públicas, que son docenas y que giran en torno a RNV, así como en las llamadas radios «alternativas» o «comunitarias», donde el gobierno, en declaraciones oficiales, reconoce financiar a unos 500.

Si bien en la prensa persisten todavía rendijas de pluralismo político, durante el gobierno de Maduro se viene ejerciendo fuerte intimidación a las que aún mantienen líneas editoriales críticas y permiten frecuente acceso a candidatos y políticos opositores. Las formas de presión incluyen no solo no otorgarles propaganda oficial, sino obstaculizarles el acceso a divisas para importación del papel de rotativas, presionar a anunciantes para que retiren sus propagandas, demandas judiciales, etc. En 2014 varios diarios se vieron forzados a cerrar sus puertas, otros redujeron sus cuerpos, tiraje o cambiaron su periodicidad, como el caso del diario *Tal Cual*. Periódicos con líneas críticas al gobierno fueron comprados por empresarios anónimos, o pro gobierno, cambiando ostensiblemente sus líneas editoriales. Destacan en este cambio de línea el diario *El Universal* y los pertenecientes al grupo Cadena Capriles, que fueron vendidos y pasaron a llamarse Grupo Últimas Noticias, C.A. A inicios de 2015, *Tal Cual*, cuyo director es el conocido político Teodoro Petkoff, comunicó la necesidad de pasar a formato electrónico, además de cambiar su periodicidad a semanal, por el continuo hostigamiento económico y persecución judicial al que estaba sometido por instancias judiciales, gubernamentales y por parte del presidente de la AN, Diosdado Cabello.

Un informe de la Misión de Información Electoral de la Unión Europea para las elecciones de 2006 ya encontró que el canal televisivo Venevisión dedicó 86% del tiempo a la figura del presidente-candidato Chávez, mientras Manuel Rosales, el candidato opositor de la MUD solo ocupó el 16%. En Televén el desequilibrio fue similar, 68% para Chávez, 32% para la opción opositora principal.

El CNE, pese a tener atribuciones para regular y controlar las campañas, y de hecho ha establecido reglamentos para tal fin, ha demostrado en su práctica carecer de voluntad o capacidad política para garantizar la equidad en competencias electorales. Se ha negado a restringir, por ejemplo, la propaganda oficial en tiempos de campaña o a prohibir las numerosas y prolongadas cadenas presidenciales que Chávez y Maduro han usado para afianzar sus candidaturas o impulsar las de sus candidatos a otros cargos. Tampoco restringió el dominical programa *Aló, Presidente* de Chávez durante las campañas que este desarrolló y cuyo promedio fue de seis horas en los últimos años de su gobierno. En el informe sobre las condiciones pre-electorales de las presidenciales de octubre de 2012, el Centro Carter observó:

El CNE no ha definido los anuncios gubernamentales que defienden políticas oficiales gubernamentales como publicidad electoral, pero ha prohibido algunos anuncios patrocinados por la oposición que son críticos con las políticas gubernamentales. Adicionalmente, el Presidente puede ordenar emisiones obligatorias de sus discursos (cadenas), lo cual ha dado como resultado 40 horas y 57 minutos de emisión durante la campaña oficial desde el 1 de julio al 1 de octubre. Esta situación ha llevado a la MUD a reclamar en repetidas ocasiones que no hay equidad en la publicidad de las campañas (Centro Carter, 2012).

Esta ONG reiteraría estas condiciones de inequidad en su informe sobre las elecciones presidenciales celebradas el 14 de abril de 2013, que dieron el triunfo por estrecho margen a Nicolás Maduro (1,49 %). El Observatorio Electoral Venezolano (OEV), por su parte, reflejó en sus informes las condiciones de inequidad con las que se desarrollaron las regionales de diciembre de 2012, donde los «medios de comunicación públicos, canales de televisión y radio del Estado, estuvieron dedicados casi a tiempo completo a la exclusiva promoción de los candidatos oficiales». Incluso identificaron a gobernadores oficialistas cediendo sus competencias a los candidatos que aspiraban a sustituirlos, para que inauguraran obras desarrolladas por el Ejecutivo Nacional o Regional como parte de su estrategia de campaña. Para las elecciones municipales de 2013, el OEV señaló, además, la inconveniencia de una percepción del ente rector por el electorado como no «neutral», recordó que tres de sus cinco miembros tenían sus plazos vencidos y reiteró el uso ilegal y abusivo de los candidatos oficialistas de los recursos públicos. Estas irregularidades continuaron acentuándose en los primeros años del gobierno de Maduro. En diciembre de 2014 la sala constitucional del TSJ designó los tres miembros del CNE cuyos plazos estaban vencidos. El procedimiento, de acuerdo con el OEV violó los procedimientos pautados por la CRBV.

Desigualdad para ejercer la función pública

Múltiples y crecientes han sido las formas de desigualdad en el ejercicio de cargos públicos. Forma parte estructural del régimen político emergente desconocer el derecho a la igualdad en el acceso a la función pública, ya que discrimina a los ciudadanos por adscripción política. Falta espacio aquí para referirnos a tantas modalidades puestas en práctica por el chavismo. Presentaremos las que según nuestro juicio son más frecuentes y/o novedosas.

«Listas negras» para discriminar en la obtención de empleos públicos

Son listas de ciudadanos, elaboradas por el chavismo, para identificar a quienes se oponen a ellos y han servido para despedir, vedar el acceso a empleos públicos o discriminar en contrataciones u otras relaciones con el Estado. La Lista Tascón, la más conocida, fue llamada así porque fue el diputado oficialista Luis Tascón quien, bajo mandato de Chávez, hizo pública una lista con información del CNE con el nombre y cédula de identidad de quienes firmaron la petición de referendo revocatorio presidencial de 2004. Chávez estigmatizó a estas personas, tildándolos de «traidores a la patria», pero además de insultar, la lista sirvió para varios propósitos. Con más de tres millones de nombres fue colgada en Internet, usándose en entes públicos para identificar a ciudadanos opositores y despedirlos, o impedirles el acceso a un empleo público, para vedar empresas y cooperativas en contrataciones públicas o negarles acceso a dólares preferenciales. Ha sido, sin embargo, difícil sustanciar las denuncias por la creciente falta de independencia de poderes públicos como el Judicial y el Ciudadano (Fiscalía y Defensoría del Pueblo), que hace que la gente tema acudir a las instancias pertinentes. En 2008, Human Rights Watch (HRW) levantó un informe sobre ochenta despidos por un banco del Estado, el Fondo de Garantías de Depósitos y Protección Bancaria (Fogade), por aparecer sus nombres en la Lista Tascón. También denunció la existencia de listas negras que usaba PDVSA para impedir acceso a opositores políticos al empleo en esta compañía petrolera.

El Programa Maisanta, otra lista famosa que se elaboró en 2005 con información detallada sobre todos los votantes del REP, más de 12 millones de personas, informaba si una persona había firmado la petición de referendo revocatorio contra Chávez, si se había abstenido de votar en las elecciones de 2000, si había participado en misiones del gobierno y si había firmado la contra-petición de referendo revocatorio contra legisladores de la oposición. En 2014, en la compañía de teléfonos del Estado, Compañía Anónima Nacional Teléfonos de Venezuela (Cantv), se denunció la aplicación de un «test ideológico» al personal que aspiraba a cargos fijos en su nómina. En 2005, Chávez, en una alocución televisada ordenó enterrar estas listas, sin embargo, aún en 2015 siguieron apareciendo denuncias de su aplicación en entes públicos para impedir el ejercicio de la función pública a opositores.

Discriminación para ejercer cargos electos

En el segundo gobierno de Chávez, sobre todo después de la aprobación en 2009 de la enmienda constitucional, se fueron desarrollando diversas prácticas desde el Estado dirigidas a socavar el derecho de opositores a ejercer en condiciones de igualdad con las autoridades electas de las filas chavistas, sus cargos de elección popular. Una primera maniobra en marzo de ese año fue pasar a la AN –que Chávez controlaba cómodamente–, para su aprobación, una reforma de la Ley de Descentralización para sustraer a gobernadores la administración de puertos, aeropuertos, carreteras y autopistas. Esto afectó sobre todo a gobernadores no chavistas, que ganaron entidades donde se administran importantes servicios, como Puerto Cabello, en el estado Carabobo; Puerto Maracaibo y el Aeropuerto La Chinita, en el estado Zulia. Para debilitar la Alcaldía Mayor de Caracas, donde Antonio Ledezma de la MUD había triunfado, Chávez hizo aprobar una Ley Especial sobre Organización y Régimen del Distrito Capital, sustrayéndole los recursos que le correspondía por Situado Constitución a esa entidad. La Ley también transfirió la sede de dicha Alcaldía a una nueva figura de gobierno, el jefe de gobierno del Distrito Capital, designado directamente por el presidente, a quien también le pasaron atribuciones del alcalde mayor.

Chávez, así mismo, creó unas figuras *ad hoc,* conocidas como «protectores», para candidatos suyos que perdieron en esas elecciones regionales de 2008. En Corpomiranda, Corpoamazonas o Corpolara, entes oficiales con presupuestos propios, por ejemplo, colocó a esas personas para obstaculizar y deslegitimar el ejercicio del gobernador opositor electo. Esta misma práctica fue continuada por el presidente Maduro en 2013, cuando el oficialismo perdió de nuevo la Alcaldía Mayor de Caracas. Procedió Maduro a nombrar su candidato perdedor como ministro con responsabilidades sobre la ciudad capital.

Amedrentar y/o remover autoridades opositoras en ejercicio de sus funciones, llevándolos ante la justicia, acusándolos de delitos como corrupción administrativa, violación a alguna ley, instigación a delinquir, desatención en el ejercicio de sus funciones o traición a la patria, son recursos usados por el gobierno que desdicen de la igualdad política. Es lo que ha venido llamándose «judicialización» de la política, posible por la subordinación del Poder Judicial y del Ministerio Público al presidente y su partido. Una autoridad oficialista –fiscal, defensor o contralor– o la AN que el oficialismo controló hasta 2016 abre una averiguación en instituciones pertinentes por ley contra autoridades o representantes opositores en cuerpos legislativos. Puede esta averiguación llegar o no a resultados concretos, pero con ello se intimida o sirve de ejemplo intimidante a quienes osen disentir de líneas oficiales. Si la denuncia va al Poder Judicial, este es rápido en sus procedimientos contra opositores. Pero si se formulan acusaciones contra autoridades chavistas son desatendidas, postergadas y/o desechadas.

Entre los casos destacados pueden mencionarse el proceso abierto contra Manuel Rosales, alcalde electo de Maracaibo en 2008 del partido UNT, acusado de enriquecimiento ilícito en el ejercicio de la gobernación del Zulia. Al gobernador electo por el estado Táchira en 2008, César Pérez Vivas del partido COPEI, la Asamblea Legislativa del Estado, con mayoría del PSUV y sus aliados, se negó a juramentarlo en los plazos legales. En enero le advirtieron que harían «un gobierno revolucionario paralelo». Contra el alcalde mayor de Caracas se sancionó la Ley para minimizar sus atribuciones y, en septiembre de 2009, el ministro del Trabajo solicitó a la Fiscalía que iniciase una investigación contra Ledezma por desacato a su decisión de reenganchar 2500 trabajadores. Este denunció que el Ejecutivo buscaba asfixiarlo económicamente (*Tal Cual*, 10-09-09). El partido PPT, que en 2009 se distanció de la alianza oficialista, denunció poco después 15 casos de atropellos realizados contra sus ediles. Los concejales chavistas no los dejaban entrar más a las sesiones de los concejos y los despojaron de sus cargos de dirección. En septiembre de 2013, al gobernador de Amazonas, Liborio Guarulla, de las filas opositoras, le fue despojado el Gran Hotel Amazonas, que administraba la entidad. El Ejecutivo Nacional alegó «el deterioro en que se encontraban sus instalaciones». El ministro de Turismo se presentó a la capital del estado, Puerto Ayacucho, con miembros del Tribunal Superior 10° Contencioso para concretar la acción de desalojo, poniendo presos a varios funcionarios por resistir su autoridad.

En 2010, año de elecciones parlamentarias, al diputado Wilmer Azuaje, del partido opositor Por La Democracia Social (PODEMOS), le fue levantada su inmunidad parlamentaria por la bancada mayoritaria del gobierno, que lo acusó de «ultraje» a una funcionaria del Cuerpo de Investigaciones Científicas, Penales y Criminalísticas (CICPC). No se cumplieron los procedimientos pautados por la Constitución y las leyes. Tampoco se cumplieron en 2013, cuando se levantó la inmunidad del diputado Richard Mardo, del partido PJ, mientras la Fiscalía averiguaba si eran ciertas las acusaciones hechas por Diosdado Cabello del PSUV, de defraudación tributaria y legitimación de capitales. Se alegó que las 2/3 partes –que exige la Constitución– no eran necesarias para levantar la inmunidad, sino solo para separarlo definitivamente del cargo. A la diputada del partido Migato, María Aranguren, el oficialismo pidió a la justicia abrirle una investigación por corrupción para sustanciar un antejuicio de mérito y desincorporarla del Parlamento. El TSJ se movió con prontitud y la diputada fue sustituida por su suplente, quien era militante del PSUV. Gracias a la triquiñuela el oficialismo obtuvo el diputado número 99 que necesitaba para aprobar decisiones en la AN con 3/5 partes de los miembros, como la Ley Habilitante que otorgaron a Maduro poco después.

En las elecciones presidenciales de abril de 2013 donde resultó electo Maduro, su contendor, Capriles Radonski, fue acusado por el oficialismo de las acciones violentas de calle que sucedieron en días posteriores. El presidente de la comisión de Contraloría de la AN instaló una comisión para investigar los daños a personas y bienes materiales, y aseguró que no se incorporarían a ésta diputados opositores porque la bancada de oposición «no es democrática, no puede formar parte de una comisión democrática, de un parlamento democrático. Sería un ejercicio ocioso de investigación» (*Últimas Noticias*, 25-04-12).

En el gobierno de Maduro se han denunciado casos de detención a autoridades sin acatar el debido proceso, como sucedió con Alejandro Silva, director de giras del gobernador Capriles Radonski, quien fue sacado sin orden judicial de un hotel en Caracas a la una de la madrugada del 23 de noviembre de 2013, luego de que el presidente ordenara su detención, acusándolo de instigar a la violencia. Puesto en libertad poco después, las autoridades alegarían que no fue detenido sino «invitado» a esa hora a declarar a la Dirección de Inteligencia Militar.

Otro recurso ha sido el uso de la violencia contra diputados opositores en la AN, sin investigar ni sancionar a los diputados responsables. En la sesión del 15 de abril de 2013, Diosdado Cabello, presidente de la AN, decidió dejar sin derecho de palabra a diputados opositores, destituyéndolos también de sus cargos directivos en las comisiones parlamentarias permanentes y suspendiéndoles los sueldos. El argumento fue que no tendrían derecho a ser diputados si no reconocían a Maduro como presidente. Cabello insinuó que ya desparecido Chávez la violencia hacia los enemigos de la revolución se haría presente: «El muro de contención de esta revolución se llamaba Hugo Chávez, y solo el pensamiento y la inspiración del Comandante Chávez nos tiene a nosotros frenados». La sesión se tornó violenta y al menos dos diputados de la oposición fueron lesionados por diputados oficialistas. Uno de ellos, William Dávila, recibió una herida en la cabeza que ameritó 16 puntos de sutura. El diputado oficialista Elvis Amoroso declaró «bien hecho que le dieron» (*El Universal*, 17-4-13). Violencia mayor tuvo lugar en la sesión ordinaria del 30 de abril, con saldo de diez diputados de oposición agredidos, uno resultó con fractura de pómulo y otra, la diputada independiente María Corina Machado, con fractura del tabique nasal. Al igual que en la sesión del 15, la ministra de Prisiones, Iris Valera, justificó los «coñazos» (*El Nacional*, 02-05-13). El canciller declaró que la violencia fue originada por los mismos diputados opositores.

En 2014, estas prácticas se profundizaron. En una ola de protestas que abarcó toda la geografía urbana nacional, iniciada en febrero por manifestaciones estudiantiles en el estado Táchira, el gobierno responsabilizó de los episodios violentos al partido Voluntad Popular (VP) y su líder principal, Leopoldo López.

Este fue detenido, acusado por la Fiscalía de incendio en grado de determinador, instigación pública, daños a la propiedad pública en grado de determinador y asociación para delinquir. Su esposa relató que el gobierno le sugirió antes de su entrega un exilio político, cosa a la cual López se rehusó. A fines de ese mes el Ejecutivo Nacional acusó al alcalde de San Cristóbal, Daniel Ceballos, también de VP, de dirigir la violencia en su estado y estar desarrollando –con apoyo de CNN– un «golpe suave» para independizar la zona andina de Venezuela y crear una «media luna», como en Bolivia. El 6 de marzo Maduro hizo un llamado a «colectivos» agrupados en Unidades de Batalla Hugo Chávez (UBHCH) a salir a la calle y ayudar a los cuerpos de seguridad del Estado a defender la revolución. Paradójicamente, ese mismo día hizo también un llamado a establecer en Táchira una «mesa de diálogo» para resolver los problemas, aunque varios alcaldes opositores informaron no haber sido invitados.

En marzo el TSJ ordenó detener a Ceballos y también a Enzo Scarano, alcalde del municipio San Diego (estado Carabobo) por «desacato de la ley», bajo la acusación de no haber garantizado el derecho al libre tránsito, permitiendo en sus municipios protestas del tipo «guarimba» o barricada, consideradas violentas por el gobierno nacional. Por igual motivo, se emitieron medidas cautelares contra autoridades de los municipios Baruta, El Hatillo y Chacao, de Miranda; Lecherías, de Anzoátegui y Maracaibo, del Zulia, también en manos de alcaldes opositores. A Ceballos lo detuvieron miembros de la Guardia Nacional sin orden de captura. A Scarano lo encarcelaron miembros del Servicio Bolivariano de Inteligencia Nacional (Sebin) y en 24 horas –y sin investigación– la Sala Constitucional lo condenó a diez meses y medio de prisión y lo destituyó de su cargo. Ceballos fue condenado a doce meses de prisión. EL CNE convocó poco después a nuevas elecciones en ambos municipios, que fueron ganadas por las esposas de los alcaldes destituidos.

María Corina Machado, diputada independiente, fue otra autoridad electa responsabilizada por la protesta violenta de 2014. La bancada oficialista abrió el 19 de marzo una averiguación contra ella por los delitos de «homicidio, traición a la patria e instigación a delinquir» para comenzar el proceso de allanarle su inmunidad y removerla de la AN. Pero con ocasión de su asistencia a una sesión en la Organización de Estados Americanos (OEA), invitada por el gobierno de Panamá para hablar de los eventos en Venezuela, el día 24, sin mediar procedimiento ni consulta alguna, el presidente de dicha AN dio por «revocada» esa inmunidad al explicar que la diputada había «aceptado un cargo del gobierno hostil de Panamá como representante alterno» ante la OEA (*El Nacional*, 24-03-14). El 2 de abril el TSJ avaló la decisión de la AN y sentenció que Machado había perdido su curul «al ejercer como embajadora alterna de Panamá ante el referido organismo internacional, de acuerdo a lo establecido en la Constitución venezolana»[28]. El secretario general de la OEA, por su parte, aclaró que la presencia de Machado ese día en la delegación de Panamá «es un acto de cortesía, ella no pierde su investidura como diputada venezolana. De ninguna manera el que se le ceda la silla a una persona la convierte en funcionario de otro país. Venezuela y Panamá han cedido su silla a representantes de otros países» (*El Nacional*, 02-04-14).

En síntesis, el modelo socialista del gobierno de Chávez, continuado por el presidente Maduro, cambió sustantivamente la naturaleza democrática del proyecto político inicial de democracia participativa. Este nuevo modelo no garantiza igualdad política para quienes no comparten la ideología chavista o no sean fieles devotos del líder fallecido. En su concepción y práctica, subordina los derechos civiles y políticos individuales –como pluralismo, libertad de expresión o de manifestación pacífica, imprescindibles para garantizar igualdad política– a intereses colectivos

---

28 http://www.vtv.gob.ve/articulos/2014/04/03/oficializada-en-gaceta-oficial-sentencia-del-tsj-sobre-caso-de-maria-corina-machado-5360.html.

fijados desde el Estado, que a su vez queda controlado sin contrapesos institucionales por el gobierno. Nos encontramos ante evidencias de un orden político sustentado en valores distintos a los de la democracia representativa liberal con su condición intrínseca de igualdad política, e incluso distinto de la democracia participativa de la CRBV, que también incorpora instituciones que garantizan la igualdad política.

Parte II
El sinuoso declive de Hugo Chávez

Capítulo 6
¿Legitimado el socialismo? Elecciones de 2006[29]

COMO SEÑALAMOS EN LOS CAPÍTULOS anteriores, Hugo Chávez, una vez que se sintió fortalecido políticamente a raíz de sus triunfos sobre las fuerzas opositoras, sobre todo después de que estas se retiraran intempestivamente de las elecciones parlamentarias de 2005, tomó la decisión de radicalizar el proceso de transformaciones iniciado en 1999. Entre 2005 y 2006 dio declaraciones en este sentido, señalando que el país debía torcer el rumbo hacia un socialismo que hasta entonces no estuvo planteado y que tampoco se sabía en qué consistía. En el Foro Social Mundial de Porto Alegre de 2005 y en la campaña electoral para las presidenciales de 2006, el tema del socialismo, sin demasiada claridad, comenzó a circular en los espacios del debate político.

Este capítulo está dedicado a las elecciones presidenciales de 2006, donde el presidente se sometió por tercera vez al escrutinio popular, por cuarta vez si se incluye el proceso de referendo revocatorio. Triunfó de una manera avasalladora. Con esta elección crucial comenzó la segunda etapa del proceso sociopolítico de cambios, cada vez menos bolivariano y más chavista, es decir, más centrado en visiones, deseos e ideas políticas del presidente.

---

29 Este capítulo es una reformulación del artículo «Venezuela: las elecciones presidenciales de 2006 ¿Hacia el socialismo del siglo XXI?» de Margarita López Maya y Luis E. Lander en Isidoro Cheresky (compilador), *Elecciones presidenciales y giro político en América Latina*, Bs. As., Manantial, 2007, pp. 225-246.

En las páginas que siguen se contextualizan y analizan los resultados electorales del 3 de diciembre de aquel año desde cuatro ángulos. En la primera parte, se analiza la positiva situación socioeconómica y política para el gobierno, que marcó el proceso comicial. En la segunda se explican las características básicas del sistema electoral con las innovaciones que el CNE venía introduciendo. La tercera destaca episodios y temas relevantes durante el desarrollo de la campaña. La cuarta se centra en el análisis de los resultados electorales, comparándolos con elecciones anteriores. Cerramos con unos comentarios sobre la ambigüedad del mandato dado por la soberanía popular.

Contexto socioeconómico y político

Desde agosto de 2004, cuando el referendo revocatorio produjo resultados favorables al presidente, se fue dando un fortalecimiento de la legitimidad del proyecto político del gobierno y sus fuerzas bolivarianas. Esa legitimidad se vio también favorecida por un mercado petrolero internacional muy beneficioso para países productores como Venezuela. Como resultado, Chávez dispuso de recursos fiscales abundantes que tuvieron efectos positivos en la economía. Gracias a ello y al desarrollo de un conjunto de políticas públicas, en estos años los indicadores socioeconómicos mostraron continua mejora en las condiciones de vida de la población necesitada (ver el anexo con las cifras macroeconómicas y sociales relevantes de este período). Con ello el presidente llegó a la contienda con ventajas importantes.

Más allá de los indicadores, otros desempeños, como los estrictamente políticos o de seguridad ciudadana, mostraban un cuadro más complejo y saldos menos claros. Así mismo, la debilidad de los distintos actores políticos opuestos al gobierno era muy evidente, favoreciendo la opción política de la reelección presidencial, al no percibirse ellos como una alternativa suficientemente confiable.

La política internacional venezolana, muy activa en estos años, era así mismo bastante polémica, habiendo en esta área resultados mixtos. Adicionalmente, en los primeros meses de 2006 se pusieron en mayor evidencia descontentos por hechos de corrupción, ineficiencias en la gestión pública, inseguridad ciudadana y personalismo de Chávez, que actuaron en contra del candidato-presidente, pero poco incidieron sobre los resultados de la votación.

Bonanza petrolera y mejoría socioeconómica

Pasada la contracción económica resultado de la turbulencia política vivida entre 2001 y 2004, comenzó una recuperación que se mantuvo para la coyuntura electoral de 2006. Contribuyó a ella un mercado internacional de hidrocarburos altamente favorable a países exportadores. El precio promedio de la cesta de exportación venezolana pasó de $25,8 en 2003 a $56,6 en 2006. Además, la reforma petrolera del gobierno de Chávez permitió incrementar la participación porcentual del fisco en los ingresos brutos petroleros. Esta bonanza permitió aumentar el gasto social, así como disponer de recursos para desarrollar políticas tendientes a impulsar la reactivación económica.

Cuadro N° 4
Indicadores macroeconómicos 2003-2006

AÑO	Precio barril cesta venezolana (US$)	Reservas Internacionales (millones de US$)	Inflación (% variación IPC)	Variación del PIB	Tipo de cambio (Bs. x $)
2003	25,8	21 366	27,1	- 7,7	1600
2004	33,4	24 208	19,2	17,9	1920
2005	45,5	30 368	14,4	9,3	2150
2006	56,60	37 340	17,0	10,3	2150

Fuente: Banco Central de Venezuela (2006) y Ministerio de Energía y Petróleo

Como puede observarse en el cuadro N° 4, desde 2004 la economía gozó de robustos índices de crecimiento, mostrando simultáneamente una mejoría en índices de inflación. Estas tendencias propiciaron un mejoramiento de las condiciones de vida de los sectores más vulnerables de la población. En el cuadro N° 5 puede verse, para los mismos años, una disminución sostenida de la tasa de desempleo, del porcentaje de hogares viviendo en condiciones de pobreza y de pobreza extrema. Se dio un incremento, también sostenido, del Índice de Desarrollo Humano (IDH) que colocaba a Venezuela, según los criterios del Programa de Naciones Unidas para el Desarrollo (PNUD), entre los países con un desarrollo humano alto (entre 0,8 y 1).

Cuadro Nº 5
Indicadores sociales 2003-2006

AÑO	Desocupación (%)	Hogares en pobreza (%)	Hogares en pobreza extrema (%)	Índice de Desarrollo Humano
2003	16,8	55,1	25,0	0,76
2004	13,9	47,0	18,5	0,80
2005	13,0	37,9	15,3	0,81
2006	9,5	33,9	10,6	0,78

Fuente: Instituto Nacional de Estadística (INE) y PNUD (2006)

Además de los indicadores mostrados, que dieron cuenta de una mejoría general en la situación socioeconómica de la población, intervinieron otros factores que también contribuyeron al mejoramiento señalado. Ejemplo de ello fueron las diversas políticas sociales, entre ellas las misiones, que el gobierno fue impulsando con especial fuerza desde la finalización del paro petrolero, a principios de 2003.

Misión Mercal fue construyendo una red de distribución de alimentos y demás bienes básicos de consumo. Comparado con las cadenas privadas comercializadoras de comida, en Mercal los usuarios lograban ahorros de hasta 40 %. Según cifras oficiales, la Misión atendía a cerca de la mitad de la población, aunque sus precios no intervenían en la fijación del precio de la cesta básica alimentaria, usada por el Instituto Nacional de Estadística (INE) para calcular las líneas de pobreza y pobreza extrema que examinamos arriba. Ello indica una posible mejoría mayor para ciertos sectores populares.

El incremento en el gasto educativo desde el inicio del gobierno de Chávez fue significativo y reforzaba las tendencias a una mejoría en la calidad de vida y expectativas de un futuro mejor para los pobres. Una de las líneas maestras del gobierno fue las escuelas bolivarianas, que implicaron la vuelta de los niños al horario de jornada completa, proporcionándoles dos comidas y dos meriendas, uniformes y textos escolares gratuitos. Se garantizaba, además, la gratuidad de la matrícula, logrando con estas medidas revertir la tendencia de los años noventa de disminución de inscritos y deserción escolar. Según cifras oficiales, desde 1999, cuando comenzó esta política, se habían constituido 5654 escuelas bolivarianas, con una población estudiantil que superaba el millón. La educación pasó a recibir alrededor de 8 % del PIB, superando las recomendaciones de la Unesco.

Misión Barrio Adentro, por su parte, estuvo fundamentalmente centrada en ofrecer a los barrios urbanos pobres servicios gratuitos de salud *in situ*, que incluían atención médica primaria, suministro de medicinas, atención domiciliaria y servicio las 24 horas. Comenzó en abril de 2003, recién finalizado el paro petrolero, brindando atención a los municipios Libertador y Sucre del Área Metropolitana de Caracas (AMC), y de allí se fue expandiendo a todos los estados y municipios del país. Datos oficiales de 2006 indicaban que en Barrio Adentro I trabajaban 33 321 personas entre personal cubano y venezolano, habiendo realizado desde 2003 unos 210 000 000 de consultas. En junio de 2005 se abrió una nueva etapa que complementaba la anterior, Barrio Adentro II, con los Centros de Diagnóstico Integral, Centros de Alta Tecnología y Salas de Rehabilitación Integral, que permitían dar una atención más sofisticada a los enfermos que lo requirieran.

Estas políticas, además de otras como las misiones Robinson I y II, centradas en superar el analfabetismo y brindar la oportunidad de terminar los estudios de primaria a adultos, o el decreto 1666, que desde 2002 inició el proceso de regularización de la tierra urbana en los barrios populares, fueron abriendo esperanzas para los sectores populares de mejoras tangibles en su calidad de vida en un futuro inmediato o próximo. El decreto 1666 impulsó una vigorosa dinámica de organización comunitaria a través de los CTU, facilitando otros procesos de organización para la autogestión popular. Las MTA, impulsadas desde las empresas hidrológicas del Estado para gestionar con las comunidades los problemas de agua, y en 2006 la creación por ley de los CC en todo el país fueron otras organizaciones populares propiciadas por el gobierno que contribuyeron a hacer atractiva su reelección en la contienda electoral.

Debilidad de la oposición y protagonismo presidencial

El elemento político que más jugó a reforzar la reelección de Chávez para el período constitucional siguiente fue, sin duda, las derrotas políticas sufridas por los grupos opositores en las confrontaciones que desarrollaron contra el gobierno entre 2001 y 2004. La marcha y el golpe de Estado del 11 de abril de 2002, el paro general, con paro-sabotaje a la industria petrolera, entre diciembre de 2002 y febrero de 2003, las múltiples manifestaciones desarrolladas antes del referendo revocatorio presidencial de agosto de 2004, algunas de ellas violentas, como las conocidas como *operación guarimba*[30] y el resultado del referendo mismo, al no producir la caída y/o salida del presidente, dejaron secuelas entre los grupos opositores difíciles de remontar en dos años.

Como ya señalamos en el Capítulo 4, poco después del referendo revocatorio desapareció, en medio de tensiones y acusaciones cruzadas, la CD, organización paraguas que agrupaba las fuerzas opositoras, lo que hizo visible la pluralidad de criterios y posiciones que convivían en ese bloque. Organizaciones empresariales y medios privados de comunicación, protagónicos hasta ese momento, bajaron el tono y disminuyeron su rol. La jerarquía de la Iglesia Católica también bajó su perfil, la gerencia de PDVSA,

---

30 Se llamó así a una serie de cierre de calles que se realizaron en las principales ciudades del país, algunas de ellas de carácter violento.

al ser destituida, dejó de existir como fuerza política de oposición. Los partidos opositores, después de haber sido desplazados por organizaciones de la sociedad civil, fueron retomando tímidamente su rol de mediación y representación, aunque con fragilidad interna y desconfianza de la población. Se fue produciendo una diferenciación más clara entre sectores opositores, que consideraban necesario reconstruir una renovada fuerza opositora dentro de las reglas institucionales del juego democrático y aquellos que insistían en seguir buscando atajos extrainstitucionales. Hasta 2005, cuando se dieron las elecciones parlamentarias, las fuerzas menos democráticas tendieron a prevalecer.

En agosto de 2004, por ejemplo, la CD denunció un fraude electrónico en los resultados del referendo, pese al aval que a estos dieron los observadores internacionales (OEA y Centro Carter, entre otros). Nunca presentaron pruebas que respaldaran tal denuncia. Con ese antecedente inmediato, los partidos concurrieron a las elecciones regionales de octubre de ese año muy debilitados políticamente, pues sus bases desconfiaban del proceso comicial. Solo lograron predominar en dos de las 23 entidades federales en disputa y en algunas pocas alcaldías. En las elecciones parlamentarias de 2005, como ya señalamos, alegando nuevamente no confiar en el CNE ni en las condiciones del proceso comicial, se retiraron en seguidilla cuando faltaban escasos días para el acto electoral. Pocos días antes habían hecho promesas ante observadores internacionales (OEA, UE, entre otros) de permanecer en la contienda si se les garantizaban condiciones reclamadas por ellos como mínimas. Esas condiciones les fueron otorgadas y de todos modos se retiraron, quedándose por ello fuera de la AN para el período 2006-2011. Al comenzar el 2006, la situación para la recomposición de las fuerzas políticas que representaran a los sectores adversos al proyecto del presidente lucía poco alentadora.

Otro elemento político que contextualiza la contienda electoral de 2006 fue la esfera de las relaciones internacionales. A partir de 2005 el gobierno retomó e intensificó una muy activa agenda internacional. Los primeros meses fueron de constante confrontación verbal con altos funcionarios del gobierno de EE.UU., entre otros temas, por la compra de equipos militares que comenzó a hacer el gobierno venezolano a España y Rusia, y por la influencia que estaría ejerciendo Venezuela en América Latina sobre procesos políticos como el boliviano. Con escasos recesos esta tensión continuó, convirtiéndose en uno de los ejes temáticos que polarizaba a los venezolanos y se constituyó, como veremos más adelante, en un tema de la campaña electoral.

Condicionado por la situación anterior y dentro de una concepción que buscaba desarrollar la multipolaridad en el escenario internacional, estos años se caracterizaron por esfuerzos constantes del gobierno por ampliar y fortalecer nuevas alianzas, sin inhibirse por las consecuencias que algunas de ellas pudieran provocar en su ya difícil relación con EE.UU., que seguía de todos modos siendo su principal socio comercial. Venezuela fue desarrollando políticas de acercamiento a países de América Latina y el Caribe, usando como herramienta central su fortaleza petrolera y desarrollando una propuesta alternativa al ALCA, denominada Alternativa Bolivariana para la América Latina y el Caribe (ALBA). Los convenios energéticos con países insulares del Caribe y con Argentina, Colombia, Brasil, entre otros, así como su incorporación como miembro pleno a Mercosur son algunos ejemplos. Fueron frecuentes en estos años cumbres presidenciales de países suramericanos, donde Chávez tuvo figuración relevante. El gobierno también incrementó su presencia en África y fortaleció relaciones con China, Irán y Rusia, proyectando una creciente imagen internacional.

Un tercer tema político presente en el debate nacional fue el socialismo del siglo XXI, proclamado por el presidente a inicios de 2005 como la nueva orientación del proyecto bolivariano. Fue una proclama que generó entusiasmo, escepticismo o franco rechazo en diversos sectores de la sociedad. Fue, en todo caso, una formulación abierta y no acabada, que se volvió centro de tensiones y polémicas. Al clima de incertidumbre que esta propuesta provocaba se superpusieron episodios de invasiones, expropiaciones y anuncios de confiscaciones, que fueron vistos por algunos como indicadores de avances de ese socialismo, mientras para otros, incluso seguidores del presidente, eran amenazas inaceptables a la propiedad privada y avances hacia un modelo que replicaba el cubano. El tema también se incorporó con fuerza en la campaña electoral.

Finalmente, es necesario mencionar que además de estos elementos contextuales que caracterizaron el escenario donde se desenvolvió la campaña electoral de agosto a diciembre de 2006, estuvo siempre presente la tendencia por parte del presidente al ejercicio del poder de manera personalista. Esta tendencia, como lo han señalado con mucha fuerza e insistencia sus críticos, quebró la necesaria independencia entre los poderes públicos en un sistema que se califica de democrático. Pero el personalismo también limitó la posibilidad de que al interior de las propias fuerzas chavistas se desarrollara un genuino debate democrático sobre el rumbo del país, incluido, por ejemplo, lo que se entiende por *socialismo del siglo XXI*, así como la conformación por derecho propio de un legítimo y reconocido liderazgo colectivo.

El sistema electoral

El sistema electoral venezolano fue modificándose en el primer gobierno de Chávez para adecuarse a las nuevas orientaciones del régimen político, enmarcado por la CRBV en una democracia participativa. Entre las novedades más resaltantes estuvo la ampliación a seis años del período presidencial y la posibilidad de inmediata reelección por un único período adicional (art. 230). Se mantuvo el derecho de asociarse con fines políticos mediante métodos democráticos de organización, funcionamiento y dirección (art. 67), pero la CRBV cambió el término de partidos políticos por «organizaciones con fines políticos», obligándolas a realizar elecciones internas, tanto para sus organismos de dirección como para escoger sus candidatos a cargos de elección popular. También asentó la facultad del Estado de regular el financiamiento y las contribuciones privadas que recibieran, eliminando el financiamiento público.

También contemplaba la CRBV, como en el pasado, la separación del Poder Público en tres niveles: el nacional, el estadal y el municipal. El Poder Público Nacional se organiza ahora en cinco poderes formalmente independientes entre sí. Además de los tres tradicionales en democracias representativas –el Legislativo, el Ejecutivo y el Judicial–, se incorporaron dos adicionales –el Ciudadano y el Electoral–, incrementándose formalmente la autonomía e independencia de las ramas del Poder Público responsables de controlar al resto de los poderes y de administrar los procesos electorales.

El Poder Electoral se encarga de lo relativo a organizaciones con fines políticos y procesos electorales a todo nivel. Está concebido como un poder autónomo que formula y ejecuta su propio presupuesto. Está presidido por el CNE, compuesto por cinco rectores principales y diez suplentes. La CRBV asienta que los rectores y sus suplentes deben ser independientes: tres de ellos postulados por la sociedad civil, uno por las facultades de ciencias jurídicas y políticas de las universidades nacionales, y el otro por el Poder Ciudadano. Duran en sus funciones siete años, pueden ser reelectos y son elegidos de manera separada: los 3 postulados por la sociedad civil primero y a los tres años y medio los dos restantes. Son finalmente designados por la AN con el voto de las dos terceras partes de sus integrantes, de una lista preparada y presentada por un Comité de Postulaciones de composición mixta: 11 diputados de la AN y 10 representantes de organizaciones de la sociedad. Estos rectores eligen de su seno al presidente del CNE (CRBV, arts. 295-296).

Según la ley, las campañas presidenciales no debían tener una duración mayor a cuatro meses. Siete meses antes de la fecha fijada por el CNE para las elecciones, los partidos políticos, grupos de electores y candidatos podrían desarrollar sus campañas internas y demás actos preparatorios (Ley Orgánica del Sufragio y Participación Política, arts. 196 y 199).

Finalmente, atendiendo a disposiciones legales, el sistema electoral es automatizado, desde el acto mismo de votación, con máquinas electorales que registran los votos y los almacenan electrónicamente el proceso de escrutinio mediante la impresión del acta correspondiente, la transmisión de esos datos a los centros de acopio y la totalización nacional de los resultados.

La campaña electoral

Si bien ante el CNE se registraron 25 candidatos, estuvo claro desde el inicio que eran dos los que tenían opción: el presidente Chávez y el gobernador del Zulia, Manuel Rosales. La campaña se inició oficialmente el 1 de agosto de 2006, aunque actividades de campaña, tanto por parte del gobierno como de la oposición, se comenzaron a desarrollar desde meses antes. En lo que sigue nos centramos en dos aspectos de esta campaña: los temas presentados para el debate y las estrategias desarrolladas por los comandos de campaña.

Temas y ofertas de los candidatos

El proceso electoral, en términos de las propuestas presentadas e intercambio de ideas, tuvo un carácter más bien convencional. Se privilegió el uso de recursos mediáticos por sobre el debate, invirtiéndose cuantiosos recursos en publicidad. Fue por ello una campaña pobre en contenidos.

Tan temprano como en abril de ese año comenzaron a insinuarse los que serían los ejes temáticos de la campaña. Con el lanzamiento de la precandidatura de Teodoro Petkoff[31] se hizo pública una opción, desde la oposición, que expresaba una posición menos antagónica a la que había acostumbrado ese sector del espectro político. Petkoff se presentó como un candidato dispuesto a la negociación y la tolerancia, ubicándose en una posición ideológica de centro. Insistió en la necesidad de redoblar esfuerzos por erradicar la pobreza, recuperar la convivencia entre los venezolanos y hacer un gobierno respetuoso de las leyes. Llamó a avanzar en el propósito de construir una «Venezuela sin miedo». Esta agenda, que no era en aquel momento más que una de las opciones de la oposición, terminó convirtiéndose en el eje temático articulador de la campaña del candidato Manuel Rosales bajo el lema «Atrévete».

Durante los meses de junio y julio hubo un intenso debate en el seno de la oposición por tratar de lograr un candidato único y presentar una propuesta común. Encuestadoras como Hinterlaces indicaban las características del candidato ideal: «... un candidato distinto del pasado, que venga de abajo, que haya sufrido, que tenga éxito y sepa escuchar» (en IPS digital, 08-10-2005). Entre los tres principales candidatos de oposición –Petkoff, Rosales y Julio Borges– fue Rosales quién logró calzar mejor con esa imagen. También las encuestas revelaban la enorme aceptación de las políticas sociales gubernamentales, principalmente las misiones. Por ello el mensaje del candidato no podía ser, como sí había sido el discurso opositor, de rechazo frontal a esas políticas.

La búsqueda de una propuesta que pudiese competir con las misiones del gobierno se materializó a principios de septiembre con la oferta de crear la tarjeta «Mi Negra», que sería una tarjeta de débito que permitiría la distribución «justa» de la renta petrolera. Estaba dirigida a subvencionar a la clase media y a los sectores

---

31 Figura muy conocida de la política venezolana. Fue dirigente guerrillero en la década de los sesenta, fundador del partido MAS. Fue ministro de Cordiplan en el segundo gobierno de Rafael Caldera y, para esta fecha, director del vespertino *Tal Cual*.

populares. Con esa tarjeta se ofrecía entregar directamente a las familias —sin más intervención del Estado— un monto mensual que oscilaría entre 600 000 y 1 000 000 de bolívares (entre \$280 y \$465 al cambio en ese año), dependiendo de la producción y precios del crudo. Fue una propuesta que, haciéndole concesiones al chavismo, conceptualmente era cónsona con enfoques de libre mercado. También sería entregada a desempleados y podría acumularse de forma similar a una cuenta de ahorros. No fue más que una reformulación de la propuesta que hiciera en abril Petkoff de un «cesta ticket petrolero».

A mediados de octubre, reafirmando que su opción no estaba dirigida a «aniquilar» a su adversario electoral, el candidato Rosales descartó que un eventual gobierno suyo promovería una reforma constitucional. Su jefe de campaña aseguró que existían suficientes dispositivos constitucionales para garantizar la gobernabilidad democrática en una transición. Con esto, la consigna de campaña «Atrévete» adquirió un matiz menos pugnaz.

Aunque las ideas generales de la campaña de Rosales evidenciaron un giro hacia el centro político por parte de la oposición, la ambigüedad con que fueron manejadas en el discurso, permitió que los sectores ubicados más a la derecha convivieran con ellas. Como el tono general de la campaña no superó la polarización política, sectores empresariales o dueños de medios de comunicación privilegiaron la unidad en la confrontación a Chávez, frente a diferencias que podían apreciar como menores. Pero esta dinámica contribuyó a debilitar la credibilidad de estas propuestas ante sectores que las encuestas identificaban como «ni-ni».

Por su parte, el candidato-presidente Chávez, en el mes de mayo, anunció una reforma constitucional para el año 2007 de resultar elegido, aunque no profundizó en los contenidos de esa reforma. Tampoco tocó el tema en el mitin con motivo de su inscripción ante el CNE en agosto. Pero a fines de ese mes su jefe del comando de campaña, Francisco Ameliach, en el anuncio de una ofensiva que se estaría preparando ante la eventualidad de que los candidatos de oposición se retiraran de la contienda, le dio contenido a la reforma: sería para la reelección indefinida del presidente y la eliminación del principio de la representación proporcional.

En una concentración realizada el 1 de septiembre, Chávez ratificó la propuesta de su reelección indefinida, que sería sancionada mediante un referendo popular. Ese discurso fue central ya que definió temas y estrategias de lo que sería la campaña en adelante. Chávez anunció que el 3 de diciembre sería el punto de partida de una nueva fase del proceso, hacia «un modelo socialista y una democracia participativa revolucionaria». Fue un discurso en tono duro, pugnaz y polarizado. Reiteró que en la contienda solo había dos candidatos, su persona y el del presidente Bush de Estados Unidos, a quien bautizó como *Mister Diablo*. Calificó como vergonzoso que la oposición contrarrevolucionaria «no tenga un candidato de verdad, que pueda presentar una idea». Advirtió a *Mister Diablo* que «lo que tiene aquí es puro bates partidos, y el 3 de diciembre, si es que llegan, se los vamos a pulverizar, ni el polvo se les va a ver». Una vez más reafirmó que si los 22 frijolitos (aludiendo a los partidos políticos opositores) «salen con una morisqueta, les va a salir el tiro por la culata».

Otro tema presente en la campaña fue el papel de la propiedad privada en el modelo socialista anunciado para el próximo período. Fue abruptamente introducido en el debate, pocos días antes del mitin mencionado arriba, en un acto en el Complejo Cultural Teresa Carreño, donde el alcalde metropolitano de Caracas, Juan Barreto, del oficialismo, anunció medidas de expropiación que días después se concretaron en contra de los principales campos de golf de la ciudad. El Ejecutivo Nacional, por medio de la Vicepresidencia, expresó oficialmente su desacuerdo con el contenido de los decretos de expropiación de Barreto y llamó a resolver el conflicto por canales judiciales. A falta de un pronunciamiento explícito de Chávez, el tema quedó flotando en el ambiente.

En el programa televisivo *La Hojilla*, el programa más emblemático de la polarización política por el lado chavista, el presidente introdujo otro tema polémico: el del partido único de la revolución, que generó desconcierto y hasta malestar en las filas mismas del chavismo. Al registrarse como candidato, el presidente fue respaldado formalmente por 25 organizaciones políticas, dentro de la multitud de organizaciones que se identificaban con él. En un principio algunos llegaron a pensar que lo que se estaba proponiendo era un sistema político de partido único, similar al modelo cubano. Esto fue reiteradamente desmentido por varios voceros, quienes aclararon que la propuesta se refería exclusivamente a la unificación de los partidos y organizaciones que respaldaban a Chávez. Aún así, esta propuesta no fue bien recibida, alegando algunos la necesidad de que la unificación fuese resultado de un debate democrático entre los partidos y en el seno de los mismos.

Estrategias de campaña

La campaña electoral reavivó el clima político polarizado que venía sufriendo Venezuela desde 1998. Tomando como referencia esta realidad, los comandos de los candidatos fueron definiendo sus estrategias. Tuvieron en común, como se señaló arriba, un uso abundante de recursos mediáticos, en detrimento de un debate de ideas, invirtiendo cuantiosos dineros en esta estrategia. Igualmente, ambos recurrieron al expediente de utilizar recursos del Estado en sus actividades electorales. Evidentemente, la magnitud de los recursos que manejó la Presidencia era muy superior a la del gobernador, pero ambos incurrieron en el uso ilegal de publicidad de gobierno con fines claramente electorales. Informes de ONG de observancia electoral como Ojo Electoral y la UE señalaron también la notoria participación abierta de funcionarios públicos en actividades proselitistas.

El inicio de la campaña del presidente estuvo claramente dirigido a enfatizar la polarización, pensando que podría nuevamente favorecerlo, como ocurrió durante el referendo revocatorio. La campaña identificó al «enemigo a vencer» en la figura del diablo y lo personificaron en el presidente de EE.UU. Toda candidatura opositora no era más que una representación de ese polo maligno. En un escenario donde no resultaba claro para las fuerzas del gobierno si los candidatos opositores llegarían hasta el final, se apeló a la consigna de alcanzar 10 000 000 de votos. Buscaban con ello bajar al mínimo la abstención y garantizar la legitimidad del resultado electoral, ya que 10 000 000 de votos representaban 62,5 % del registro electoral.

Fue designado un comando de campaña, el Comando Miranda, integrado por hombres y mujeres de confianza del presidente, siendo muy relevantes los provenientes del mundo militar. Se incorporaron representantes de organizaciones sociales, mientras que los representantes de los partidos políticos, diferentes al oficialista MVR fueron invitados a participar solo en calidad de asesores.

La estrategia de acentuar la polarización fue mantenida hasta principios del mes de octubre, cuando encuestas mostraron de manera sostenida que el candidato, si bien se mantenía en primer lugar, no lograba atraer a votantes indecisos. Más aún, encuestadoras como Hinterlaces indicaban que el número de indecisos se mantenía muy elevado. Se introdujo entonces un mensaje centrado en «el amor», bajando el discurso guerrerista. La prensa reseñó ese cambio como producto de una asesoría extranjera. Se decidió también disminuir el uso del rojo como distintivo y combinarlo con otros colores, especialmente el azul.

Este cambio produjo fricciones y malestares entre sectores del chavismo. Puede haber sido resultado de ese malestar que a principios de noviembre Rafael Ramírez, presidente de PDVSA y ministro de Energía y Petróleo, en un acto de la empresa con asistencia de gerentes y empleados de alto rango, recalcó el compromiso de todos con el proyecto revolucionario. Enfatizó que la empresa debía ser «roja, rojita». Al hacerse pública la grabación de esa reunión, el presidente Chávez respaldó al ministro, al punto de decir «… tanto los trabajadores petroleros, como los integrantes de la Fuerza Armada Nacional, están con este proceso… y si no les gusta pueden irse para Miami»[32]. Raúl Isaías Baduel, ministro de Defensa, declaró posteriormente que la Fuerza Armada Nacional era institucional y no comprometida políticamente.

Al final de la campaña convivió el discurso confrontacional y polarizado con otro más atemperado. Se añadió, además, con fuerza en las últimas semanas la inauguración de obras de infraestructura como nuevos ramales del Metro de Caracas, una primera etapa del Metro de Valencia, el tren a los Valles del Tuy y el segundo puente sobre el río Orinoco. Se continuó la realización de actos públicos trasmitidos por la televisora estatal, para el otorgamiento de subsidios, becas y financiamientos de proyectos comunitarios.

Los sectores de oposición, por su parte, para el 1 de agosto seguían sin poder resolver una estrategia común ante el proceso electoral, manteniéndose incluso varios de ellos partidarios de abstenerse. Se manejaban varias precandidaturas y no parecía cierta la posibilidad de presentar una unitaria. Un intenso proceso de negociación entre los tres principales precandidatos culminó con la selección de Rosales, haciéndolo público el 9 de agosto, a una semana de iniciada la campaña electoral. Ese día se retiraron de la contienda, en gesto unitario, que se convertiría en una de las líneas de la campaña de Rosales, cinco candidatos, entre ellos Borges. Petkoff lo había hecho una semana antes. Quedaron, sin embargo, otros dos candidatos de alguna relevancia: el humorista Benjamín Rausseo –Er Conde del Guácharo– y el exministro Roberto Smith, quienes terminarían retirándose más adelante.

---

32 http://www.aporrea.org/actualidad/n86027.html, 03-11-2006.

La negociación arriba mencionada fue expresión del retorno de la política en la definición de las orientaciones de grupos opositores y produjo, entre otras cosas, la reducción del protagonismo de organizaciones y actores sociales que habían jugado roles estelares en el pasado reciente. El caso más notorio fue el de Súmate, una ONG que venía dictando pautas de conducta a la oposición y se había ofrecido para organizar elecciones primarias para seleccionar el candidato opositor de unidad.

También, como parte de este retorno a la política, para el candidato opositor fue prioritario convencer a sus bases que, en esta oportunidad, sí valía la pena votar, contradiciendo uno de los temas recurrentes usados por sectores de la oposición en el pasado. Las máquinas captahuellas, por ejemplo, parte de la plataforma tecnológica para automatizar los procesos electorales, fueron estigmatizadas cuando las parlamentarias de 2005, alegándose que violaban el secreto del voto. Aunque fueron sometidas a una auditoría externa y exhaustiva que probaron que tales alegatos carecían de fundamento, de todos modos, fue parte importante de la estrategia opositora lograr que sus potenciales electores superaran los temores que ellas infundían.

En contraste con la estrategia del comando Miranda, el equipo de Rosales buscó presentar a su candidato con tono más moderado. Siendo un hombre parco, su campaña se centró en gestos y actividades, más que en discursos. Fueron sumamente intensos sus recorridos por todo el territorio nacional y algo que no habían hecho sectores de oposición en los últimos años lo hizo el candidato, al adentrarse en las barriadas populares de las distintas ciudades. En varias oportunidades fue confrontado, llegando a ser agredido con piedras y botellas, por sectores radicalizados del chavismo.

La consigna «10 millones de votos por el buche» del presidente, fue respondida en la estrategia de Rosales por «los 26 millones de venezolanos». Su propaganda de campaña se centró en problemas diagnosticados como relevantes para la mayoría e indicativos del fracaso de la gestión gubernamental, como la seguridad, el desempleo y la pobreza. También enfatizó en la crítica a los programas internacionales de cooperación desarrollados por el gobierno y que, apoyándose en encuestas, presentó como simple «regaladera de real»[33].

Desde el mes de septiembre comenzó una batalla de encuestas, con resultados que formaron parte de las campañas publicitarias de los candidatos. Sin embargo, para el mes de noviembre la mayoría de las encuestas indicaban claramente que Chávez obtendría el triunfo. Datanálisis registró para el 15 de noviembre que Chávez obtendría 52 % de los votos, mientras Rosales 26 %, lo que equivaldría a una diferencia de 26 puntos. IVAD señalaba para el 23 de noviembre que la ventaja de Chávez sobre Rosales sería de 27 %. Encuestadoras internacionales, como Associated Press-Ipsos y la Universidad Complutense de Madrid, también le otorgaban a Chávez una ventaja superior a 20 %. No faltaron, sin embargo, resultados de encuestas que declaraban «empate técnico» y auguraban que el 3 de diciembre debía ganar Rosales. Las más nombradas de ellas fueron la de Keller y Asociados y Observatorio Hannah Arendt, ambas políticamente vinculadas con la oposición.

Los resultados

El 3D, pasadas las 10 de la noche y gracias a la casi total automatización del proceso electoral, el CNE emitió su primer boletín oficial, con resultados que marcaban una tendencia definitiva. Al día siguiente, con 95,2 % de las actas escrutadas y totalizadas, las cifras fueron las siguientes: para Chávez 7 161 637 votos, que representaron el 62,9 % de los votos válidos y para Rosales

---

33   Según la encuestadora Hinterlaces, en septiembre 87 % de los consultados se mostró en desacuerdo con la «regaladera de dinero» a otros países; 79 % rechazó la influencia cubana en Venezuela y 76 % consideró negativo el conflicto diplomático con el gobierno de EE.UU.

4 196 637, es decir, el 36,9 %. La polarización entre estos dos candidatos fue la más acentuada registrada en la historia electoral venezolana, ya que concentraron 99,8 % del total de votos válidos. El candidato que llegó de tercero no alcanzó los 5000 votos. La abstención bajó a 25,1 % y los votos nulos representaron 1,4 % de los votos escrutados.

Comparando estos resultados con los de elecciones presidenciales previas, se observa que tanto Chávez como el candidato de la oposición aumentaron en número de votos. En 1998 Chávez venció con 3 673 665 votos sobre su contendor Henrique Salas Römer, quien obtuvo 2 613 161. En las elecciones de 2000, Chávez subió a 3 757 773 votos, mientras su oponente en esa oportunidad, Francisco Arias Cárdenas, bajó ligeramente a 2 359 459 votos. En el referendo revocatorio presidencial el NO de Chávez recogió 5 800 629 votos, mientras que el SI opositor 3 989 008. Como puede observarse, desde 1998, la votación por Chávez siempre fue creciendo en términos absolutos, mientras que la votación de la oposición sufrió una ligera merma en las elecciones de 2000, incluso sumando los votos obtenidos por el candidato que arribó en tercer lugar –Claudio Fermín, quien obtuvo 171 346– para, desde entonces, siempre crecer. Medido en términos relativos el asunto cambia ligeramente. En el cuadro Nº 6 puede observarse los resultados, en porcentajes sobre los votos válidos, de las elecciones presidenciales desde 1998, con los resultados tanto nacionales como por entidades federales.

Cuadro N° 6
Elecciones presidenciales 1998, 2000, 2004 y 2006

	Elecciones 1998		Elecciones 2000		Referendo 2004		Elecciones 2006	
	Chávez	Salas	Chávez	Arias Cárdenas	NO	SÍ	Chávez	Rosales
Nacional	56,2	40,0	59,8	37,5	59,1	40,6	62,9	36,9
Amazonas	44,0	54,3	62,4	36,8	70,3	28,9	77,8	22,0
Anzoátegui	62,0	35,1	61,4	36,9	54,1	45,6	61,2	38,5
Apure	38,6	59,9	54,4	44,9	67,6	32,1	69,8	30,0
Aragua	69,1	26,3	73,9	23,1	68,0	31,9	71,8	27,9
Barinas	64,8	33,7	62,6	36,2	69,2	30,4	68,9	30,9
Bolívar	59,0	37,6	69,0	29,1	66,4	33,3	68,6	31,1
Carabobo	43,9	52,7	61,4	35,5	56,8	43,1	61,7	38,1
Cojedes	54,8	43,3	58,7	39,6	67,0	32,6	73,3	26,4
Delta Amacuro	46,0	52,2	65,6	35,5	70,4	28,6	78,1	21,7
Distrito Capital	62,5	31,5	61,4	33,9	56,0	44,0	62,6	37,1
Falcón	47,6	48,4	56,8	40,9	57,2	42,2	62,2	37,5
Guárico	56,5	41,4	59,7	38,8	71,0	28,8	71,9	27,9
Lara	58,5	38,1	63,0	34,6	64,8	35,0	66,5	33,2
Mérida	51,5	45,3	57,5	40,5	53,8	45,8	53,8	46,0
Miranda	51,5	43,0	51,9	44,6	50,9	49,0	56,4	43,3
Monagas	56,5	40,9	58,8	39,8	61,0	38,8	70,9	28,9
Nueva Esparta	44,8	51,1	57,9	39,1	50,0	50,0	58,6	41,2
Portuguesa	63,3	33,7	72,3	26,1	72,9	26,4	77,0	22,7
Sucre	51,4	46,3	63,5	34,8	66,9	32,6	73,6	26,2
Táchira	47,9	49,0	54,8	43,7	50,6	49,1	51,1	48,6
Trujillo	47,9	44,1	65,2	33,9	66,3	33,2	69,4	30,4
Vargas	62,7	33,0	70,0	27,0	64,2	35,6	69,3	30,4
Yaracuy	50,0	46,7	58,1	38,5	60,2	39,4	65,1	34,5
Zulia	55,3	40,8	47,2	48,7	53,1	46,6	51,4	48,5

Fuente: CNE www.cne.gov.ve

En las elecciones de 1998 Salas Römer obtuvo mayoría en 7 estados. En el 2000 Arias Cárdenas solamente ganó en Zulia. En el referendo revocatorio de 2004 el sí, opción de la oposición, solo triunfó en Nueva Esparta y por, escasamente, 113 votos. En este 2006 Chávez venció en todos los estados.

Lo que no cambió fue la expresión política de la polarización social. Igual que en comicios anteriores, los sectores sociales medios y altos tendieron a votar mayoritariamente por cualquier opción contraria a Chávez, mientras que los sectores más pobres votaron por él. También se volvió a observar la polarización entre el campo y la ciudad. Aunque Venezuela es una sociedad altamente urbana, el voto de las ciudades pequeñas, pueblos y caseríos tiende a volcarse más a favor de Chávez, mientras que en las grandes ciudades esa tendencia no fue tan pronunciada. En el cuadro Nº 7 se ilustra con algunos ejemplos estas tendencias, comparando resultados del referendo revocatorio de 2004 con las elecciones de 2006.

Cuadro Nº 7
Referendo 2004 y elecciones 2006. Polarización electoral

	Referendo 2004		Elecciones 2006	
	NO	SÍ	Chávez	Rosales
Nacional	58,9	40,6	62,9v.ve	36,9
Zona Metropolitana de Caracas	48,7	51,3	54,8	44,9
Municipio Libertador	56,0	44,0	62,6	37,1
Parroquia Antímano	76,7	23,3	81,9	17,8
Parroquia San Pedro	28,0	72,0	32,3	67,5
Municipio Baruta	20,6	79,4	24,2	75,6
Parroquia El Cafetal	9,3	90,7	10,9	88,9
Municipio Chacao	20,0	80,0	23,3	76,5
Municipio El Hatillo	17,9	82,1	20,3	79,6
Centro Club La Lagunita	5,7	94,3	7,8	92,1

Municipio Sucre	47,1	52,9	53,1	46,6
Parroquia La Dolorita	73,1	26,9	78,4	21,3
Parroquia Leoncio Martínez	21,8	78,2	26,4	73,3
Estado Zulia	53,1	46,6	51,4	48,5
Municipio Maracaibo (Maracaibo)	47,9	52,1	46,9	52,9
Parroquia Ildefonso Vásquez	67,4	32,6	57,8	42,0
Parroquia Olegario Villalobos	26,3	73,7	26,9	73,0
Estado Carabobo	56,8	43,1	61,7	38,1
Municipio Valencia (Valencia)	47,6	52,4	54,4	45,4
Parroquia Santa Rosa	62,0	38,0	65,5	34,1
Parroquia San José	14,1	85,9	17,6	82,3
Estado Lara	64,8	35,0	66,5	33,2
Municipio Iribarren (Barquisimeto)	60,9	39,1	64,8	34,9
Parroquia Unión	72,5	27,5	74,7	24,9
Parroquia Santa Rosa	40,5	59,5	45,4	54,4

Fuente: CNE www.cne.gov.ve

El cuadro presenta una selección ilustrativa del comportamiento de electores de distintas ciudades y diferentes niveles de ingreso. En Caracas se ve cómo los tres municipios pequeños, pero de mayores niveles de ingreso –Baruta, Chacao y El Hatillo– votaron sostenidamente en contra de Chávez, mientras que los municipios grandes –Libertador y Sucre– por congregar la mayoría de los barrios populares de la zona Metropolitana, consistentemente favorecieron a Chávez con su voto. Para la zona Metropolitana de Caracas el cuadro presenta datos aún más discriminados. Dentro de los distintos municipios se tomaron parroquias con distintas composiciones sociales, mostrándose con nitidez la tendencia mencionada. Por ejemplo, la parroquia Antímano, municipio Libertador, es de las más pobres de la ciudad y vota sólidamente por Chávez. En contraste, San Pedro, mayoritariamente de clases medias se pronuncia electoralmente por el candidato de oposición.

Un ejemplo extremo es el centro Club La Lagunita, sector residencial de sectores medios y altos, donde la oposición captura más de 90 % de los votos.

El cuadro también presenta datos correspondientes a tres estados del país que son asientos de las ciudades más importantes y pobladas. Allí se aprecia que la votación a favor de Chávez en todo el estado es superior porcentualmente a la obtenida en la capital. Se confirma lo ya dicho que en zonas rurales y más rezagadas Chávez tenía mayor pegada electoral. También para cada ciudad se comparan resultados electorales de la parroquia más rica con la más pobre. Consistentemente, Chávez pierde en las ricas y gana en las pobres.

De esta manera, el triunfo electoral de Chávez en diciembre de 2006 se aprecia como el producto de una combinación de factores, destacándose el impacto positivo que tuvo en casi todos los sectores sociales la implementación de las políticas sociales, en especial las misiones. El gobierno, durante un lapso continuo de tres años, contó para financiarlas con abundantes recursos provenientes de los ingresos petroleros. Hubo una expansión económica que contribuyó al mejoramiento de todos los indicadores macroeconómicos y sociales.

Si bien los sectores de oposición lograron unificarse para presentar un candidato único, no lograron superar plenamente las consecuencias de sus torpezas políticas del pasado inmediato. Rosales no solo tuvo que enfrentar a su contendor, con todas sus estrategias y recursos, sino vencer obstáculos que la misma oposición había colocado en el pasado. La desconfianza en el sistema electoral, producto de denuncias de fraude nunca demostradas, hizo que sectores de oposición inicialmente se inclinaran por posiciones abstencionistas.

La victoria de Chávez el 3D fue contundente y marcó el cénit de su carrera política. Aumentó su caudal electoral tanto en términos absolutos como porcentuales, colocándose por primera y única vez por encima de 60 %. Paradójicamente, no era un resultado fácil de interpretar en cuanto al mandato que los venezolanos le entregaban. Durante la campaña Chávez tuvo dos discursos paralelos, en ocasiones contradictorios. Por una parte, hizo uso de un discurso confrontacional que en oportunidades de crisis le había resultado exitoso. Ese discurso estuvo acompañado por otro, centrado en el amor y la paz, y con más tolerancia hacia los que no comparten sus proyectos. La coexistencia de ambos discursos generó incertidumbres en cuanto a cuál sería el norte y clima dentro del cual se desenvolvería el nuevo período presidencial. Pronto esta interrogante se disiparía.

Capítulo 7
La derrota de la reforma constitucional de 2007[34]

IMBUIDO DE LA LEGITIMIDAD ALCANZADA por la contundente victoria electoral para su reelección en diciembre de 2006, el presidente Chávez se apuró en los primeros meses de su segundo gobierno en elaborar y presentar a la AN una propuesta de reforma constitucional, dentro de una estrategia que llamó de «motores constituyentes», que impulsarían la marcha de la sociedad hacia el socialismo del siglo XXI. La propuesta presidencial, cumpliendo con las pautas de la CRBV, fue revisada, también con premura, por la AN, donde se introdujeron otro conjunto de propuestas de modificación de artículos constitucionales. Para octubre de 2007 el anteproyecto estaba listo y la AN entregó al CNE el proyecto de reforma para iniciar el proceso de referendo constitucional, es decir, para que la soberanía popular se pronunciara a favor o rechazara la propuesta del presidente.

El 2 de diciembre de 2007, después de nueve años de gobierno y de haber pasado por 10 procesos electorales, por vez primera una propuesta promovida por Chávez fue rechazada por el voto popular. Este hecho marcaría un hito en el proceso de cambios chavista. ¿A qué se debió la derrota? ¿Se iniciaba un declive del proyecto político de Chávez?

---

34 Este capítulo es la reformulación de «Referendo sobre la propuesta de reforma constitucional: ¿Punto de inflexión en el proceso bolivariano?» de Luis E. Lander y Margarita López Maya, *Revista Venezolana de Economía y Ciencias Sociales*, vol. 14, 2008, Nº 2, Caracas, pp. 195-217 y de «Venezuela: la derrota del referendo constitucional de diciembre de 2007: causas y consecuencias», *Conferencia Escenarios posibles y dimensiones de las democracias latinoamericanas* de Margarita López Maya, México, Instituto Federal Electoral, 12-03-2008.

Este capítulo, organizado en cinco partes, propone respuestas a estas difíciles preguntas. En la primera parte se analiza el contexto político dentro del cual se originó la propuesta de reforma. En la segunda, se describen los principales contenidos de ella. La tercera se dedica a evaluar la calidad del debate generado, tanto para su diseño, como durante la campaña previa al referendo. En la cuarta, se analizan los resultados del 2D y en la quinta parte se describen tendencias sociopolíticas visibles en los meses siguientes.

Rumbo al socialismo del siglo XXI

La elección presidencial de 2006 analizada en el capítulo anterior significó la más contundente victoria electoral de Chávez, al obtener el mayor caudal de votos, tanto en términos absolutos como porcentuales, de toda elección presidencial realizada desde 1958. Días después de esa avasallante victoria, Chávez proclamó una nueva fase del proceso de cambios que calificó de transición acelerada hacia el «socialismo del siglo XXI».

Como ya señalamos, esta oferta fue uno de los ejes temáticos del presidente durante la campaña electoral. La primera vez que Chávez proclamó el concepto fue durante su intervención en el V Foro Social Mundial de Porto Alegre, en enero de 2005. Inicialmente fue, sin embargo, un concepto vago que Chávez asoció a valores como «la solidaridad, la fraternidad, el amor, la justicia, la libertad y la igualdad», ideales de siempre del socialismo. En una reunión en Viena, a mediados de 2006, Chávez afirmó que el concepto no estaba predeterminado pues se trataba de «transformar el modo de producción hacia un nuevo socialismo al que hay que construir todos los días». En ese sentido calzaba bien con el concepto de «significante vacío» de Laclau, propio del discurso populista. Era un concepto «hueco», que cada quien llenó según sus particulares demandas no satisfechas y/o sus aspiraciones[35].

---

35 Según Laclau, mientras más «hueco» más fuerza de atracción tiene, pues puede abarcar los más disímiles significados que la gente motivada por sus penurias y sueños quiera darle.

Alcanzada la victoria electoral, el presidente comenzó a verter contenidos más concretos al hasta entonces ambiguo concepto. En tres discursos clave que dio en las semanas siguientes a su triunfo precisó ideas, estrategias e instrumentos conducentes a provocar la transformación profunda de la sociedad venezolana. Llamó a crear el PSUV, demandando la disolución de todos los partidos de la alianza, incluido el suyo propio, el MVR, advirtiendo a quienes no atendieran a su llamado, que deberían irse de su gobierno. El nuevo partido sería instrumento político unificador de las fuerzas bolivarianas para esta nueva etapa. Anunció la re-nacionalización de industrias estratégicas privatizadas por gobiernos anteriores e informó de cambios en su gabinete ministerial, reemplazando relevantes figuras de su primer gobierno, como José Vicente Rangel y Aristóbulo Istúriz, por militares y funcionarios que tenían una relación subalterna con él. Pronunció como lema del nuevo mandato: «Patria, socialismo o muerte», que pasaría a remplazar al que había sido central de su primer mandato, la «Democracia participativa y protagónica». Se explayó, además, en la que sería la estrategia conformada por los llamados «cinco motores constituyentes».

Los motores constituyentes servirían, según dijo, para prender el carro que conduciría al socialismo. El primer motor estaría constituido por una Ley Habilitante que, de acuerdo a lo contemplado por la CRBV, permite a la AN delegar en el Ejecutivo, en esta oportunidad fue pedida, por un período de 18 meses, la capacidad de elaborar leyes (arts. 203 y 236). Chávez la consideró la «ley de leyes revolucionaria, madre de leyes». El segundo motor consistiría en una «integral y profunda» reforma de la CRBV, con la cual el presidente podría, entre otros aspectos, modificar artículos que en lo económico o en lo político obstruyeran el camino hacia el socialismo. Ya el 12 de agosto de 2006, al presentar su candidatura para la reelección, el presidente Chávez expresó su intención de promover una reforma a la Constitución, de resultar victorioso en la contienda electoral de diciembre. Chávez consideró que los dos primeros motores debían marchar juntos y designó a la presidenta de la AN, Cilia Flores, para presidir y coordinar la Comisión Presidencial de la Reforma Constitucional (CPRC).

El tercer motor lo llamó «Jornada de moral y luces» y comprendía una campaña de educación moral, económica, política y social en todos los espacios de la sociedad. Chávez denominó el cuarto motor «la geometría del poder», donde propondría una nueva manera de distribuir los poderes político, económico, social y militar sobre el espacio nacional, para generar la construcción de sistemas de ciudades y de territorios federales más cónsonos, siempre según él, con las aspiraciones del socialismo y la realidad actual.

Chávez planteó como un quinto motor –y en su opinión el más importante de todos– la «explosión revolucionaria del poder comunal», según la cual se conformaría en el Estado un Poder Popular, el sexto, que cambiaría la naturaleza de este y lo haría socialista. Habló de no ponerle límites a los CC por ser los instrumentos del Poder Popular constituyente. Los CC eran una innovación participativa que se venía impulsando desde 2006 con la Ley de CC. Consideró el presidente que todos estos motores estaban interconectados entre sí y que la explosión creadora del poder comunal dependería para su desarrollo, de la expansión y éxito de todos los anteriores. Chávez en varias oportunidades puso de relieve la necesidad de «acelerar el tiempo y trascender los espacios rumbo a esta nueva era que hoy comienza».

La nueva etapa significó en un principio, sobre todo por la propuesta del PSUV y más adelante con la propuesta de reforma constitucional, una intensificación de las pugnas y tensiones en la siempre difícil vida interna del movimiento. Los partidos Podemos, PPT y PCV se negaron a decretar su desaparición, lo que se tradujo en agresiones, intranquilidades y conflictos con el presidente y otros grupos a lo largo de 2007. Podemos terminó llamando a votar en contra de la reforma, contribuyendo al revés electoral.

En los primeros días del año 2007, el Ejecutivo introdujo a la AN el proyecto de Ley Habilitante solicitando la facultad de elaborar leyes en diez ámbitos de la administración pública durante año y medio, lo que dos semanas después fue aprobado por unanimidad, ya que, como señalamos, el oficialismo controlaba entonces todas las mayorías de la Asamblea para este período constitucional. Incorporó además la AN un ámbito adicional de delegación, el de hidrocarburos. Por otra parte, Chávez también nombró a mediados de enero los integrantes de la CPRC y de una Comisión Presidencial del Poder Comunal (CPPC), presidida esta última por el nuevo vicepresidente Jorge Rodríguez. Se anunció también en esos discursos la re-nacionalización de empresas estratégicas como la compañía telefónica Cantv, que en gobiernos anteriores habían sido privatizadas, o de nacionalizaciones nuevas, como el caso de la Electricidad de Caracas. Fueron poco después ejecutadas, pudiéndose llevarse a cabo sin necesidad de reformar la CRBV, ya que ella es bastante amplia en lo que atañe a las prerrogativas que tiene el Estado para limitar por razones de interés social el derecho a la propiedad privada.

La solicitud y expedita aprobación de la Ley Habilitante por parte de la AN levantó mucha polémica. Era la tercera que solicitaba el presidente y fue por algunos considerada inconstitucional, alegando que el carácter genérico de los ámbitos solicitados y el período tan largo que se demandaba violaban la función legislativa misma que corresponde por excelencia, al Poder Legislativo. Pero, más allá de los aspectos legales, la rápida delegación de la función legislativa al Ejecutivo por parte de la AN profundizó la tendencia a su subordinación frente a Chávez. Resulta además sorprendente, que contando el presidente con una AN integrada en ese momento en su totalidad por diputados afectos al oficialismo, no permitiese que este espacio funcionara para el debate en torno a estos cambios. Contradiciendo el principio constitucional de la democracia participativa, Chávez alegó urgencia, lo que no permitía perder tiempo en debates legislativos.

La misma tendencia a acentuar la subordinación de los poderes públicos al presidente se expresó en el nombramiento de la CPRC con la integración de la magistrada y posterior presidenta del TSJ como secretaria ejecutiva, el fiscal general y el defensor del Pueblo como integrantes y la presidenta de la AN como presidenta. En el decreto de constitución de esta comisión se hizo explícito que sus miembros debían guardar un mandato de confidencialidad con el presidente, no divulgando su trabajo sin el permiso de este. De nuevo, la iniciativa pareció ir a contracorriente del principio participativo, así como de la independencia de las autoridades de los poderes públicos. Volveremos más adelante sobre este punto.

Hasta el 15 de agosto, cuando el presidente finalmente presentó la propuesta de reforma al Parlamento, el debate político se fue caldeando. Algunos cambios que se daban como seguros, como la reelección indefinida del presidente, una reorganización territorial que debilitaría el principio de la descentralización y la consagración de un sexto poder, el Poder Popular, basado en los CC, despertaron apasionadas polémicas. Así mismo, corrieron algunas especulaciones, como una que señalaba que se perdería la patria potestad sobre los hijos o que se verían confiscados bienes de uso particular. Juristas argumentaron que con la propuesta se estaba violando la CRBV, que de manera taxativa exige, en su artículo 347, la convocatoria a una Asamblea Constituyente para producir cambios en la Constitución que afecten principios y estructuras del Estado, denunciando que por esta vía se estaría cometiendo un fraude constitucional. En contraposición, otros juristas, apoyándose en la argumentación esgrimida por el propio Chávez, apoyaron la acción presidencial y defendieron tanto el procedimiento empleado como la legalidad de la confidencialidad con que trabajaba la CPRC.

Chávez, al presentar en acto público el 17 de enero a la CPRC, argumentó que según el artículo 342 de la CRBV, el objeto de la reforma es revisar y sustituir alguna o varias de sus normas, siempre que «no modifiquen la estructura y principios fundamentales del texto constitucional». Eso estaría garantizado, según él, ya que los nueve primeros artículos, contemplados en el Título que se denomina Principios Fundamentales no serían tocados y solo se propondrían modificaciones de otros artículos, sin introducir nuevos ni eliminar existentes para preservar la estructura.

Contenidos de la propuesta de reforma constitucional

El 15 de agosto de 2007 el presidente presentó, tomando la iniciativa que el artículo 342 de la CRBV le confiere, una propuesta de reforma a la Carta Magna. Fue entonces que la sociedad se enteró de su contenido. La propuesta contemplaba la reforma de 33 artículos y el procedimiento, de acuerdo con la CRBV, consistiría en someter dicha propuesta a tres discusiones en la AN en un plazo no mayor a dos años. La primera para su presentación, la segunda para su discusión por títulos o capítulos y la tercera, una discusión detallada artículo por artículo (art. 342).

Al presidente y a la AN no les pareció necesario ni pertinente promover un debate parlamentario prolongado y en escasamente once semanas lo dieron por concluido, presentando al CNE, a fines del mes de octubre, la versión definitiva. Esta, según lo que pauta el artículo constitucional 344, debería ser sometida dentro de los 30 días siguientes a referendo. De ese acelerado debate, empero, surgieron numerosos cambios. Si bien Chávez dijo inicialmente que, si se le cambiaba, aunque fuese una coma, él retiraría su propuesta, estuvo luego de acuerdo y hasta promovió algunas modificaciones. El mayor cambio fue la agregación de 36 artículos adicionales a ser reformados, lo que aumentó a 69 los artículos a reformar. Pero aún la redacción de los 33 artículos de la propuesta original fue objeto de cambios. Algunos de ellos fueron menores, pero en otros fueron significativos. Por ejemplo, en la propuesta de reforma al artículo 328 original se decía «La Fuerza Armada

Bolivariana constituye un cuerpo esencialmente patriótico, popular y antimperialista...», eliminando allí la afirmación contenida en el texto vigente que dice «*La Fuerza Armada Nacional constituye una institución esencialmente profesional,* sin militancia política...». El artículo definitivo aprobado por la AN quedó «La Fuerza Armada Bolivariana constituye un cuerpo esencialmente patriótico, popular y antiimperialista. Sus profesionales activos no tendrán militancia partidista», con lo que se mantuvo la propuesta de denominar «Bolivariana» a la Fuerza Armada y su condición de «patriótico, popular y antiimperialista», pero se retomó el rango constitucional de prohibir a los profesionales activos la militancia partidista.

El proyecto de reforma constitucional buscaba introducir modificaciones y cambios muy diversos. Cambios políticos, económicos, sociales, territoriales, militares y culturales. Entre los cambios políticos propuestos por Chávez quizás el que suscitó mayor atención fue el del artículo 230 que, según su propuesta, ampliaba el período presidencial a siete años y permitía la reelección de manera indefinida. Fue luego sugerida por varios actores políticos que un tratamiento similar se dispensara a los gobernadores (art. 160) y alcaldes (art. 174), pero la AN no lo recogió. En la modificación del artículo 225 se le otorgaba al presidente la potestad de nombrar, además del vicepresidente ejecutivo o primer vicepresidente, tantos vicepresidentes como estimara necesarios. Estos nuevos funcionarios podrían atender tanto asuntos temáticos como regionales. El Consejo Federal de gobierno, contemplado en el artículo 185, fue sustituido por un ente llamado Consejo Nacional de gobierno, contemplado como instancia no permanente. Se le modificaron sus atribuciones y composición, debilitándolo como instancia de planificación y coordinación entre las distintas instancias del Poder Público descentralizado.

También fue propuesto modificar el Consejo de Estado (art. 252), que pasaría a estar presidido por el presidente y no por el vicepresidente, modificando además sus integrantes. Es de destacar la propuesta de eliminar como integrante de ese Consejo a un gobernador seleccionado por sus pares. Con la reforma del artículo 141 se procuraba redefinir la administración pública al incorporar, además de «las administraciones públicas burocráticas o tradicionales», a las misiones como «sistemas excepcionales e incluso experimentales».

La AN también incorporó propuestas de cambio del sistema político. Entre las más relevantes cabe mencionar la reducción de la edad mínima para alcanzar el derecho al voto al bajarla de 18, como está contemplado en la CRBV, a 16 años (art. 64). Una de las virtudes más promocionadas de la CRBV fue la incorporación de los referendos como formas más directas de ejercicio democrático. Referendos consultivos de materias de interés nacional, referendo para revocar el mandato de cargos de elección popular, referendos aprobatorios de leyes especialmente importantes y referendos abrogatorios para derogar leyes. Con la modificación de los artículos 71, 72, 73 y 74 la AN propuso elevar todos los requisitos necesarios tanto para la solicitud de cualquiera de ellos, como para la validación de sus resultados. Elevar en demasía los requisitos convierte al derecho en inaplicable y, por tanto, contrario a la profundización de la democracia participativa y protagónica.

Entre los cambios económicos propuestos, en el artículo 318 el Banco Central de Venezuela (BCV) pasaría de ser «... persona jurídica de derecho público *con* autonomía para la formulación y el ejercicio de las políticas...» a «... persona jurídica de derecho público *sin* autonomía para la formulación y el ejercicio de las políticas...» (itálicas mías). Además, la administración y manejo de las reservas internacionales que ha estado en manos del BCV, con la reforma del artículo 321, pasarían a ser administradas por el jefe del Estado que, en coordinación con el banco, determinaría los niveles apropiados de las reservas, determinando que las «excedentarias» pasen a fondos de desarrollo manejados por el Ejecutivo Nacional.

En el nuevo artículo 115 se asentaron sin mayor claridad conceptual cuatro tipos distintos de propiedad: pública, social (pudiendo esta ser directa o indirecta), colectiva y privada. Se contempló además que cualquier combinación de las formas de propiedad mencionadas se denominaría como mixta. Cabe señalar la confusión que podría crearse entre la llamada propiedad pública y la social «indirecta». ¿Quién es el dueño de la propiedad pública? ¿No es la sociedad en su conjunto? Y la propiedad social indirecta que es ejercida por el Estado, ¿no viene siendo igual a la propiedad pública? Se modificó además el texto del artículo para sustituir la afirmación «Se garantiza el derecho de propiedad» por «Se reconocen y garantizan las diferentes formas de propiedad».

En lo territorial, con la modificación propuesta al artículo 11, se le daría al presidente potestad de crear regiones especiales con fines estratégicos y autoridades especiales, dependientes directamente de él, por razones de soberanía, seguridad, defensa, contingencia, desastres o cualquier otra que requiriese la intervención directa del Estado. Estas autoridades designadas seguramente entrarían en conflicto con autoridades regionales o locales electas. La reforma del artículo 16 proponía cambiar la unidad política primaria del municipio por «La ciudad… integrada por áreas o extensiones geográficas denominadas comunas».

La propuesta de crear un Poder Popular como una nueva forma de Poder Público cabalgó entre lo político y lo social. Este poder pasaría a conformarse a partir de las «comunidades», que serían el núcleo espacial del Estado Socialista (art. 16). Formarían parte del Poder Público que, territorialmente quedaría distribuido en Poder Popular, Poder Municipal, Poder Estadal y Poder Nacional. Se le conceptualizó como un nuevo poder que se expresa construyendo las comunidades, comunas y el autogobierno de los ciudadanos, y se señaló que no nace de sufragio o elección alguna (art. 136). Fue esta también una propuesta conflictiva, ya que su concreción hubiese implicado que las organizaciones y movimientos sociales de base hubiesen constitucionalmente pasado a formar parte del Estado. Con ello perderían su necesaria independencia y autonomía para el diseño e instrumentación de una agenda propia, así como para movilizarse por los que decidan son sus legítimos intereses.

Fue adicionalmente propuesto reducir la jornada laboral (art. 90). La redacción de este artículo fue modificada por la AN, ya que, en su versión original, al reducirse la jornada a no más de 6 horas diarias ni 36 semanales, podía ser interpretado como obligatorio el trabajo 6 días a la semana, siendo que entonces muchos trabajadores, con jornadas de 40 horas, laboraban 5 días. En la reforma al artículo 87 se propuso la creación del llamado «Fondo de Estabilidad Social para Trabajadores y Trabajadoras por Cuenta Propia». Con este fondo, creado con aportes del Estado y de los trabajadores no dependientes, se prometía garantizar derechos laborales comunes de los trabajadores dependientes como pensiones, jubilaciones, vacaciones, reposo pre y postnatal. La principal crítica hecha a estas propuestas fue que no requerían rango constitucional para su instrumentación y hubiesen podido implementarse por vía legislativa.

En lo militar Chávez propuso varias reformas. Ya arriba mencionamos algunas reformas que fueron modificadas por la AN. Quedó, sin embargo, incorporando un nuevo componente de la Fuerza Armada, la llamada Milicia Nacional Bolivariana se propuso cambiar el nombre de Fuerza Armada Nacional por el de Fuerza Armada Bolivariana y otorgar a los militares, además de sus competencias anteriores de defensa de la soberanía, actividades de seguridad interna (art. 329).

La AN agregó otras dos reformas a la propuesta presidencial que queremos resaltar. La primera fue una modificación del artículo 21 del Título correspondiente a los derechos humanos, donde además de actualizar la redacción al hablar de «**étnico**» en lugar de «raza» y de «**género**» en vez de «sexo», su contenido se hizo más contundente al cambiar el «No se permitirán» por un «Se prohíbe». Incorporó, además, entre las causales de discriminación que deben ser prohibidas, las de «orientación política» y de «orientación sexual». La segunda fue la propuesta de cambio al artículo 109, que se refería a la autonomía universitaria. En la reforma del artículo propuesto se especificaba con excesivo detalle la forma en que debían ser electas las autoridades de las universidades nacionales, otorgándoles voto paritario a todos los integrantes de la comunidad universitaria (profesores, estudiantes y trabajadores) y que las elecciones debían hacerse en una sola vuelta.

Los ejemplos comentados en los párrafos anteriores son solo una muestra de la complejidad de los cambios propuestos y lo difícil que fue para cualquier ciudadano hacerse un juicio firme sobre alcances e implicaciones de esos cambios para el futuro de la sociedad.

La calidad del debate

El 15 de enero, iniciándose el nuevo período de gobierno, Chávez promulgó el decreto 5138, con el que designó la CPRC, quedando constituida por trece venezolanos, integrantes en su mayoría de los distintos poderes públicos, siendo varios de ellos además cabezas de sus respectivos poderes. En ese decreto, los integrantes de la comisión quedaron formalmente comprometidos a realizar su trabajo de manera confidencial y entregar sus resultados únicamente al presidente. La CRBV contempla en su artículo 251 la figura del Consejo de Estado, siendo considerada como «el órgano superior de consulta del gobierno y la Administración Pública Nacional» para aquellos asuntos que el presidente considere de especial trascendencia. Fue evidente que la profundidad de la reforma propuesta tenía la mayor trascendencia y hubiese podido Chávez hacer uso de ese instrumento. Pero ello hubiese implicado cambios importantes en el esquema de trabajo diseñado por él para la elaboración de la propuesta.

En primer lugar, varios de los integrantes del Consejo de Estado no son nombrados directamente por el presidente, como los representantes de la AN, del TSJ y de los gobernadores, quienes deben ser seleccionados por sus pares. Tampoco puede pedírsele confidencialidad al trabajo del Consejo de Estado, ya que varios de sus miembros se deben al poder que los designó y, en última instancia, a la sociedad en su conjunto y no de manera exclusiva al presidente. Está él en su legítimo derecho de nombrar cuantas comisiones juzgue conveniente para que lo asesoren en asuntos atinentes al ejercicio de sus atribuciones y funciones. A esas comisiones, si así lo valorara necesario, pudiera pedirles confidencialidad. La vía escogida, sin embargo, es una mala combinación de las dos anteriores. No fue una comisión asesora privada del presidente, ya que fue integrada por la presidenta de la AN, la presidenta de la Sala Constitucional y que pasaría luego a presidir el TSJ, el fiscal, el defensor del Pueblo, además de varios diputados, todos funcionarios públicos electos, en elecciones directas o de segundo grado, que antes que al presidente deben rendir cuentas a la sociedad en su conjunto. Pedir confidencialidad en un trabajo solicitado por el presidente a cabezas de poderes públicos tenidos por la CRBV como independientes del Ejecutivo, contraviene un importante principio constitucional, subordinando de hecho a varios de los poderes públicos a Chávez.

El primer debate en torno a la propuesta de reforma constitucional tuvo que ver con el mecanismo seleccionado para proponerla. La CRBV contempla tres formas para llevar adelante modificaciones en el texto constitucional. La Enmienda (art. 340), la Reforma (art. 342) y la Asamblea Constituyente (art. 347). La diferencia entre una modalidad y otra tiene que ver con la profundidad de los cambios propuestos. La reforma está constitucionalmente prevista como una modalidad que permite revisar parcialmente la Constitución, pero «... que no modifiquen la estructura y principios fundamentales del texto constitucional».

Como ya mencionamos en párrafos anteriores, juristas y constitucionalistas que objetaban la reforma alegaron que la propuesta excedía lo permitido por el art. 342, mientras que el presidente y partidarios de la reforma argumentaban que ella estaba ajustada plenamente a derecho. En los hechos, la opinión de Chávez y sus partidarios se impuso al aceptar la mayoría de los actores políticos y sociales del país participar en el referendo.

La democracia con frecuencia genera tensiones entre el necesario tiempo para madurar posturas, construir consensos posibles y resolver democráticamente disensos insuperables, por una parte, y la también necesaria celeridad para alcanzar eficiencia en la acción pública. Conspira contra la democracia tanto el prolongar de manera indefinida los debates, como atropellar los tiempos mínimos necesarios. Chávez comenzó a mencionar la idea de reformar la Constitución durante su campaña de reelección, en 2006. El 12 de agosto de ese año, al presentar su candidatura ante el CNE, anunció que, de resultar triunfante en las elecciones de diciembre, promovería una reforma constitucional. Como ya mencionamos, uno de los primeros actos de su nuevo gobierno fue la conformación, el 15 de enero, de la CPRC, núcleo para el arranque del segundo motor constituyente. El 27 de abril, tres meses y doce días después de constituido, ese consejo le entregó al presidente, sin que la sociedad se enterara de su contenido por el mandato de confidencialidad, el resultado de su trabajo. Siguiendo sin hacerlo público, el presidente trabajó sobre la propuesta hasta que el 15 de agosto, casi cuatro meses después, entregó a la AN su proyecto de reforma. Siete meses de trabajo formal para elaborar la propuesta, precedido seguramente de discusiones e intercambios menos formales.

Durante todo ese tiempo, salvo la idea general de que la reforma estaría dirigida a remover los obstáculos que frenaban el avance al socialismo, los contenidos específicos de la reforma no fueron del conocimiento público. Al hacerse pública la propuesta se la presentó con un apretado cronograma de discusión. A la AN se le dieron unos dos meses para elaborar la propuesta de reforma definitiva, cuando la CRBV señala un tiempo hasta de dos años. Esa discusión en la AN, foro político por excelencia en toda sociedad democrática, era mucho más compleja que la realizada en la CPRC o por el presidente con sus cercanos colaboradores. Se requería ahora que todos los venezolanos se informaran de los contenidos de la reforma propuesta, analizaran sus alcances, tuviesen la posibilidad de elaborar propuestas que pudiesen ser presentadas ante la AN, que debería sistematizarlas e incorporarlas al debate. Y los resultados de ese complejo debate debieron alcanzar alguna expresión en la versión definitiva de propuesta de reforma. Ciertamente, hubo una amplia difusión de los contenidos de la reforma, tanto durante el debate en la AN como luego de finalizado ese debate y previos al referendo. Pero por lo atropellado del tiempo, entre otras razones, la calidad democrática del debate y de la recolección y sistematización de propuestas dejó bastante que desear. De manera un poco azarosa, dependiendo de la capacidad real de presión, se incorporaron algunas propuestas y otra fueron dejadas de lado. Agrupaciones de jóvenes lograron incorporar la propuesta de disminuir a 16 la edad mínima para votar, otras organizaciones fueron escuchadas en sus reclamos y se añadió la prohibición de discriminar por orientación sexual. Sectores militares fueron exitosos en modificar aspectos de la reforma que los afectaban. Pero fue mucho más la gente que, por las más diversas razones y en ese apretado cronograma, no tuvo posibilidad real de participación.

Los 30 días de campaña para el referendo tampoco mostraron una mejoría en la calidad democrática del debate. Como ha venido ocurriendo en los distintos procesos electorales desde 1998, prevaleció un clima polarizado alrededor de la figura de Chávez, con pobre debate sobre los contenidos de la reforma. La consigna central de la campaña a favor de la reforma se limitó a

«Con Chávez Sí», que quiso convocar a los más de siete millones de venezolanos a repetir su voto de diciembre del año anterior. Por parte de los opositores de la reforma tampoco hubo mayores esfuerzos por discutir los contenidos, concentrándose en su oposición al presidente.

Durante las pocas semanas de debate en la AN, algunos sectores expresaron inconformidad con la idea de someter la propuesta a consulta en un solo bloque. Los temas sometidos a reforma fueron suficientemente variados como para que no fuesen dependientes unos de otros. La reducción de la jornada electoral nada tenía que ver con la reelección indefinida del presidente, o la creación del Fondo de Estabilidad Social para Trabajadores y Trabajadoras por Cuenta Propia tampoco tenía relación alguna con la incorporación de la Milicia Nacional Bolivariana como nuevo componente de la Fuerza Armada. Hacer la consulta sobre la reforma, agrupando los artículos por temas, parecía una modalidad más democrática, ya que permitía a cada elector tener la libertad de votar a favor de algunos temas y en contra de otros. Sin que nunca fuese suficientemente explicado, a última hora la AN optó por presentar la propuesta de reforma en dos bloques, A y B, atendiendo a lo pautado por el artículo 344, que permite votar separadamente hasta una tercera parte de la reforma sometida a referendo. Nunca se publicitó la razón de esa separación en dos bloques ni los criterios que la guiaron, salvo el hecho de que el Boque B contuvo la tercera parte, 23 artículos de 69, y que en el Bloque A estaban contenidos todos los artículos inicialmente propuestos por Chávez. La campaña electoral se limitó a llamar, unos por votar para aprobar los dos bloques y otros por rechazar ambos. Los resultados muestran que las diferencias entre ambos bloques fueron muy pequeñas y salvo en el estado Falcón, donde para el Bloque A ganó el sí con 0,25% sobre el NO y para el Bloque B los resultados se invirtieron con una diferencia de 0,47%, en el resto del país los resultados para ambos bloques fueron iguales.

Los resultados electorales

En la madrugada del 3 de diciembre el CNE emitió un primer boletín sobre los resultados. Aunque ese boletín no contenía la totalidad de las actas escrutadas, el CNE afirmó que los resultados presentados eran irreversibles. Si bien la aritmética no permitía sostener tal afirmación, ya que la suma de los votos faltantes podía invertir el resultado, la consideración de las tendencias ya manifestadas pareció al CNE sostén suficiente. El resultado definitivo de los resultados de ese referendo, con la totalización de todas las actas, nunca fue emitido, pero insistieron en las semanas siguientes en que no era posible que con las actas que faltaban pudiese modificarse el resultado divulgado. Minutos después de la presentación de ese boletín, Chávez se dirigió al país aceptando los resultados, lo que redujo de manera significativa las tensiones que en horas previas habían venido acrecentándose.

Es indudable que esa jornada electoral contribuyó a fortalecer la confianza de la sociedad en su sistema electoral. El hecho de que los principales actores aceptaran prontamente resultados estrechos y que un proceso vivido con polarización aguda y muchas tensiones terminara en paz, debe valorarse positivamente. El último boletín emitido por el CNE, con el escrutinio de 94 % de las actas, arrojó 4 521 494 votos contrarios a la aprobación de la reforma y 4 404 626 favorables[36], lo que significó una estrecha diferencia de 116 868 votos, apenas 1,3 % de los votos válidos. En ese boletín último, todavía faltaron por contabilizar unas 2000 actas, correspondiendo aproximadamente la mitad de ellas a mesas manuales. Aunque no hubo resultados definitivos, puede estimarse que la abstención fue ligeramente superior de 40 % del REP. Este dato indica que, para una elección de este tipo, la participación fue elevada. Esa

---

36 Estos resultados corresponden a los del Bloque A que incluyó todos los artículos propuestos por Chávez. En todos los resultados que en adelante presentemos, siempre estarán referidos a ese mismo bloque.

abstención fue superior a la registrada en las elecciones presidenciales de 2006, cuando fue de 25,1 %. Pero si se compara con la obtenida en procesos similares, como el referendo consultivo de abril de 1999 para convocar a la Asamblea Constituyente, cuando se registró una abstención de 62,4 % o el referendo aprobatorio de la CRBV en diciembre del mismo año, que fue de 55,6 %, podemos apreciar que la participación en este referendo fue elevada.

Se ha convertido en sentido común la interpretación de que la derrota de la propuesta de reforma se produjo por la abstención de un número importante de chavistas. Aunque las elecciones presidenciales de 2006 y el referendo de 2007 son procesos electorales de naturaleza muy distinta, la polarización política que se vive en el país, han hecho que toda jornada electoral sea leída en clave plebiscitaria, Chávez sí o Chávez no. Mientras que en las elecciones presidenciales de 2006 más de 7 000 000 de electores votaron a favor de la reelección del presidente, por la reforma por él propuesta solo votaron poco más de 4 000 000. Una caída electoral de casi 3 000 000 de votos. La reforma no fue respaldada ni siquiera por la totalidad de los más de 5 000 000 de proclamados inscritos en el principal partido del gobierno, el PSUV. Los sectores de oposición, por su parte, no pudieron aclamar una clara victoria propia, ya que su caudal electoral se incrementó solo en unos 200 000 votos. En el primer caso la caída fue de alrededor de -40 %, mientras en el segundo la ganancia apenas alcanzó 5 %.

Si vemos los resultados por estados puede hacerse una interpretación más matizada. Al comparar resultados obtenidos por el presidente en la elección de 2006 con los favorables a la reforma en el referendo de 2007, se observa que, si bien el porcentaje nacional de caída electoral fue de -39,74 %, la variación entre estados fue significativa. Para el referendo, en todos los estados hubo disminución en el caudal electoral obtenido, pero los porcentajes variaron desde -34,27 % en Mérida, la más baja caída, hasta -53,27 % de Sucre, casi 20 % de diferencia (Cuadro Nº 8).

Un ejercicio similar con los resultados electorales para la oposición arroja resultados más variados aún. Aunque la variación porcentual nacional fue, como ya se mencionó, ligeramente positiva al incrementarse la votación por el NO en 5,34% respecto a la votación obtenida por Rosales, los resultados por estado son muy diversos. Desde un crecimiento electoral de 38,49% en el estado Aragua, hasta una importante caída de -17,53% en el estado Apure (Cuadro N° 9).

Cuadro N° 8
Resultados electorales por estado
Votos pro Chávez 2006 - Votos pro Reforma 2007

Entidad Federal	Votos Chávez 2006	Votos sí 2007[37]	Variación
Nacional	7 309 080	4 404 626	-39,74
Amazonas	39 921	21 076	-47,21
Anzoátegui	374 724	206 826	-44,81
Apure	126 479	70 761	-44,05
Aragua	537 769	324 745	-39,61
Barinas	212 465	118 198	-44,37
Bolívar	371 704	202 767	-45,45
Carabobo	583 773	367 532	-37,04
Cojedes	100 236	65 210	-34,94
Delta Amacuro	52 890	28 505	-46,11
Dtto. Capital	658 487	392 489	-40,40
Falcón	236 859	136 038	-42,57
Guárico	216 659	132 490	-38,85
Lara	515 715	284 726	-44,79
Mérida	202 310	132 979	-34,27
Miranda	692 717	422 811	-38,96
Monagas	254 028	160 096	-36,98

37 En el cuadro, la suma de los votos sí por estado no es igual al total nacional, ya que el total nacional fue tomado de una información oficial posterior del CNE, pero que no está discriminada por estados.

Nueva Esparta	112697	69495	-38,33
Portuguesa	274112	169499	-38,16
Sucre	268527	125494	-53,27
Táchira	257833	169171	-34,39
Trujillo	209677	139657	-3339
Vargas	112941	68629	-39,23
Yaracuy	163466	97736	-40,21
Zulia	724254	472462	-34,77

Fuente: CNE [www.cne.gov.ve]

Cuadro Nº 9
Resultados electorales por estado
Votos pro Rosales 2006 - Votos contra Reforma 2007

Entidad Federal	Votos Rosales 2006[38]	Votos NO 2007[39]	Variación
Nacional	4292466	4521494	5,34
Amazonas	11288	10971	-2,81
Anzoátegui	235156	246657	4,89
Apure	54488	44936	-17,53
Aragua	208603	288897	38,49
Barinas	95001	93166	-1,93
Bolívar	95001	93166	-1,93
Carabobo	359519	411622	14,49
Cojedes	36073	41914	16,19
Delta Amacuro	14757	18251	23,68
Dtto. Capital	387446	432251	11,56
Falcón	142313	135337	-4,90

---

38 Aunque en las elecciones presidenciales de 2006 participaron 14 candidatos, la polarización entre Chávez y Manuel Rosales, candidato de oposición, fue casi absoluta al acumular entre los dos 99,74 % de los votos válidos y no superar los 5000 votos el candidato que llegó de tercero.

39 En el cuadro, la suma de los votos NO por estado no es igual al total nacional, ya que el total nacional fue tomado de una información oficial posterior del CNE, pero que no está discriminada por estados.

Guárico	83 855	94 539	12,74
Lara	257 587	296 607	15,15
Mérida	172 973	160 657	-7,12
Miranda	525 122	542 799	3,37
Monagas	103 433	116 532	12,66
Nueva Esparta	79 209	88 799	12,11
Portuguesa	80 574	99 207	23,13
Sucre	95 080	120 214	26,43
Táchira	245 050	227 156	-7,30
Trujillo	91 515	85 011	-7,11
Vargas	49 452	53 465	8,11
Yaracuy	86 585	88 647	2,38
Zulia	682 992	624 790	-8,52

Fuente: CNE [www.cne.gov.ve]

Esas marcadas diferencias por estado tienen explicación por las diversas dinámicas políticas locales. Destacan especialmente los estados Aragua y Sucre, donde se registró un incremento porcentual al comparar los votos por el NO en 2007 con los obtenidos por Rosales en 2006. Para el primer estado 38,49 % y 26,43 % para el segundo. Además, la caída electoral en Sucre fue la más elevada para el chavismo a nivel nacional, -53,27 %. Los gobernadores de ambos estados, Bolívar en Aragua y Martínez en Sucre, eran dirigentes nacionales del partido PODEMOS, un partido que se originó de una división del MAS, cuando este le retiró su apoyo a Chávez. Desde enero de 2007 se opuso, al igual que otros partidos de la alianza chavista, a su disolución para integrarse al PSUV y durante el debate en la AN sobre la propuesta de reforma constitucional terminó por manifestar su desacuerdo y llamar a votar por el NO. Una deserción que no fue adecuadamente valorada y que, de no haberse producido y dado lo estrecho de los resultados, pudiese haber significado un resultado electoral distinto.

Tendencias políticas posteriores a la derrota

La estrategia de avanzar en 2007 rápidamente hacia un modelo con orientación re-centralizadora de la administración pública y concentradora de poderes en el presidente, con debilitamiento de la alternancia y el pluralismo político, entre otros aspectos, probó ser una lectura audaz de Chávez del mandato popular que le fue otorgado en 2006. Al optar por profundizar la polarización política, acelerando –sin consulta y hasta demandando confidencialidad de los otros poderes públicos– transformaciones significativas y polémicas, el bolivarianismo se resintió como fuerza popular y pareció debilitarse.

En 2007 se iniciaron procesos nuevos, que apuntaban a una dinámica política contrahegemónica, pero cuya dirección y fortaleza eran aún difíciles de prever. Uno de esos procesos fue el desencadenado por el cierre de RCTV, en mayo; una emisora televisiva que durante 2002 había participado de acciones insurreccionales para derrocar al presidente. Desde que Chávez hiciera la amenaza de cierre, se produjeron protestas por grupos empresariales, organismos de Derechos Humanos e incluso simpatizantes del gobierno. Cuando se ejecutó la medida, se dieron manifestaciones violentas y pacíficas en todo el país, emergiendo de estas un renovado movimiento estudiantil, que seguirá jugando en los años siguientes rol de peso como factor fortalecedor de sectores que se oponen al proyecto socialista chavista (ver Capítulo 4).

Como producto también del malestar derivado de la reforma constitucional, sectores de oposición comenzaron a remontar la situación de fragmentación y debilidad en que habían quedado después de la fase insurreccional. Personalidades y partidos comenzaron a dejar atrás estrategias inmediatistas y fueron desarrollando acciones conjuntas. Al ganar el NO, si bien más por errores del gobierno que por méritos propios, obtuvieron dividendos para ir reconstruyendo su credibilidad entre quienes se habían mantenido opuestos al chavismo.

El nuevo eslogan gubernamental «Patria, socialismo o muerte», que la Fuerza Armada debería gritar como saludo por mandato de Chávez desde 2007, junto a otras decisiones como la creación de la reserva militar, produjo el pase a la oposición del general Raúl Isaías Baduel, compañero de Chávez desde 1983 y ministro de la Defensa hasta julio de 2007, así como un menos visible flujo de oficiales que fueron pidiendo su baja de la institución. La propuesta de reducir la importancia del Ejército profesional en aras de una milicia popular, ha sido fuente de tensiones desde entonces. La campaña del sí, personalizada, enfocada en convertir la aprobación de la reforma en un plebiscito a Chávez, terminó por ser un plato intragable aún para simpatizantes del gobierno. Tres millones de simpatizantes del bolivarianismo prefirieron quedarse en casa. Otros poquitos hasta votaron por el NO.

La derrota abrió un postergado debate crítico dentro del movimiento, reflejado en artículos aparecidos en el portal oficialista Aporrea. A diferencia de 2007, donde toda crítica era percibida como traición, a inicios de 2008 circularon un sinnúmero de análisis en ese portal, iluminando el complejo de factores que según diversas ópticas oficialistas produjo este revés. Además de lo defectuoso de la propuesta misma de reforma, se señaló la creciente y peligrosa intolerancia frente a las diferencias de opinión dentro de las filas chavistas, la estigmatización de aliados políticos como PODEMOS o el PPT, por no querer disolverse como partidos para integrarse al PSUV; presiones hacia fuerzas sindicales que se resistían a perder su autonomía para formar consejos socialistas; regaños a organizaciones populares o a intelectuales que disintieron del presidente; expulsiones absurdas en un partido que aún no existía. Estos desarrollos pusieron en evidencia una propensión autoritaria significativa por parte de Chávez y su entorno.

Otros diagnósticos señalaron luchas sordas por cuotas de poder. Apareció la mención a una «derecha endógena», que rodeaba al presidente, que usaba en provecho propio los recursos del

Estado, de nepotismos y de una *boliburguesía* emergente, que se aprovechaba de sus contactos personales con políticos chavistas para lucrarse. También se criticó a grupos armados, que respaldados por autoridades actuaban con impunidad y una izquierda radicalizada dispuesta a todo. Los prolíficos rumores, infundados o no, eran resultado de un orden político que se hacía cada vez más opaco en sus reglas de juego. El personalismo creciente, con su valoración de la lealtad personal, la sumisión al líder y la adulación por encima de la solvencia política, profesional y moral de quienes ocupan cargos de responsabilidad pública, erosionaba la confianza en el contenido progresista y democrático del régimen.

Otro factor importante fue el creciente deterioro en la calidad de vida en las grandes ciudades, en donde ganó el NO con más ventaja que el promedio nacional. Con urbes sucias, inseguras, con severos problemas en los servicios básicos como luz y transporte; con las familias pobres y de clases medias sufriendo una inflación que parecía sin control, con desabastecimiento de productos básicos, ningún gobierno puede ganar elecciones. Chavistas ensimismados en su retórica revolucionaria descuidaron su obligación de asegurar la calidad de la vida cotidiana.

Pero, pasadas las primeras reacciones, que reflejaron desconcierto y emociones desbordadas, la lectura que Chávez y sus aliados comenzaron a darle al revés fue expresando en acciones que apuntaban a direcciones contradictorias entre sí. Aunque de manera creciente, parecieron indicar que el gobierno buscaba recuperar apoyos perdidos a través de una estrategia, que en lo esencial no alteraba el objetivo de avanzar hacia el socialismo propuesto, aunque en términos tácticos se ejercieran algunas acciones y palabras de moderación y apertura.

El 31 de diciembre Chávez otorgó indultos y firmó una amplia Ley de Amnistía mediante la cual quedaron libres de juicios la mayoría de quienes participaron en las acciones insurreccionales de 2002 y el 2003. Hizo cambios en su gabinete, que parecieron obedecer, más que a un cambio de orientación en las políticas gubernamentales, a una búsqueda de eficiencia en la gestión de políticas de seguridad, abastecimiento alimentario, vivienda, comunicaciones y relaciones con las organizaciones populares, debilidades de la gestión que afectaron los resultados electorales.

El 6 de enero presentó lo que llamó la política de las tres R: Revisión, Rectificación y Reimpulso. Conminó a sus bases a prepararse para los comicios de gobernadores y alcaldes de diciembre de 2008, indicando que las candidaturas «deben venir como producto de las decisiones de las bases populares y no como producto de reuniones en conciliábulos, acuerdos de un partido con el otro, y al final el dedo de Chávez»[40].

Chávez también anunció ese día un relanzamiento del PSUV con la preparación del Congreso Fundacional. Planteó revivir el Polo Patriótico, en señal de que se resignaba a la permanencia de otros partidos en su plataforma política, cosa a la que se había opuesto agresivamente a lo largo de 2007. Explicó que se debía dar «una gran alianza, no solo de los revolucionarios», pues había «que atraer a sectores empresariales, la clase media, que son la esencia de este proyecto». Dijo que hay que dar la bienvenida a todos los sectores y hacerle la guerra al sectarismo y al extremismo, «porque la revolución tiene que abrirse».

El 11 de enero de 2008, el presidente presentó ante la AN su informe de gestión de 2007. En su discurso presentó las cifras más destacadas de lo que consideró sus logros en los nueve años que había venido gobernando. En este discurso, hacia el final, Chávez aludió a tres roles que como presidente había desempeñado, haciendo una autoevaluación en cada uno. Estas reflexiones parecen haber señalado la lectura que hizo de su derrota y cómo procedería para remontarla.

---

40 https://www.youtube.com/watch?v=Z8Hy31G3La8

Un rol sería de jefe de Estado, que consideró positivamente pues, desde su perspectiva, esta dimensión comprende acciones para colocar a Venezuela en el escenario internacional. En ese sentido, enumeró iniciativas como el ALBA y Petrocaribe, el canje humanitario en Colombia y los esfuerzos por la integración latinoamericana y caribeña. De su rol como jefe de la revolución también se mostró satisfecho. Consideró que el socialismo se había sembrado en Venezuela y ya nada lo detendría. La revolución fue hecha en paz, respetando los Derechos Humanos, con «respeto a la diversidad cultural, predilección por el diálogo, valoración por la democracia participativa». Donde encontró debilidades fue en su rol como jefe de gobierno.

Chávez habló con crudeza de lo que consideró los múltiples defectos de su gobierno. Mencionó la inseguridad, el desabastecimiento, la falta de planificación, la situación en las cárceles, la impunidad, la corrupción, la pesadez burocrática de la administración pública, todo ello –reconoció– fue haciendo perder la confianza del pueblo. Pero Chávez no habló de la perversa polarización política con su carga de intolerancia hacia los adversarios políticos y hacia la misma disidencia interna de la cual su discurso confrontacional era permanente estímulo. Tampoco mencionó nada que pudiera indicar un reconocimiento a sectores de oposición que habían venido aceptando las reglas del juego político y solicitando diálogo. Esta oposición, que hacía esfuerzos de unificación entre sí y de separación de actores antidemocráticos del pasado, contiene una porción importante de sectores medios profesionales que podrían contribuir, tanto con la elevación de la calidad política de la actual democracia como con la mejoría de la gestión pública, tan postrada e ineficiente. Pero el pluralismo no era un valor para Chávez y la polarización le ha dado dividendos, por lo cual no pareció preparado para abandonarla.

Este discurso, un mes después de la derrota, revelaba las conclusiones a las que había llegado Chávez. Buscaba recuperarse en 2008 mediante un manejo más eficiente de la gestión pública, pero sin alterar su propuesta. Ilustrativo de esto fue su declaración en ese mismo discurso sobre que, si la oposición no lo hacía, convocará en 2010 un referendo revocatorio en su contra con dos preguntas: «1) ¿Está usted de acuerdo con que Hugo Chávez siga siendo presidente de Venezuela? Y, 2) ¿Está usted de acuerdo en hacer una pequeña enmienda en la Constitución para permitir la reelección indefinida? (con carácter vinculante)».

Desarrollos en el seno del PSUV indicaban solo débiles rectificaciones para fortalecer una dinámica colectiva y democrática. El diputado Luis Tascón, considerado del ala extrema del bolivarianismo, fue expulsado primero de la bancada del Bloque por el Cambio en la AN y después del, aún sin fundar, PSUV. El motivo fue haber denunciado ante la Comisión de Contraloría de la AN irregularidades en la gestión de David Cabello en el Ministerio de Infraestructura. Los Cabello son figuras que formaban parte del entorno más cercano de Chávez, pero eran considerados por corrientes más de izquierda del chavismo cabezas de la «derecha endógena». La presidenta de la AN rechazó que Tascón hiciera esas denuncias en espacios públicos y ante medios de comunicación. Dijo que en adelante el partido decidirá qué asuntos legislativos pueden ser ventilados ante los medios y cuáles deben discutirse a puerta cerrada. Por otra parte, el Congreso Fundacional del PSUV reunido en Caracas, en febrero, aprobó un procedimiento electoral de segundo grado para elegir la Dirección Nacional, introduciendo un eslabón adicional donde el «dedo presidencial» redujo la lista de candidatos significativamente. Aun así, la elección de una Dirección Nacional del PSUV, en marzo de 2007, proporcionó a este partido una dirección colectiva relativamente legitimada desde abajo por su militancia.

Las próximas elecciones regionales y locales de noviembre de 2008 serían importantes para medir si la estrategia que seguía el presidente y sus aliados era certera para recuperar su caudal, o si por el contrario provocaría la continuación del declive de sus fuerzas. Mientras tanto, el gobierno redoblaba sus esfuerzos por lograr el abastecimiento alimenticio, sobre todo de productos básicos como la leche, el pan, el arroz, fuertemente ausentes de los anaqueles en los últimos meses por una combinación de factores, entre los cuales resaltaban la falta de planificación, ineficiencia e insuficiencia de las políticas de desarrollo agropecuario. Venezuela estaba importando cerca de 70 % de lo que se necesita para comer o vestirse.

Capítulo 8
Regionales, municipales y enmienda constitucional (2008-2009)[41]

PESE A LA DERROTA DEL REFERENDO constitucional en diciembre de 2007, el gobierno de Chávez continuó en los años siguientes avanzando hacia un nuevo modelo de Estado alejado del esquema aprobado en la CRBV y más acorde con las rechazadas reformas identificadas como socialistas.

En julio de 2008, unas horas antes de caducar el período de la Ley Habilitante, aprobada para una duración de año y medio por la AN en enero de 2007, 26 leyes fueron decretadas por el Ejecutivo Nacional, algunas de las cuales, como veremos en este capítulo, incorporaron contenidos rechazados en el referendo constitucional. Un aumento del caudal electoral de los candidatos chavistas en los comicios regionales y municipales celebrados el 23 de noviembre impulsó a Chávez a una iniciativa audaz: plantear de nuevo su reelección indefinida, ahora a través de una enmienda constitucional a ser aprobada en referendo popular. La solicitud fue aprobada por la AN, que seguía controlada por el oficialismo, incluyéndose en la propuesta el derecho de reelección indefinida a todos los cargos de elección popular. El 15 de febrero de 2009, la enmienda fue aprobada y Chávez, sintiéndose fortalecido, pasó la hoja de su derrota de 2007 y aceleró la implementación de

---

41 Este capítulo es una reelaboración de varios trabajos publicados y otros inéditos. Entre ellos «El movimiento bolivariano: ascenso al poder y gobierno hasta 2008» (inédito, 2009) y «El socialismo rentista ante la caída de los precios internacionales» de Margarita López Maya y Luis E. Lander, *Cuadernos del Cendes*, N° 71, 2009, pp.67-88.

nuevas medidas y leyes que le permitirían avanzar en su aspirado socialismo.

En este capítulo revisamos algunos de los procesos sociopolíticos desarrollados entre 2008 y 2009, años difíciles y turbulentos, donde Chávez forcejó con la sociedad, la cual acabó por dar su brazo a torcer y le fue permitiendo imponer las primeras bases de su modelo socialista. Revisamos tanto desarrollos político-institucionales como algunos aspectos de los LGPDESN de 2007, también conocido como PPS. Estos elementos del contexto nos permiten acercarnos a la atmósfera prevaleciente en esos meses donde tuvieron lugar las elecciones regionales y de alcaldes, celebradas en noviembre de 2008 y el referendo popular de la enmienda constitucional, realizada en febrero de 2009. En tercer lugar, analizamos los resultados electorales de esos comicios.

Inhabilitaciones políticas y las leyes de la Habilitante

En la medida en que fue evolucionando, el 2008 probó ser tan convulsionado como 2007. Se inició con una cadena de eventos que tensaron las relaciones con Colombia y, por ser este país un aliado muy cercano de EE.UU., también profundizó la tensión con este país. Los incidentes fueron motivados por gestiones que realizaba Chávez a solicitud del presidente colombiano Álvaro Uribe para facilitar la liberación de rehenes en manos de las FARC desde hacía años. Pero Uribe decidió luego retirar su petición de ayuda a Chávez, por desavenencias en la forma en que este se estaba conduciendo. Las difíciles relaciones entre Colombia y Venezuela sufrieron un clímax en marzo, cuando el Ejército colombiano incursionó planificadamente y sin autorización en territorio ecuatoriano para dar muerte al comandante Reyes Reyes de las FARC, masacrando el campamento donde este y sus guerrilleros dormían. Chávez, en solidaridad con Ecuador, llamó a Caracas al embajador en Bogotá y anunció el envío de tropas a la frontera con

Colombia. La situación fue superada por una acción rápida del Grupo de Río y la OEA. Nuevas tensiones con EE.UU. se darían en el año por la insistente voluntad política de Chávez de sellar relaciones estrechas entre Venezuela, Irán y Bielorrusia, entre otros países que EE.UU. consideraba no amigos. Finalmente, el deterioro de las relaciones llegó al nivel de retirar sus embajadores. Favorecido por la abundancia del ingreso fiscal petrolero, Chávez fue también haciendo significativas compras de armas y equipos militares a Rusia.

En lo interno, se dieron roces intensos entre gobierno y opositores desde la entrega en febrero al CNE por parte del CGR, afín al oficialismo, de una lista de más de 400 inhabilitados políticos, que no podrían postularse para las elecciones de gobernadores, alcaldes y diputados al Consejo Legislativo, pautadas para el 23 de noviembre (ver Capítulo 5). Según el contralor, estaba entre sus atribuciones legales y constitucionales inhabilitar a funcionarios públicos bien fueran electos, o designados por otros poderes públicos o fueran de carrera. En la lista se incluían algunos ya anunciados candidatos de la oposición a las elecciones de noviembre, lo que despertó agrias polémicas. Varios organismos defensores de los Derechos Humanos, así como Ojo Electoral, argumentaron sobre la improcedencia de la interpretación que hacía el contralor respecto de sus atribuciones. Sin embargo, en junio el presidente expresó su apoyo público a las inhabilitaciones del contralor y en agosto el TSJ le dio la razón. Con ello candidatos de la oposición con opción de triunfo en lugares políticos estratégicos, como los estados Miranda y Táchira, y la alcaldía Metropolitana de Caracas, quedaron despojados del derecho a presentarse como candidatos.

La situación política se fue caldeando hacia la segunda mitad del año, cuando a las inhabilitaciones se agregó en agosto un conjunto de decretos con rango de leyes del Ejecutivo Nacional, autorizado por la Ley Habilitante aprobada en 2007. Algunos de estos decretos-leyes introducían cambios en los principios y estructuras del Estado, que fueron presentados para su aprobación en la propuesta de reforma constitucional rechazada. Entre los más polémicos se encontraban cambios institucionales para fortalecer las tendencias a la re-centralización política administrativa del Estado, como el caso de la potestad del Ejecutivo de nombrar autoridades regionales para la ordenación y desarrollo del territorio nacional en la Ley Orgánica de la Administración Pública; el cambio de nombre de la Fuerza Armada a Bolivariana y la institucionalización de la Milicia Nacional Bolivariana como componente de la Fuerza Armada en la Ley Orgánica de la Fuerza Armada Bolivariana. En la Ley para la Promoción y Desarrollo de la Pequeña y Mediana Industria y Unidades de Propiedad Social no se menciona ni una sola vez a los estados, ni a los gobernadores, ni la descentralización, ni siquiera para la desconcentración de servicios.

En este contexto, las elecciones regionales y locales se sumieron de nuevo en la lucha hegemónica que desde 1998 ha sido protagonizada por dos parcialidades políticas altamente polarizadas, que perciben como excluyentes sus proyectos de futuro para el país.

Mientras tanto, los precios petroleros en el mercado internacional alcanzaron precios sin precedentes, que significó que PDVSA viera triplicados sus ingresos netos con relación a 2007 y el gobierno nadara en una abundancia de ingresos fiscales (ver Cuadro Nº 2 y Gráfico del anexo). Ello facilitó la continuación de las políticas distributivas del Estado, a través de las misiones sociales y, en especial, a través de los CC, que ahora impulsaban una homogeneización del ámbito de las organizaciones populares bajo la concepción socialista del presidente. Según cifras oficiales, para septiembre de ese año 27 800 ya existían en todo el país. Sin embargo, y pese a este *boom* petrolero, el país vivió desabastecimientos en productos alimentarios básicos, una inflación acentuada y vio elevarse la calificación de riesgo país. Hacia fines de septiembre, la crisis financiera de EE.UU., que se extendió a la economía mundial, viró intempestivamente la situación y el precio internacional del barril petrolero cayó dramáticamente. A mediados de noviembre de 2008, poco antes de las elecciones, el precio de la cesta venezolana se colocó en $40, perdiendo en seis meses más de 60% de su valor. El gobierno por primera vez comenzó a hablar de austeridad en sus gastos.

El modelo socialista del siglo XXI

En septiembre de 2007, antes de realizarse el referendo popular para aprobar el viraje socialista del proyecto político de Chávez, fue publicado el documento que corresponde al Plan de la Nación de su segundo gobierno (LGPDESN, 2007), conocido como Primer Plan Socialista (PPS). Este Plan fue elaborado en estrecha relación con la reforma constitucional planteada por el presidente en agosto de ese año, reforma que como ya explicamos fue rechazada ese diciembre. En los primeros meses de 2008 hubo cierta paralización e incertidumbre en la marcha de los cambios propugnados. No obstante, hacia julio, el gobierno retomó la iniciativa y pese al rechazo popular decidió adelantar algunas de sus propuestas a través de un conjunto de leyes-decretos utilizando la vía de la Ley Habilitante. El Plan siguió sin ser modificado por el revés electoral.

Según este PPS –cuya introducción lleva como novedad la firma de Hugo Chávez como *Comandante Presidente*–, el modelo socialista propuesto tendría entre sus directrices: a) la creación de una *Nueva Ética Socialista* sostenida sobre las corrientes humanistas del socialismo y las nacionalistas de Simón Bolívar; b) la búsqueda de la *Suprema Felicidad Social* a partir de la construcción de una sociedad incluyente; c) la construcción de una *Democracia Participativa y Revolucionaria*, que transforma la debilidad del individuo en fuerza colectiva; y d) un *Modelo Productivo Socialista*, entendiendo por ello la eliminación de la división y jerarquización

215

social del trabajo y la eliminación del criterio de la producción de riqueza subordinada a la reproducción del capital para ser sustituida por otra que sirva a la satisfacción de las necesidades humanas. Adicionalmente, el PPS señala una modificación de la estructura socioterritorial de la nación para ajustarla al nuevo modelo productivo, la utilización del petróleo para convertir a Venezuela en una *Potencia Energética Mundial* y una *Nueva Geopolítica Internacional* dirigida a la búsqueda de la multipolaridad como orden internacional (p. 5-6).

La Ética Socialista. En la directriz de la Ética Socialista el Plan proponía superar la miseria y pobreza material y espiritual, mediante la construcción de un *Estado ético* con funcionarios que exhibieran una *conducta moral* en sus condiciones de vida. En este sentido se afirma que hay valores, principios, que están en la conciencia social «no por un pacto sino por algo que está dentro de cada uno y del corazón social, que lo sentimos como un deber de la humanidad…» (p. 9). La nueva ética llevará al *hombre nuevo*, con el cual se superará la *prehistoria humana* y entraremos a la *verdadera historia*, la del socialismo (p. 10).

La Suprema Felicidad Social. La nueva estructura social incluyente del socialismo estará basada en formas de propiedad social incluyendo en esta acepción la autogestionada, asociativa y comunitaria. El PPS solo enuncia estos tres tipos de propiedad social sin darles definición alguna. En la rechazada propuesta de reforma constitucional, que supuestamente complementaba este Plan, la propiedad social fue definida como «aquella que pertenece al pueblo en su conjunto y las futuras generaciones y sería de dos tipos: la propiedad social *indirecta*, ejercida por el Estado a nombre de la comunidad y la propiedad social *directa*, cuando el Estado la asigna bajo distintas formas y en ámbitos territoriales demarcados a una o varias comunidades, a una o varias comunas, constituyéndose así en propiedad comunal o a una o varias ciudades, constituyéndose en propiedad ciudadana» (Itálicas nuestras)

(Proyecto de reforma constitucional, 2007, propuesta de reforma al artículo 115).

En este PPS se contemplan, además, la propiedad pública y la *individual* sin referencia explícita a la propiedad privada. Con respecto a la propiedad pública, fue definida en la rechazada reforma como perteneciente «a los entes del Estado», configurando una propiedad distinta a la social indirecta y sin aclarar por qué. Al contraponer a la propiedad pública la individual, por otra parte, se evade una toma de posición en torno a diferentes formas jurídicas de la propiedad privada. ¿Se entiende esta como propiedad individual? ¿O es aquella que pertenece a personas jurídicas? En la propuesta de reforma sí se hizo una alusión directa a la propiedad privada estableciendo que «Se reconocen y garantizan las diferentes formas de propiedad» (propuesta de reforma al artículo 115). En años posteriores el gobierno fue estatizando industrias de distintos tipos como parte de su estrategia para la construcción de su modelo. Estas estatizaciones se hicieron con el debido pago de indemnizaciones.

Por otra parte, la transformación de la estructura social venezolana hacia una de inclusión se haría posible, según este PPS, por «la nueva forma de utilizar la renta petrolera», a través de su inversión en políticas sociales masivas y aceleradas como las Misiones, que permitirían universalizar la satisfacción de necesidades básicas como alimentos, salud, identidad, educación, vivienda y empleo (p. 12).

Además, se vienen desarrollando sistemas de intercambios «justos, equitativos y solidarios contrarios al capitalismo» (p. 13), avanzando hacia la superación de la discriminación entre trabajo físico e intelectual. Se dice que, dentro de las desigualdades creadas por el capitalismo, hace falta superar la relación desequilibrada rural urbana construyendo «ciudades socialistas planificadas e integradas de manera sostenible con la naturaleza» (p. 13).

Como objetivos específicos de esta directriz se plantean, entre otros, reducir a cero la miseria para el período del Plan, fortalecer la accesibilidad de los alimentos, apoyar la organización y participación de los trabajadores en la gestión de las empresas e incrementar la participación de los CC en la planificación y control de la economía, así como establecer mecanismos para la socialización de los excedentes (pp. 14-16).

El Modelo Productivo Socialista. Este estaría conformado por las llamadas Empresas de Producción Social (EPS), a las cuales se les considera el germen del socialismo del siglo XXI. El PPS las define como empresas que se dedican a producir bienes y servicios sin los valores capitalistas del egoísmo y la ganancia. En ellas no existen privilegios, hay igualdad sustantiva entre sus integrantes, usan la planificación participativa y protagónica y el excedente se reparte en proporción al trabajo aportado. Estarían apoyadas por la industria petrolera y empresas del Estado productoras de bienes básicos, que delegarían en ellas progresivamente actividades productivas. Asimismo, otras empresas del Estado de acuerdo a sus particularidades se irán transformando en EPS (p. 25).

El modelo socialista de la producción buscaba consolidar una economía endógena de múltiples encadenamientos productivos internos, diversificando el potencial exportador de bienes y servicios después de que se satisficieran las necesidades internas. Se afirma que propiciaría una política comercial cónsona con el desarrollo endógeno y una innovación científica y tecnológica adaptada al objetivo de satisfacer necesidades humanas. Además de la industria básica energética se daría prioridad a la producción de alimentos, manufactura y servicios básicos.

El PPS enfatizó la actividad de producción de alimentos dentro de la llamada política de seguridad alimentaria. Implicaba un desarrollo rural integral, que permitiría una reocupación más equilibrada del territorio, la redistribución del ingreso y aportaría las materias primas a la industria. Se asienta que se busca culminar una *revolución agraria* –no una reforma agraria– eliminando el latifundio, invirtiendo durante este período sustantivamente en la agricultura, en especial para riego, saneamiento de tierras y vialidad rural, así como apoyando a los productores en todo lo que requieran: financiamiento, capacitación, maquinaria, insumos, etc. Entre otros de los múltiples objetivos se señala explícitamente el apoyo a la pequeña y mediana industria, así como a las cooperativas.

El Plan buscaría una reocupación del espacio en Venezuela bajo la idea de un *Desarrollo Territorial Desconcentrado*, resultado de una planificación integral, que articularía la construcción y organización del nuevo modelo productivo endógeno donde emergerían las nuevas relaciones sociales (p. 33). Implicaba esta directriz un cambio de rumbo en relación con las tendencias de descentralización político-administrativas de las décadas finales del siglo XX, que quedaron expresadas en la Constitución de 1999. Están ausentes en este documento los poderes regionales y municipales[42]. Finalmente, el PPS contemplaba otras dos directrices *Venezuela Potencia Energética Mundial* y *Nueva Geopolítica Internacional*, donde se reitera el papel clave de la Industria petrolera como «corresponsable de primera línea» del nuevo modelo productivo y se hace énfasis en la utilización de los recursos energéticos para la integración latinoamericana y caribeña, y para el fortalecimiento de polos de poder mundial alternativos al imperialismo norteamericano.

Las elecciones regionales y municipales de 2008

El 23 de noviembre de 2008 fueron realizadas unas elecciones regionales y municipales, que, a diferencia de las realizadas en 2004, contaron con una participación nutrida y las incidencias

---

42   En documento elaborado por Alí Rodríguez Araque y Alberto Müller Rojas en 2008 para discusión interna del PSUV se lee como una de las medidas a avanzar por parte del Estado para alcanzar el socialismo «el fortalecimiento del poder popular mediante el desarrollo efectivo de los consejos comunales, y el debilitamiento de las viejas estructuras de poder centradas en los órganos de gobierno regionales y locales que han respondido a la idea de la democracia representativa» (2009: 32).

e irregularidades fueron mínimas. Las dos parcialidades políticas tuvieron éxito en convocar a sus bases, produciéndose una alta participación ciudadana para este tipo de comicios. La participación nacional promedio fue de 65 %.

Como señalamos en capítulos previos, la oposición política había venido rectificando su errada estrategia del pasado, acudiendo y convocando ahora a sus bases a participar en los procesos electorales, como forma de expresar su inconformidad con el gobierno y con el proyecto político de Chávez. Recuérdese que en 2004 la CD denunció un fraude electoral, que nunca demostró y luego llamó a la abstención en las elecciones parlamentarias de 2005. Esta estrategia conllevó la pérdida de posiciones políticas en las elecciones regionales y locales de 2004, y en las parlamentarias de 2005, cuando la retirada una semana antes de las fuerzas opositoras de estos comicios significó el control total del Legislativo por parte de los partidos del gobierno para el periodo 2006-2011.

Para evaluar con alguna precisión qué significaron los resultados de 2008 con relación a ciertas decisiones que tomó Chávez poco después, hemos procedido a compararlos, no con las elecciones regionales de 2004, donde al no presentarse la oposición el chavismo ganó arrolladoramente, sino con las de 2000, cuando, al igual que ahora, tanto las fuerzas del gobierno como las opositoras acudieron masivamente a votar.

Vale recordar que, en ese año de 2000, el bolivarianismo, que había ganado las presidenciales de 1998 y el referendo constitucional de 1999, y estaba en pleno crecimiento, capturó en total 17 gobernaciones (14 el partido MVR y 3 sus aliados), mientras la oposición en proceso de achicamiento solo retuvo cinco. En Caracas, dentro de un contexto nacional ya caracterizado por una alta polarización política, el gobierno ganó las dos alcaldías o municipios más populosos, Libertador y Sucre, mientras la oposición las otras tres: Chacao, Baruta y El Hatillo, principalmente lugares de residencia de sectores de ingresos medios y altos. Al ganar el gobierno los municipios de Sucre y Libertador, que juntas reúnen cerca de cuatro sextas partes de la población total de la ciudad, se adjudicó la Alcaldía Metropolitana de Caracas, con su entonces candidato Alfredo Peña. En esa oportunidad obtuvieron también cerca de 114 alcaldías de las 334 alcaldías del país en disputa.

Los resultados de noviembre 2008, en términos de gobernaciones ganadas por ambas parcialidades políticas, son muy similares a las de 2000. La oposición ganó como aquella vez cinco gobernaciones, tres de las cuales eran las mismas donde triunfó en 2000: Carabobo, Miranda y Zulia. Ahora ganaría Nueva Esparta, que ya había ganado en 2004 y se adjudicó Táchira, que en 2000 y 2004 fue ganada por el MVR y sus aliados. En 2000 la oposición había ganado Yaracuy y Monagas, que ahora pasaron a manos del gobierno.

En contraste con aquellas elecciones de 2000, en las elecciones para alcaldes de 2008, el avance del chavismo fue muy significativo. Se adjudicaron 265 de las 337 en disputa[43]. La oposición solo obtuvo predominio en 53. Otras 19 quedaron bajo control de fuerzas disidentes del oficialismo (8), independientes (2), sin información (9). Esta situación sí es francamente muy aventajada para el oficialismo, que superó las alcaldías que ganó en 2004, que fueron unas 226.

Si bien para la oposición pareció estancada la situación de control político en las gobernaciones con relación al año 2000, en estas elecciones hubo una diferencia importante con elecciones precedentes, la victoria de las fuerzas opositoras en el AMC. Esto es distinto a 2000, cuando el gobierno ganó las dos alcaldías más populosas y la Alcaldía Mayor. En 2004 también retuvo esas posiciones. Ahora solo triunfó en el municipio Libertador, perdiendo Sucre. Al ganar la oposición el municipio Sucre, logró votos suficientes para que su candidato se convirtiese en Alcalde

---

43 Las 337 alcaldías incluyen las dos metropolitanas: Caracas y Alto Apure. Las alcaldías municipales son 335.

Metropolitano. Como el municipio Sucre, si bien pertenece al AMC, es también un municipio del estado Miranda (lo mismo que los municipios Baruta, Chacao y El Hatillo), el caudal obtenido permitió también aventajar en votos al candidato del gobierno a gobernador del estado Miranda, Diosdado Cabello. Así, Antonio Ledezma, exmilitante de AD (fundador del partido Alianza Bravo Pueblo), se convirtió en Alcalde Mayor y Carlos Ocariz, del partido PJ en alcalde de Sucre. Henrique Capriles Radonski, también de PJ, se convirtió en gobernador del estado Miranda. Los tres lograron esta victoria al ser respaldados por todas las organizaciones unidas de la oposición.

Con respecto al número absoluto de votos, abajo se suman en una fila los votos obtenidos por todos los candidatos a gobernadores del oficialismo, así como los votos de todos los candidatos de la oposición. Se disgregan aparte, los votos de candidatos disidentes dentro del oficialismo, es decir, aquellos partidos que identificándose con el proceso chavista se lanzaron sin el apoyo del gobierno, compitiendo contra los candidatos del presidente. Finalmente, colocamos otra fila con votos de «otros», que no se identificaron con ninguna de las tres parcialidades políticas anteriores. Esto da un cuadro más preciso de la pluralidad política que había en el país y el peso relativo de cada uno.

Cuadro N° 10
Votos elecciones regionales 2008

	Suma nacional de votos
Candidatos oficialistas	5 541 952
Candidatos opositores	4 225 103
Candidatos disidentes	454 586
Otros	289 093

Fuente: CNE, noviembre 2008, cálculos Luis E. Lander

En términos cuantitativos, en el total de votos para gobernadores para el gobierno hubo una diferencia a su favor de 1 137 320 votos con relación a los votos obtenidos en 2007, cuando perdió el referendo constitucional (ver capítulo anterior). Esa derrota fue muy contundente, puesto que Chávez apenas un año antes había ganado su reelección con más de siete millones de votos. Podemos decir entonces que el oficialismo este noviembre se recuperó con relación a 2007, aunque le siguieron faltando alrededor de dos millones de ciudadanos que apoyaron la reelección de Chávez en 2006.

En contraste, la oposición, que ganó el referendo de reforma constitucional de 2007 con 4 521 494 votos, en esta coyuntura vio una merma en términos absolutos de 296 391 votos. Estos votos pudieran representar *chavistas* que votaron NO en aquella oportunidad. Si estos datos los examinamos junto al número de alcaldías ganadas por uno y otro, veremos que el oficialismo salió fortalecido, tanto porque creció en términos absolutos como porque pasó a controlar casi 80 % de las alcaldías Así, en todos los estados, incluso los que votaron por gobernadores de oposición, la mayoría de los alcaldes serían para este período del oficialismo. Debemos concluir entonces, que estas elecciones mostraron una recuperación bastante más positiva del chavismo que de la oposición.

Pero los opositores también tuvieron saldos positivos en términos cualitativos y simbólicos. La oposición mostró una base más o menos estable que andaba por los 4 millones de venezolanos. Es el mismo número que tenía en 2004, cuando el referendo revocatorio presidencial, y que había mermado en las regionales ese año y en 2005. Esa fuerza estaba principalmente localizada en las entidades federales de mayor desarrollo del país: Zulia, asiento de la ciudad de Maracaibo y de parte significativa de la industria petrolera; Carabobo, con importantes industrias manufactureras; Caracas, sede de los poderes públicos; Miranda, parte de Caracas y también asiento de industrias; Nueva Esparta, un centro de desarrollo turístico; y el Táchira, una de las entidades de mayor dinámica económica y comercial por ser fronteriza con Colombia.

Los resultados del municipio Sucre y el estado Miranda favorables a las fuerzas opositoras parecieron insinuar importantes avances de estos en los sectores populares. Algunos líderes de oposición y medios internacionales esgrimieron el ejemplo de Petare en el municipio Sucre, uno de los municipios más populosos y contentivos de barrios populares del país. Si bien es cierto que la oposición ganó allí, al disgregar el municipio en sus parroquias, se nos revela la terca polarización política que desde 1998 caracteriza el voto venezolano: sectores pobres o populares votan abrumadoramente por el *chavismo*, sectores medios y altos con la misma o mayor unilateralidad por la oposición.

Cuadro Nº 11
Votación en las parroquias del municipio Sucre, estado miranda (2008)

Parroquia	Electores	Centros	Electores por centro	Abstención	% Ocariz	% Chacón
Caucaguita	30 994	12	2583	43,18	34,80	64,63
Fila de Mariches	19 286	6	3214	44,33	23,32	75,86
La Dolorita	20 368	9	2263	40,38	27,51	71,82
Leoncio Martínez	59 330	25	2373	35,05	81,65	18,04
Petare	**310 430**	**119**	**2609**	**39,18**	**55,80**	**43,64**
TOTAL	440 408	171	2746	39,18	55,60	43,86

Fuente: CNE, cálculos Luis E. Lander

Las parroquias de Caucaguita, Fila de Mariches y La Dolorita son predominantemente populares, en ellas el voto por el chavismo sobrepasó 65 %. En contraste, en Leoncio Martínez, residencia de sectores medios y altos, la oposición capturó más de 80 % de los votos. Petare, que por su población más que duplica la población de las tres parroquias populares, siendo por ello determinante en los resultados totales de la entidad, está compuesta de áreas residenciales de capas medias y altas, como La Urbina, Macaracuay y Terrazas del Ávila, así como por decenas de barrios populares. Por ello, la relación entre ambas parcialidades políticas es menos polarizada que en otras parroquias. Pero, un estudio más disgregado (de la parroquia en sectores), seguramente mostraría la misma tendencia polarizada de las otras. En estos números de Sucre, un dato interesante es el de la abstención: en las tres parroquias populares la abstención es 5, 8 y 9 puntos superior a lo que fue la abstención en Leoncio Martínez, que es casi idéntica a la del promedio del país, que se ubicó en 35 %, según el CNE. En Petare también fue 4 puntos por encima del promedio nacional. Aunque en general, en estos comicios la participación fue sorprendentemente alta, fue más baja en sectores populares y pudo incidir adicionalmente en la derrota del candidato del gobierno.

Con respecto a votos por fuera de las dos parcialidades políticas polarizadas, alcanzaron nacionalmente 743 679 votos, una cifra importante. Si bien la mayoría de esos votos fueron de simpatizantes del oficialismo, pudieran en el futuro ubicarse en un campo u otro dependiendo de lo que esté en disputa. La disidencia del chavismo, dado los maltratos e insultos por parte del presidente y de los líderes que le siguieron en esta campaña electoral, no estaría tan claramente inclinada a apoyar al presidente en el cercano plazo. Tampoco, sin embargo, puede asegurarse de antemano que forma parte de la oposición. Los llamados «otros», fuerzas o partidos que siguieron posiblemente lógicas regionales o locales, tampoco está claro que apoyarían al gobierno o a la oposición en una próxima elección.

Tampoco quedó claro con estos resultados el fortalecimiento de nuevos liderazgos de la oposición. En el caso de Caracas, en alguna medida difícil de estimar en términos cuantitativos, funcionó, más que el atractivo a las candidaturas de oposición, un *voto castigo* hacia las gestiones chavistas de Juan Barreto (el alcalde Mayor) y José Vicente Rangel Ávalos (el alcalde de Sucre). En Libertador esto fue menos evidente por la composición social del municipio, que es más pobre que Sucre, pero también existió ese voto contra la gestión de Freddy Bernal. Pensar que Ledezma, Capriles Radonski u Ocariz cuentan con importante ascendencia en los sectores populares es, a partir de estas elecciones, incierto y podría llevar a cálculos políticos errados por parte de la oposición.

La enmienda constitucional de 2009

El presidente Chávez pareció concluir que los comicios de 2008 le fueron altamente favorables y procedió rápidamente a anunciar oficialmente su voluntad de activar un proceso de enmienda constitucional para modificar el artículo 230 que le impedía volverse a presentar a la reelección en 2012. La modificación de ese artículo formó parte de las propuestas de reforma constitucional rechazadas en 2007. Si bien los resultados electorales de 2008 podían evaluarse como una recuperación del revés del plebiscito sobre la reforma constitucional, otros aspectos contextuales seguramente también entraron en los cálculos del presidente.

En la era chavista se fue agudizando la desigualdad de la competencia electoral en cada proceso. Si bien el sistema automatizado instalado por el CNE parecía establecer condiciones para garantizar la transparencia del acto electoral y la pulcritud del voto, el CNE no ejercía en estos procesos sus atribuciones de garantizar condiciones equitativas para las distintas opciones políticas. La debilidad de los otros poderes públicos ante Chávez —como la AN, el TSJ y la CGR— se sumaban a este problema y profundizaban esta asimetría. Chávez y los funcionarios de su gobierno se involucraban directa y crecientemente en actividades de campaña, usando los dineros, bienes y medios de comunicación públicos para promover y apoyar a candidatos de su partido sin que existiesen contrapesos institucionales capaces de impedirlo. Las fuerzas de oposición, a menor escala, hacían lo mismo, sin que tampoco se les sancionase. En el proceso de 2008 se añadió el asunto de las «inhabilitaciones». Este procedimiento, que como ya señalamos es de cuestionable legalidad, fue respaldado por el presidente y luego por el TSJ. Gracias a este expediente se inhabilitaron candidatos de la oposición que iban adelante en las encuestas en Caracas y algunos estados. Aún así, la oposición ganó la Alcaldía Mayor (donde Leopoldo López el candidato inicial de la oposición quedó inhabilitado), y la gobernación de Miranda (donde Enrique Mendoza también fue inhabilitado).

Estos recursos, que conformaban un cuadro de importante ventajismo oficial, no encontraban en las instituciones ninguna capacidad de ser revertido en el corto plazo. Por otra parte, la oposición parecía poco movida a enfrentarlo o denunciarlo con fuerza, posiblemente por temor a reeditar las denuncias de fraude que apoyaron en el pasado y que significó que sus bases de apoyo se abstuvieran en los eventos electorales de 2004 y 2005.

Debe señalarse también que, si bien la oposición parecía recuperar su caudal electoral del pasado, mostrando también capacidad de convocatoria a marchas, concentraciones y a votar, permanecían aún grandes desafíos para presentarse ante sectores populares como una alternativa a Chávez y quienes le apoyaban. La oposición obtuvo la misma cifra de votantes de 4 000 000 de 2004. Esto pudiera tener como explicación que seguía sin tener una propuesta política clara, salvo la de unirse para salir de Chávez y retornar a una vaga y en general desprestigiada democracia. Este déficit respondía tanto al inmediatismo que caracterizaba las estrategias partidarias entonces como a la heterogeneidad con relación a diagnósticos y formas para presentarse como alternativas políticas. Evitaban abrir un debate serio sobre sus concepciones para el país, pues sus divergencias levantarían tensiones y producirían posibles divisiones entre ellos.

Para 2008 seguían también en primera plana muchos liderazgos del pasado, identificados tanto con partidos muy rechazados por los sectores populares (como AD y COPEI), como con dirigentes muy comprometidos por los roles que jugaron durante el golpe de Estado y el paro petrolero de 2002. Por ello, parecía poco probable que bases chavistas descontentas confiaran en ellos como alternativa o los apoyaran, sobre todo en una disputa presidencial. Construir credibilidad necesitaría de tiempo y perseverancia en el trabajo de gobernaciones y alcaldías donde habían ganado.

Un tercer aspecto contextual de 2009 fue la economía mundial, que comenzó a afectar seriamente la economía nacional. Los desajustes de la primera estaban produciendo el fenómeno del desabastecimiento y encarecimiento de productos alimenticios de primera necesidad en mercados internacionales, que significaba crecientes erogaciones de dinero por parte del gobierno para comprar estos productos. Chávez garantizaba a través de la Misión Mercal el abastecimiento y la alimentación de los sectores populares con subsidios de 35 % a 40 %. Según informaciones del gobierno, cerca de la mitad de las familias venezolanas acudían entonces a comprar en establecimientos de Mercal. Eran costos muy altos para el Estado.

La crisis financiera de EE.UU., parte de los mismos desajustes, produjo, asimismo, la reducción de la demanda de bienes en los mercados mundiales, particularmente significó un descenso abrupto de los precios del barril petrolero. Venezuela vio en seis meses desplomarse el precio de su cesta petrolera de $129,5 a menos de $40 dólares. Si bien el gobierno contaba con reservas monetarias internacionales, que le servirían unos meses de colchón, sus gastos crecientes para desarrollar sus objetivos nacionales e internacionales alrededor del socialismo del siglo XXI, lo colocaban, si continuaba esta baja, en una situación difícil donde haría falta mucha habilidad para no ser arrastrado por la crisis mundial.

En el discurso oficial Chávez insistió en que producto del socialismo estábamos blindados económicamente y no había nada que temer. Nada más falso. Nuestra economía para dinamizarse dependía casi exclusivamente de la compra de nuestros crudos de manera principal por EE.UU., a quien vendíamos cerca de 60 % de nuestra producción. Así, estábamos intrínsecamente dependiendo de ese capitalismo que el presidente tanto criticaba. Aun así, la situación internacional y el comienzo de sus repercusiones en la economía venezolana afectaron poco los resultados del plebiscito de enmienda constitucional.

En este contexto, pocos días después de las elecciones regionales y locales, y en clara respuesta a los resultados obtenidos en ellas, el presidente Chávez propuso la idea de activar un plebiscito para aprobar una enmienda constitucional. La AN ampliamente controlada por Chávez aprobó el 19 de diciembre, en primera discusión, una propuesta de redacción. Esa propuesta inicial estuvo limitada al cambio de un único artículo, el 230, para eliminar las limitaciones a la reelección del presidente. Sin embargo, el 5 de enero, Chávez, persuadido por la necesidad de sumar los votos de la mayor parte de la disidencia chavista, así como de los gobernadores y alcaldes de las mismas filas de su partido, aceptó la idea que le acercara al oído el partido PPT, que formaba parte de su coalición, de ampliar su propuesta para modificar cuatro artículos más de la CRBV y permitir la reelección indefinida de todos los cargos de elección popular.

Si bien el presidente había sido hasta entonces feroz opositor de la idea, necesitaba el respaldo de estas fuerzas, en particular de autoridades oficialistas electas, también con aspiraciones reeleccionistas, para asegurarse los recursos y votos necesarios. Al mismo tiempo, presionaba al CNE para que el plebiscito fuese lo más pronto posible, aprovechando la recuperación de su caudal político ocurrido en diciembre y antes de que se sintieran los efectos de los desajustes desarrollándose en la economía mundial.

El 14 de enero la AN aprobó la convocatoria de un plebiscito para enmendar cinco artículos de la CRBV. El CNE lo convocó para el 15 de febrero. La pregunta que fue sometida a consulta decía así:

> ¿Aprueba usted la enmienda de los artículos 160, 162, 174, 192 y 230 de la Constitución de la República tramitada por la Asamblea Nacional que amplía los derechos políticos del pueblo con el fin de permitir que cualquier ciudadano o ciudadana, en ejercicio de un cargo de elección popular, pueda ser sujeto de postulación como candidato o candidata para el mismo cargo por el tiempo establecido constitucionalmente dependiendo su posible elección exclusivamente del voto popular?

Para garantizar transparencia y equidad una pregunta sometida a referendo debe ser neutral y no inducir al elector por alguna de las opciones, esta claramente no lo era.

El triunfo de la propuesta de Chávez fue, en términos absolutos y porcentuales, bastante claro: con 54,85 % de los votos válidos, el sí a favor de la enmienda se colocó casi 10 % sobre el NO, alcanzando 6 310 482 votos. El NO, por su parte, obtuvo 5 193 839 votos, 45,14 % (CNE, 2009).

Como en los procesos electorales anteriores, fue notorio en este la desigualdad de la competencia electoral a favor de la propuesta del presidente. Se presenció de manera descarnada el uso de los recursos públicos por parte de su parcialidad política, incluyendo el uso de los organismos del Estado.

El 7 de enero, por ejemplo, desde un acto del Comando Simón Bolívar, su comando de campaña, transmitido por cadena nacional de radio y televisión, la ministra del Poder Popular para el Desarrollo Social exhortó a instancias participativas inicialmente consideradas como de composición política plural, como las mesas técnicas y los CC, a abandonar las obras y dedicarse de lleno a buscar los votos para que se impusiese la propuesta del presidente de permitir la reelección en todos los cargos. Así mismo, el 15 de febrero, durante la jornada electoral, militantes y simpatizantes del presidente se presentaban a los centros de votación con propaganda proselitista a favor de la opción del sí. También prensa de línea editorial crítica, como *El Nacional*, informó del uso de comedores de distintos entes públicos dedicados a proporcionar almuerzos para los militantes de la parcialidad política del presidente que conformaban las mesas electorales.

Ojo Electoral, asociación de observación electoral nacional, en su informe sobre el referendo del 15 de febrero registró múltiples y variadas violaciones de las regulaciones emitidas por el CNE. Destacó la abusiva participación de diferentes organismos públicos en la promoción de la opción promovida por el presidente. Contabilizó que 16% de toda la propaganda fue pautada por dichos organismos. Calculando los costos en publicidad en medios impresos, según sus tarifas comerciales, Ojo Electoral determinó que 71% de la publicidad fue pautada por el bloque del sí, 15% por organismos públicos con publicidad indirecta favorable al sí y solo 14% por el bloque del NO (Ojo Electoral, 2009).

Con estos desarrollos Chávez fue poniendo las bases para superar su derrota de 2007 y enraizar y consolidar su proyecto político. La oposición, por su parte, seguía avanzando sin prisa, pero sin pausa, en su recuperación.

Capítulo 9
Las parlamentarias de 2010[44]

COMO EXPLICAMOS EN CAPÍTULOS precedentes, luego del triunfo del presidente Chávez en el referendo de enmienda constitucional de 2009, con el cual se removieron los obstáculos para su reelección todas las veces que quisiera, vino una fuerte retoma de la iniciativa política del presidente por construir las bases jurídico-institucionales de su modelo socialista. El proyecto había quedado debilitado tras su derrota en el referendo de la reforma constitucional de 2007.

El reimpulso se daría, empero, en un contexto socioeconómico, internacional y político que estaba cambiando, como producto de los reacomodos del sistema capitalista mundial, sacudido por la crisis financiera y económica de 2008 en EE.UU. que, si bien llegó a nuestro país con retardo, vino con fuerza, profundizando desajustes que ya venían ocurriendo en la economía y las finanzas públicas nacionales. Estos desarreglos provocarían la reducción de recursos disponibles para misiones y otras políticas sociales, lo que va a ser de aquí en adelante un problema para el ejercicio populista del poder, que caracterizaba el estilo de Chávez, creando creciente malestar y descontento (ver Capítulo 2).

---

44 Este capítulo se ha elaborado a partir de varios trabajos, principalmente «El socialismo rentista petrolero ante la caída de los precios internacionales» de Margarita López Maya y Luis E. Lander, *Cuadernos del Cendes*, N° 71, 2009; «Venezuela 2009: en medio de las dificultades avanza el modelo socialista» de Margarita López Maya y Luis E. Lander, Santiago de Chile, *Revista de Ciencia Política*, vol. 30, N° 2, 2010 y «Venezuela 2009: de la crisis a la alternativa política» de Margarita López Maya, 2011 (inédito).

En este capítulo nos centramos en los años 2009 y 2010 para registrar la cambiante atmósfera que se estaba sucediendo y analizar el proceso electoral para escoger diputados a la AN para el período 2011-2016, que se realizó el 26 de setiembre de 2010. Sus resultados, como veremos aquí, mostraron que la etapa de auge del chavismo había pasado.

El capítulo está dividido en cinco partes. Las primeras tres se detienen en revisar aspectos del contexto socioeconómico, político e internacional del segundo gobierno de Chávez. Ese contexto sirve como escenario de fondo del proceso electoral parlamentario. Luego, se presentan e interpretan los resultados de las parlamentarias. Finalmente, se relatan las decisiones políticas tomadas por el presidente en los meses siguientes como reacción a estos resultados.

Desajustes económicos y la crisis de los servicios

Pese al discurso oficial y los lineamientos en materia económica del PPS, donde se asegura estar construyendo un nuevo *modelo productivo socialista*, la vulnerabilidad de la economía nacional ante los vaivenes de los precios petroleros en el mercado internacional siguió intacta en este segundo gobierno del presidente Chávez. Por ello, lo apropiado es caracterizar la economía en esta etapa como un *socialismo rentista*, de rasgos muy similares al capitalismo de Estado que se desarrolló en el país en la etapa de la democracia representativa. Más aún, perversiones que introduce la lógica rentista –como excesiva regulación a la economía, ineficiencias y corrupción– se exacerbaron con el modelo socialista del presidente. Esa exagerada lógica estatista que orientaba al gobierno, se fue expresando a partir de 2007 en estatizaciones masivas a empresas privadas y expropiaciones de tierras, tanto ociosas como productivas, que fueron pasando principalmente a manos estatales. Muchas de estas se estancaron en su producción y algunas, incluso, entraron en bancarrota, como los casos de Aluminios del Caroní, s.a. (Alcasa) y la Siderúrgica del Orinoco (Sidor).

Expropiaciones, estatizaciones y los problemas de PDVSA

Las expropiaciones masivas de tierras y las inversiones públicas cuantiosas al agro que se fueron haciendo en el contexto de la bonanza de precios internacionales del petróleo que, como ya señalamos, se extendió hasta 2008, no dieron los frutos esperados. Salvo casos puntuales de cereales, especialmente del maíz, la economía revelaba una sostenida caída de su producción agrícola, con un consecuente aumento de las importaciones de alimentos (ver Gráfico N° 1). La población rural, además, pese al discurso oficial de repoblar el campo, siguió disminuyendo, al tiempo que el aporte de formas productivas socialistas (núcleos de desarrollo endógeno, saraos y otros) al PIB era irrelevante, contradiciendo los objetivos trazados por el PPS y evidenciando el fracaso de la llamada *revolución agraria* (ver Gráfico N° 2).

Gráfico N° 1
Variación porcentual de producción agrícola *per cápita* por rubro entre 1998 y 2007

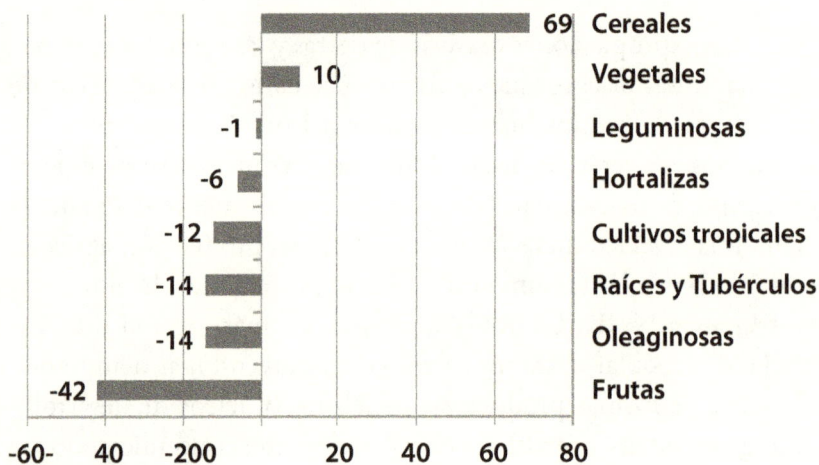

Fuente: MPPAT (datos proporcionados por Hernández, 2009)

Gráfico 2
Número de jefes de familia ocupados en actividades agrícolas
Primer semestre 2001 a 2008

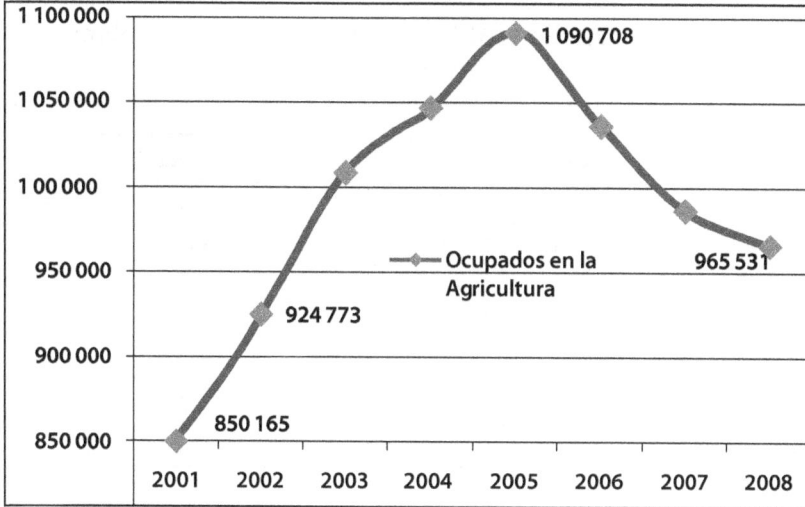

Fuente: INE Indicadores de la Fuerza de Trabajo proporcionados por Hernández (2009)

PDVSA, la empresa petrolera, también comenzó a reflejar una baja de su producción y exportación de petróleo, dificultades en su flujo de caja y creciente endeudamiento externo. El gobierno reconoció en algunas ocasiones que la baja de la producción de derivados se debía a paradas de las refinerías, imprevistas o planificadas. Pero, otras fuentes atribuían la disminución de la producción a la diversificación de la empresa hacia actividades sociales y económicas distintas a la petrolera, así como todo tipo de problemas: su rol en administrar algunas misiones, falta de inversión, pobreza en la gestión, aumento de la burocracia y desvío de gasolina, antes destinada a la exportación al mercado interno, para responder a una demanda interna creciente y a las dificultades que confrontaba la energía hidroeléctrica. En 2009, a estos males se uniría la baja abrupta de los precios del barril en el mercado internacional (ver Cuadro N° 12).

Cuadro N° 12
Precios promedio (US$) cesta OPEP y cesta venezolana
2004-2009

AÑO	Cesta OPEP	Cesta venezolana
2004	36,01	32,88
2005	50,49	46,15
2006	61,62	56,96
2007	68,88	65,13
2008	94,45	89,08
2009	60,72	56,93
2010	77,42	71,73

Fuente: MPPEP (www.mem.gob.ve en base de datos L.E. Lander, 2016)

Ineficiencias, corrupción, relanzamientos de las misiones

En estos años, los casos de corrupción en el sector de la economía y de las finanzas, a los cuales ha sido muy propenso el Petroestado venezolano, se profundizaron, ahora al amparo de la ausencia de contrapesos al Ejecutivo Nacional en el resto de los poderes públicos. Casos como la intervención de siete bancos realizada por el gobierno a fines de 2009, donde fueron detenidos y acusados por corrupción banqueros muy vinculados al alto gobierno; el descubrimiento de más de dos mil contenedores de Pdval (Productora y Distribuidora de Alimentos S.A., una empresa estatal dependiente de PDVSA) contentivos de más de 130 000 toneladas de alimentos que se dejaron dañar en los almacenes de las aduanas y la intervención de dieciséis casas de bolsa de valores en 2010 fueron casos paradigmáticos, aunque de ninguna manera únicos.

Por otra parte, la gestión pública desde siempre ineficiente continuó agudizando esa tendencia, ahora fortalecida por una concepción administrativa carismática, que privilegiaba en los funcionarios la lealtad partidista sobre valores como la honestidad y los méritos profesionales, despreciaba criterios de competitividad y productividad, y no hacía seguimiento ni evaluación de las políticas públicas que impulsaba (ver Capítulo 1).

Luego de once años en el poder –que, repitamos, coincidieron entre 2004 y 2008 con una descomunal bonanza petrolera–, en el contexto de la evolución negativa de la economía de 2009, los defectos se fueron haciendo inocultables a medida que los recursos fiscales disponibles para políticas sociales se redujeron, intensificándose los incumplimientos del gobierno en el pago de compromisos laborales. Con ello se debilitaba la popularidad del presidente y sus propuestas.

Misión Barrio Adentro, por ejemplo, tuvo desde su creación en 2003 un desempeño inestable, creciendo sus recursos en épocas electorales para luego decaer en la prestación del servicio y volver a ser relanzada por Chávez, desde su programa *Aló, Presidente*, en la siguiente coyuntura electoral. En septiembre de 2009, el mismo presidente reconoció la situación crítica de todo el sector de salud pública, incluyendo esta Misión y declaró una «emergencia». Misión Ribas, para dar educación secundaria a adultos, vio disminuir en 2009 los recursos que le aportaba PDVSA. Otras misiones como Sucre, Milagro, Guaicaipuro, etc., salieron del presupuesto nacional en 2009 por la penuria fiscal, pasando a depender de ingresos extraordinarios.

En servicios eléctricos, la falta de planificación e inversiones de mediano y largo aliento en el sector, al combinarse en 2009 con una estación seca particularmente aguda, reveló una crisis eléctrica en todo el país urbano, afectando también el acceso al agua potable. Si bien las copiosas lluvias posteriores disminuyeron el problema, su solución definitiva no sería inmediata y dada la ineficiencia del gobierno, poco probable.

El déficit de viviendas, una situación endémica, alcanzó a fines de 2010 niveles de crisis, al combinarse el fracaso de las políticas del gobierno en esta materia con los daños causados por la estación lluviosa en los barrios urbanos. Ese diciembre, las intensas lluvias y los deslaves en las colinas dejaron en la calle a miles de familias, que fueron colocadas en refugios, muchos totalmente improvisados y con severos déficits para proporcionarles niveles mínimos de dignidad.

En infraestructura y transporte la falta de planificación e inversiones fue deteriorando severamente servicios como el Metro de Caracas, suscitando fuertes protestas. En noviembre de 2010, una protesta espontánea en la estación Propatria del Metro, fue reprimida de manera desproporcionada por el gobierno, empeorando la percepción de la gente común hacia el desempeño gubernamental.

Para ese año el desabastecimiento de alimentos y el alto costo de los mismos como resultado de la inflación, las fallas de las políticas agroalimentarias y los procesos de expropiación y estatización de tierras e industrias agroalimentarias comenzaron a visibilizarse. Aunque gobierno y sector privado disentían en sus cifras, se calcula que en Venezuela para esa fecha se importaba cerca de 70 % de los alimentos (Confederación de Asociaciones de Productores Agropecuarios, Fedeagro en Provea, 2010: 59).

Otro problema que seguía agravándose era la inoperancia de los servicios de seguridad ciudadana. Una combinación de factores, entre los que destaca una muy alta impunidad, crisis institucional y policial y tráfico de drogas, llevaba al país a ostentar niveles de violencia e inseguridad de las más altas de América Latina y el mundo (Observatorio Venezolano de Violencia, ovv, 2011). El gobierno escondía cifras oficiales, pero de acuerdo al informe anual de Provea, la tasa de homicidios por 100 000 habitantes en el año 2008 fue de 52, habiendo sido el año anterior de 48. En 2009 se elevó a 60 por 100 000 habitantes. Un estudio de la organización civil mexicana Consejo Ciudadano para la Seguridad Pública y la Justicia Penal (2011), informó que la tasa de homicidios de Caracas en 2010 fue de 118,6 por cada 100 000 habitantes haciéndola la cuarta urbe más peligrosa del mundo, después de Ciudad Juárez, en México; Kandahar, en Afganistán; y San Pedro Sula, en Honduras.

Según el INE, la tasa de desocupación comenzó a subir desde 2009 (INE, 2011). En 2008 se ubicó en 7,4 %, pasando en 2009 a 7,9 % y ubicándose en el primer semestre de 2010 en 8,8 %. Pese a estos datos recesivos, los indicadores de pobreza seguían, según la misma fuente, con tendencia a la baja. En 2008, el número de familias en situación de pobreza fue de 27,5 %, mientras para 2009 bajó a 24,5 % (INE, 2010). Iguales tendencias de mejora sostenían las cifras oficiales para el coeficiente de GINI (PNUD, 2010). Otras fuentes señalaban, sin embargo, que, si bien la pobreza disminuía, no ocurría una movilidad social importante, pues las clases medias en Venezuela, en contraste con Brasil, no mostraban crecimiento numérico en años recientes.

Este conjunto de desarrollos abonaba un creciente malestar social, que donde mejor se expresaba era en un sostenido aumento de la protesta de calle. Dicha protesta era motivada fundamentalmente por el deterioro que la gente percibía en sus condiciones de vida, siendo las protestas por el cumplimiento de derechos económicos, sociales y culturales las predominantes. Para el período octubre 2008-septiembre 2009, Provea registró 2893 protestas, unas 8 protestas diarias, y un aumento de 64 % con relación al período anterior. En el período siguiente la cifra llegó a 3315 protestas, casi 25 % más que el año anterior y un promedio de 9 protestas diarias (incluyendo fines de semana y feriados). Estos dos años fueron, en su momento, los de mayores protestas durante la administración de Chávez.

El asedio a instituciones de la democracia representativa

La transición al nuevo modelo socialista vino acompañada desde 2007, pero con más fuerza a partir de 2009, por tendencias crecientes por parte del gobierno de cercenar derechos civiles y políticos de la ciudadanía echando mano de la intimidación y/o represión, o bien modificando normativas para criminalizar las formas de disidencia u oposición política. En algunos casos, esto significó retrocesos con relación a avances obtenidos durante el proyecto de democracia participativa del primer gobierno de Chávez.

Lo ocurrido con el derecho a la manifestación pacífica es un ejemplo de esto último. Según informes anuales de Provea, el número de manifestaciones pacíficas reprimidas durante el segundo gobierno de Pérez (1989-1993) fue de 1 de cada 3 y durante el segundo de Caldera 1 de cada 6 (1994-1999). La situación de este derecho había sido durante los años de democracia representativa precario, pues se tendió a criminalizar a la gente que ejercía ese derecho. La situación mejoró notablemente durante los primeros años de gobierno de Chávez, llegando a 1 de cada 79 en 2004-05.

En el segundo gobierno de Chávez la situación fue revirtiéndose, registrándose en 2008 1 de cada 16 y en 2009 una protesta reprimida por cada 22. A esto hay que añadir la creciente criminalización de quienes protestaban, proceso registrado por Provea desde 2004. Se les imputaba a través de la Fiscalía General de la República por delitos tipificados por el Código Civil y otras leyes, como obstaculización de vías, agavillamiento, daños a bienes del Estado, instigación a delinquir, resistencia a la autoridad, daños y hurtos a locales comerciales. Un caso emblemático de la criminalización de la protesta fue la prisión desde 2009 y por más de cinco años del sindicalista Rubén González por liderar una huelga obrera en Ferrominera Orinoco. Fue declarado inocente en 2014.

Otro caso de reversión de conquistas democráticas fue la reducción del derecho a la representación proporcional en cuerpos deliberantes, ya obtenido por los venezolanos en la Constitución de 1947, confirmado en la de 1961 y de nuevo asentado en la CRBV. Con la aprobación por la AN, enteramente controlada por Chávez, de la Ley Orgánica de Procesos Electorales en 2009 (LOPRE), las minorías quedaron prácticamente excluidas de dichos cuerpos deliberantes y el sistema, contradiciendo la CRBV, se transformó en cuasi-mayoritario.

Otros derechos civiles que continuaban debilitándose abiertamente fueron el de acceso a la información pública, el de la libertad de expresión y derechos políticos ejercidos a través de organizaciones sociales o no gubernamentales, que el gobierno, sirviéndose de definiciones confusas presentes en la Ley de la Soberanía Política y Autodefensa Nacional, que aprobó en 2010, podía en adelante tildar de desestabilizadoras por el solo hecho de recibir financiamiento internacional.

El discurso del presidente, mientras tanto, continuaba usando la polarización política con miras a acentuar la destrucción institucional de la democracia representativa, para establecer las directrices del proyecto socialista –de democracia revolucionaria– que en 2007 había sido rechazado por el voto popular.

Una de sus estrategias fue debilitar a gobernadores electos en 2008 que no eran de su signo político para favorecer un nuevo aparato estatal centralizado política y administrativamente, tal como quiso hacer aprobar en la fallida reforma constitucional de 2007. Mediante una reforma a la Ley de Descentralización sancionada en marzo de 2009, la AN despojó a autoridades regionales electas de algunas de sus facultades para pasarlas a personas subordinadas al presidente. La ley daba así a Chávez el control de aeropuertos y terminales marítimos en Zulia, Anzoátegui, Nueva Esparta y Carabobo. Varios de estos estados habían pasado a manos de gobernadores opositores en 2008. El presidente hizo aprobar también la Ley del Distrito Capital para quitarle facultades y recursos a la Alcaldía Mayor, que en esa elección pasó a ser controlada por un alcalde de oposición.

Chávez siguió cercenando la autonomía del Poder Judicial y Electoral, objetivo que había comenzado en el período presidencial anterior. Según Provea, en 2009, 90 % de los casos introducidos al Poder Judicial en contra de entes del Estado fueron declarados sin lugar o no se produjo pronunciamiento. Ese año también denunciaron 13 destituciones de jueces por causas políticas.

Fue emblemático el caso de la juez Yuri López, quien en 2008 pidió asilo en EE.UU. La juez llevaba el caso de Eligio Cedeño, empresario preso en 2007 acusado de estafa al Estado venezolano, al que se le posponía una y otra vez su juicio. Se le consideraba un preso personal del presidente Chávez, supuestamente por un agravio que le hiciera y que nunca ha trascendido al público. Una vez en el exilio, la juez describió cómo los jueces venían recibiendo constantes presiones, eran amenazados abiertamente y se les intervenían sus teléfonos, como estrategias para obligarlos a tomar decisiones que favorecieran los intereses del gobierno (*Noticias24*, 2009).

Posteriormente, el caso de Cedeño pasó a la jueza María Lourdes Afiuni, quien en 2009 también fue criminalizada por Chávez en un programa de televisión, por sentenciar libertad condicional para Cedeño, quien llevaba casi tres años sin juicio, en detención preventiva. Afiuni, tras la decisión, fue inmediatamente detenida por cuerpos de inteligencia y encarcelada, habiendo sido sometida en el recinto carcelario a violación y diversos maltratos (Olivares, 2012). Acusada de recibir sobornos de Cedeño, su juicio ha sido pospuesto una y otra vez, al no aparecer evidencias que lo constaten. En junio de 2013 y luego de diversas iniciativas internacionales para apoyarla y exigir su liberación, se le concedió libertad condicional.

El nombramiento de los nuevos rectores del CNE fue otro caso. Dos de los miembros principales designados (Socorro

Hernández y Tania D'Amelio) renunciaron unos días antes a su militancia en el PSUV para poder ser candidatas. La CRBV exige que los rectores sean políticamente independientes (art. 296).

La marcha forzada al socialismo a partir de 2009 también implicó un mayor debilitamiento del pluralismo y aumento de la intolerancia política. El gobierno buscó debilitar a la oposición y particularmente al movimiento estudiantil opositor a través de mecanismos de amedrentamiento y castigos ejemplarizantes. Échenle «gas del bueno», dijo Chávez en enero de 2009 a quienes protestan, en alusión a aprobar la represión policial a la protesta estudiantil[45]. A dirigentes del movimiento, entre ellos Julio César Rivas, presos por protestar en la calle, se les negaba juicio en libertad y, en su caso, se le recluyó en una cárcel de delincuentes comunes, imputándosele cargos como instigación a la guerra civil, entre otros.

Otro caso ejemplarizante fue el de las acusaciones de corrupción que se hicieron al exministro de Defensa de Chávez, general Raúl Isaías Baduel. Sirvió para exponer las consecuencias que podía ocasionar desobedecer las directrices de Chávez entre los militares. El general –una persona cercana a Chávez en su primer gobierno, que ayudó a su liberación en el episodio del golpe de Estado de 2002–, una vez pasado a condición de retiro, hizo público su desacuerdo con el proyecto socialista planteado por Chávez en 2007 y llamó a votar en contra en el referendo de reforma constitucional. Fue detenido en abril de 2009 acusado de corrupción. Nunca juzgado, en 2015 recibió libertad condicional. Se hizo frecuente la detención de opositores que, en algunos casos, salieron al exilio antes de enfrentar una justicia parcializada.

Otro frente de dura confrontación se dio con los sectores profesionales, universidades públicas e intelectuales que no aceptaban el proceso revolucionario en marcha. En junio de 2009 el presidente, incluso, criticó a los investigadores del Centro

---

45 https://www.youtube.com/watch?v=0IvisgQ7W8s

Internacional Miranda (CIM), un centro oficialista que buscó abrir un debate crítico sobre los cambios que se estaban implementando. En los días siguientes, el gobierno amenazó con reducir su nómina y presupuesto, bajando de hecho el protagonismo del que había disfrutado anteriormente. Las universidades públicas, por su parte, que desde siempre se mostraron poco dispuestas a las propuestas y al liderazgo de Chávez, siguieron padeciendo el hostigamiento y ahogamiento presupuestario por parte del gobierno.

Finalmente, la acentuación del control sobre los medios de comunicación presente desde el primer período presidencial. En este segundo gobierno, el dominio de Chávez y las orientaciones y opiniones políticas de su gobierno sobre el espacio televisivo y radioeléctrico del país es considerable. Los medios públicos, bajo una estrategia gubernamental planificada desde el primer gobierno y apoyada por los abundantes recursos fiscales, se fueron convirtiendo en instrumentos de propaganda política del modelo ideológico que se buscaba implantar, mientras periodistas y medios que disentían de las líneas editoriales oficiales sufrían con frecuencia amedrentamientos, hostigamientos y persecuciones.

Entre innumerables casos documentados por ONG que han seguido detalladamente este proceso, se puede recordar la revocatoria de las concesiones a 34 emisoras de radio en julio de 2009 y la irrupción de la lideresa oficialista Lina Ron y su banda armada en las instalaciones de la televisora de línea editorial opositora Globovisión, en agosto de ese año. Arrojaron granadas y bombas lacrimógenas. Ron fue detenida pero su banda permaneció libre. Unos meses después ella también quedó en libertad. El Instituto Prensa y Sociedad (IPYS) registró 107 ataques contra medios y periodistas entre enero y octubre de ese año, considerándosele «el año de más violencia contra la prensa en Venezuela» (E. Scharfemberg, vocero del IPYS). Más de 67 % de las víctimas fueron reporteros de medios de comunicación privados, particularmente de televisión. Solo 8 % fueron trabajadores de medios oficiales.

Debilitamiento de Venezuela en el contexto internacional

El derrumbe del precio de la canasta petrolera venezolana en 2009 y su inestable recuperación en 2010 incidieron igualmente sobre la capacidad del gobierno de atender el sin número de compromisos que había adquirido en los años previos. Si bien los compromisos más institucionalizados como Petrocaribe –el suministro con descuentos y ventajas de pago a los países de Centroamérica y el Caribe– se mantuvo, se postergaron inversiones como varias refinerías que PDVSA había ofrecido comenzar a construir en Centro y Suramérica, así como el gasoducto con Colombia o el que llegaría hasta Argentina. La *diplomacia del petróleo*, que el gobierno venía adelantando como parte de su estrategia de una mayor integración latinoamericana y un mejor posicionamiento de Venezuela para convertirla en potencia regional, se vio afectada por la falta de recursos que en años anteriores habían sido abundantes y utilizados a discreción por el presidente.

Una de los hechos de mayor repercusión en 2009, en lo que a debilitar la imagen internacional de Venezuela se refiere, fue el golpe de Estado en Honduras contra el presidente Manuel Zelaya. Chávez venía apoyando políticamente y con recursos a Zelaya, quien incorporó a Honduras en la ALBA. Asimismo, Zelaya venía impulsando –influido por el proceso y los apoyos del gobierno venezolano– un proceso de creación de condiciones institucionales para producir un proceso constituyente en su país. El golpe de Estado detuvo esas iniciativas. La inmediata y visible intervención activa del gobierno venezolano exigiendo el retorno sin condiciones del presidente Zelaya desencadenó repercusiones políticas en varios niveles de las relaciones interamericanas e internacionales. La crisis política fue resuelta luego de varios meses de negociaciones y sin la reposición en el cargo de Zelaya, lo que significó una derrota para Venezuela. Otros hechos en Centroamérica como las declaraciones del electo ese año, presidente salvadoreño Funes, en el sentido de que su proyecto era más cercano al brasileño que al venezolano, mostraban un debilitamiento de Venezuela en su prosecución de liderazgo sobre esa región.

Fueron también especialmente difíciles las relaciones en 2009 con Colombia, como resultado de la decisión del gobierno de Uribe de permitir a EE.UU. utilizar bases militares colombianas para el combate del narcotráfico. Chávez rechazó vehementemente esa política. Y América Latina en general se mostró crítica de la forma en que EE.UU. y Colombia habían procedido, sin informar claramente de las características de esta política de colaboración conjunta. A fines de año, las tensiones en las relaciones colombo-venezolanas habían escalado alto, como resultado de la decisión de Chávez de reducir a su mínima expresión las relaciones comerciales con el vecino país, lo que se tradujo en un descalabro económico para ambas naciones. Venezuela desarrollaba una diplomacia confrontacional y polarizada que suscitaba gran polémica y creciente rechazo en la región.

Para 2010, cuando se producen las elecciones parlamentarias, otros desarrollos en el ámbito latinoamericano refuerzan el declive de las pretensiones hegemónicas de Chávez y su proyecto socialista. Cabe mencionar los cambios de mandatarios en EE.UU. y Colombia. Barak Obama y Juan Manuel Santos, respectivamente, bajan el volumen de la confrontación política, debilitando la continua estrategia de polarización que Chávez practicaba tanto nacional como internacionalmente y propiciando un clima de mayor convivencia. Sin embargo, las tensiones se mantenían y reflotaban de tiempo en tiempo. A su vez, venía avanzando con creciente fuerza el protagonismo de Brasil como líder de la América del Sur y posible potencia mundial, lo que debilitaba el protagonismo al que aspiró Venezuela en instancias subregionales como la Unión de Naciones Suramericanas (Unasur).

Las parlamentarias de 2010

Como ha sido la estrategia de todos los procesos eleccionarios durante la era de Chávez, esta elección siguió una lógica plebiscitaria. El presidente centró de nuevo la campaña en una confrontación entre él y el imperialismo, y recorrió el país levantando la mano de sus candidatos a diputados, utilizando los recursos públicos que su privilegiada posición le dispensaba. Pidió a los electores que le otorgaran los votos para obtener control absoluto de la AN para seguir profundizando la revolución.

Los comicios de setiembre, como se señaló arriba, fueron normados por una nueva LOPRE, que no tomó en cuenta el obligatorio principio constitucional de la proporcionalidad y transformó el sistema electoral en uno cuasi-mayoritario, al estilo anglosajón. El CNE procedió a dividir el país en 87 circunscripciones para las elecciones a diputados nominales, a los que sumó 24 más, correspondientes a las entidades federales para la elección de los diputados por lista. Asimismo, delimitó tres circunscripciones más para el voto por los 3 representantes indígenas y otra circunscripción, que abarcó todo el territorio nacional, para dos elecciones complementarias: las de diputados al Parlatino y la del representante indígena a esa instancia. En este proceso electoral se escogerían 165 diputados que iniciarían su período de cinco años el 5 de enero de 2011 (ver Cuadro Nº 13).

Cuadro Nº 13
Parlamentarias 2010. Resultados por estados voto lista

Estados	Electores	Votos	Oficialismo	Oposición
DTTO. CAPITAL	1 570 041	1 014 122	491 490	507 759
AMAZONAS	88 243	56 758	23 905	8901
ANZOÁTEGUI	943 699	620 724	282 030	327 875

APURE	282 187	161 855	98 618	60 614
ARAGUA	1 095 865	705 360	364 015	335 355
BARINAS	482 388	306 366	173 024	130 284
BOLÍVAR	875 449	511 724	258 238	248 720
CARABOBO	1 413 071	905 044	405 750	490 039
COJEDES	205 573	126 511	81 570	43 855
DELTA AMACURO	106 314	71 297	51 295	18 458
FALCÓN	587 114	362 981	190 032	169 387
GUÁRICO	456 171	281 912	165 553	85 276
LARA	1 122 263	728 784	299 788	222 420
MÉRIDA	547 482	366 786	179 459	184 476
MIRANDA	1 874 134	1 209 857	503 493	699 006
MONAGAS	540 523	330 548	195 716	122 270
NUEVA ESPARTA	304 833	192 704	78 755	112 943
PORTUGUESA	526 357	326 002	213 167	104 413
SUCRE	588 272	331 788	171 475	157 421
TÁCHIRA	768 703	513 240	216 464	295 107
TRUJILLO	461 436	279 324	175 447	100 697
VARGAS	252 804	153 659	84 520	67 477
YARACUY	378 267	241 899	132 414	98 356
ZULIA	2 242 474	1 509 705	672 390	832 917
TOTAL	17 713 663	11 308 950	5 508 608	5 424 026

Fuente: CNE (2011)

El PSUV y sus aliados nacionalmente sumaron 5 508 608 votos lista (48,7 %), la MUD, la principal coalición de 34 partidos opositores, 5 424 026 (47,9 %) y el PPT, partido que se separó de la coalición oficialista, pero no se sumó a la MUD, 373 195 votos, que representaron 3,3 % de los votos. Por número de diputados asignados le correspondieron 98 diputados al PSUV y sus aliados, 65 a la MUD y dos para el PPT en el estado Amazonas. El PSUV también ganó en más estados, 16 de 24. Gracias al nuevo sistema cuasimayoritario, la coalición de los partidos del presidente, obteniendo menos de la mitad de la votación nacional, ganó 98 diputados de un total de 165. Los partidos de la oposición, sumados los de la MUD con los del partido PPT, obtuvieron 67. Con este resultado, el gobierno retuvo la mayoría absoluta de la AN para el período 2011-2016, pero no consiguió las mayorías calificadas, necesarias para nombrar autoridades de otros poderes públicos, leyes orgánicas y habilitantes. Al saberse esos resultados, Chávez no se asomó al balcón presidencial donde lo esperaban sus seguidores ni asistió a la fiesta del partido, exteriorizando así su sentir de que había sufrido un revés político. Por otra parte, la participación de los venezolanos fue muy alta para este tipo de comicios, 65 % del REP se presentaron para votar. Revela la importancia que entonces le daban los ciudadanos a la renovación de este poder público carente del juego democrático pluralista en el período anterior.

Prolegómeno de las parlamentarias: *El paquetazo socialista*

Pasar de una situación de control total de la AN a otra con solo la mayoría absoluta pareció ser inaceptable para Chávez, que en los últimos cinco años había gobernado sin contrapesos ni espacios plurales de deliberación.

En diciembre, ya por finalizar las actividades de la AN del período 2006-2011, aprovechando una situación de emergencia nacional ocasionada por intensas lluvias y deslaves que dejaron un saldo de 40 muertos y alrededor de 130 000 personas sin vivienda, el presidente y su entorno tomaron la iniciativa de aplicar lo que sería llamado un «paquetazo socialista». El presidente solicitó a la

AN a punto de terminar su mandato que le confiriera facultades extraordinarias para legislar por decreto por un año. La Ley Habilitante –como constitucionalmente se denomina la ley que delega facultades legislativas al Ejecutivo– fue inmediatamente aprobada por la AN, que aumentó el tiempo de su vigencia a dieciocho meses y delegó en el Ejecutivo Nacional la facultad para aprobar leyes en nueve materias de gobierno, redactadas de manera amplia, a fin de poder ir más allá de enfrentar la urgencia puntual argumentada[46].

En unas declaraciones del vicepresidente Elías Jaua, el gobierno reconoció que las facultades habilitantes sobrepasaban con creces el propósito de subsanar rápidamente las consecuencias de la vaguada: «La solicitud la ha hecho el Presidente (…) con la finalidad de dar el cuerpo de leyes necesarias para atender una profunda crisis, sustentada sobre todo en las causas estructurales que aún mantienen a la población venezolana en una situación de pobreza». Adicionalmente, estos diputados con su período a escasos días de vencer, se declararon en sesión permanente, aprobaron convocar inmediatamente sesiones extraordinarias, para simultáneamente aprobar también un sorpresivo paquete de diecinueve leyes, cuyos contenidos avanzan en la construcción del nuevo Estado, el Estado Comunal, con un ordenamiento territorial y un poder público, el poder popular, que se sobrepondrían en los meses siguientes a las instituciones liberales contempladas por la CRBV, erosionando aún más los cimientos de la democracia representativa.

Fueron aprobadas con escaso debate parlamentario y sin el requisito constitucional de la consulta popular en el período extraordinario, entre otras: la Ley Orgánica de las Comunas; la Ley Orgánica del Poder Popular; Ley Orgánica del Sistema

---

46 Las áreas solicitadas: atención sistematizada de las víctimas de las lluvias; infraestructura, transporte y servicios públicos; vivienda y hábitat; ordenación territorial, desarrollo integral y uso de la tierra urbana y rural; finanzas y tributos; seguridad ciudadana y jurídica; seguridad y defensa integral; cooperación internacional y sistema socioeconómico (Gaceta Oficial Extraordinaria 6009 del 17-12-10).

Económico Comunal; la LDSPYAN; la Ley Orgánica de Planificación Pública Popular; la Ley Orgánica del Poder Público Municipal; Ley Orgánica de Emolumentos, Pensiones y Jubilaciones de
los Altos Funcionarios del Poder Público y una reforma del Reglamento de Interior y Debates de la AN para limitar la actuación
de los parlamentarios del próximo período. Es así como, antes de
abrirse el nuevo período parlamentario de composición plural, el
gobierno dejó listo el tinglado jurídico-legal de un nuevo Estado
Comunal, paralelo al normado por la CRBV, que había sido propuesto y rechazado en el referendo de reforma constitucional de
2007 (detalles en los capítulos 3 y 4).

La dudosa legalidad del procedimiento utilizado para
aprobar estas leyes –que pasó por alto la obligación de consulta que exige la CRBV y que contienen cambios en los principios y
fundamentos constitucionales– desató en el país denuncias, protestas, movilizaciones, entre otros, del movimiento estudiantil y
universitario. Los partidos de oposición, coordinados por la MUD,
enviaron a la OEA una carta denunciando la violación por parte
del gobierno de Chávez de la Carta Democrática, por considerar
que la Ley Habilitante otorgada al presidente por año y medio,
aprobada por una AN cuyos diputados cesaban sus funciones unos
pocos días después, tenía visos inconstitucionales.

En esas últimas semanas del año 2010, el gobierno también procedió a la toma provisional e inconsulta de hoteles, terre-
nos y fundos agrícolas para poder alojar y atender a las familias
damnificadas. Chávez anunció, así mismo, una pronta modificación de la cota del Parque Nacional El Ávila de Caracas, para
levantar la prohibición de construir viviendas. Como es usual
por parte del gobierno, las medidas fueron poco consultadas y en
los casos de entidades regionales en manos de partidos de oposición, como Miranda y Zulia, donde los daños ocasionados por las
lluvias fueron muy severos, el Ejecutivo actuaba sin informar ni
coordinar acciones con autoridades regionales o municipales.

Estos desarrollos crearon una situación de intenso malestar en sectores sociales y políticos adversos al gobierno, pero aparentemente también, aunque menos visible, en organizaciones sociales chavistas y personalidades del chavismo. Esto fue particularmente significativo en el caso de dirigentes chavistas vinculados a la vida universitaria, que no habían sido consultados por la ley aprobada para ese sector, que contribuyó a que Chávez finalmente no promulgara la Ley Orgánica de Educación Universitaria. Este hecho político y otros eventos, como las declaraciones en enero de 2011 del secretario general de la OEA, Miguel Insulsa, manifestando su opinión de que la Ley Habilitante aprobada era contraria a la Carta Democrática y el mensaje de Memoria y Cuenta del presidente, presentada el 15 de enero del año siguiente ante la recién inaugurada AN, cierran este tumultuoso tiempo enviando signos de una situación fluida, que reforzaba las incertidumbres del contexto más general de los dos últimos años.

En su mensaje de Memoria y Cuenta del 15 de enero de 2011, después de su agresivo discurso y acción de diciembre, Chávez pareció dar un giro táctico. En siete horas y media que duró su intervención hizo llamados al diálogo, a dejar atrás «códigos de guerra amigo-enemigo» e insinuó devolver la Ley Habilitante a la AN para su reconsideración, pensando que podía recortar la actuación de este en cinco meses: «¿De dónde pueden sacar que eso es dictadura? Yo soy capaz de solicitar a esta AN la derogatoria de esa Ley. Hasta en 5 meses podemos hacer lo que tenemos que hacer, lo que necesito es 4 o 5 meses para enfrentar una emergencia. El gobierno somete eso a consideración de la AN. En 4 o 5 meses se pudiera haber terminado de acelerar las leyes que estamos haciendo y que nadie vaya a sentirse aquí limitado. Te las devuelvo, no tengo problema. Voy a trabajar más duro y más rápido» (*El Universal*, 16-01-2011). Pero poco después, pasadas las presiones interamericanas, idos los periodistas internacionales, como veremos en el capítulo siguiente, se desdijo de estos ofrecimientos.

Capítulo 10
2011: la enfermedad de Chávez[47]

HEMOS CONSTATADO CÓMO Hugo Chávez encarnó en sus prácticas y discursos uno de los liderazgos más carismáticos, mesiánicos y/o populistas de la política latinoamericana de todos los tiempos. Sus gestiones de gobierno fueron un desfile de improperios polarizantes, procesos y episodios imprevistos, rupturas agresivas con instituciones y tradiciones del pasado, cambios radicales, improvisaciones y anuncios sorpresivos. Fueron años de mucha zozobra e inestabilidad. El año 2011, sin embargo, fue particularmente extravagante. El término extravagante puede sonar extraño para iniciar un análisis sociopolítico. Sin embargo, no hay otra palabra para caracterizar la atmósfera que se vivió entonces, como resultado de varias situaciones que se estaban desarrollando con anterioridad, que sirvieron de escenario al totalmente imprevisto episodio que saltó en junio: la enfermedad del titánico presidente.

Este capítulo está dedicado a la noticia de la enfermedad presidencial y la atmósfera que se fue creando hasta las elecciones presidenciales de 2012. Pero antes, aunque de manera breve, repasaremos los desarrollos más importantes del avance socialista, que explicamos en detalle en la segunda parte de este libro. Con ello tendremos la puesta en escena donde discurrirá poco después su muerte.

---

47 Este capítulo es una reformulación de «Venezuela: entre incertidumbres y certezas», *Nueva Sociedad*, N° 235, septiembre-octubre 2011, pp. 4-16.

El avance del Estado recentralizado y autoritario

Desde 2006, como hemos analizado, se desencadenó en el país, bajo la batuta del presidente, ungido por una abrumadora votación popular, una llamada radicalización de la democracia participativa. De acuerdo al discurso de Chávez, se trataba de dejar atrás el capitalismo, destructor de los pueblos y de la civilización, para ir a un socialismo del siglo xxi. La concreción de lo que significaba este socialismo se dio en la propuesta de reforma a la Constitución que Chávez presentó a la an en 2007. La reforma causó bastantes dudas y polémicas, y –como ya analizamos– fue rechazada en referendo popular en diciembre de ese año.

Pese a ese rechazo popular, Chávez continuó en su empeño de modificar la democracia participativa según su nuevo proyecto político. Al percibir como favorables los resultados de las elecciones de gobernadores y alcaldes de noviembre de 2008, Chávez introdujo inmediatamente en la an una propuesta de enmienda constitucional para someter a aprobación popular una de las propuestas rechazadas: su reelección indefinida (ver Capítulo 8). Para asegurar su aceptación, Chávez modificó su propuesta inicial para hacerla extensiva a todos los cargos de elección popular, lo que parece haber sido decisivo para que fuera aprobada en referendo popular realizado en febrero de 2009. Con esta enmienda, Chávez y sus nuevas elites políticas obtuvieron un dispositivo legal importante para su consolidación en el poder.

Desde entonces, y contando con una an que Chávez controlaba enteramente, las reformas rechazadas fueron replanteadas y aprobadas como leyes. Esto era un camino de dudosa legalidad y legitimidad, pues la Constitución es taxativa en asentar que reformas constitucionales presentadas y rechazadas en un período constitucional deben esperar a uno nuevo para volver a proponerse (art. 345). Sin embargo, la subordinación de los otros poderes públicos a Chávez era para 2009 diáfana, habiéndose expresado en incontables oportunidades. De modo que las interpretaciones de la ley por parte del Poder Judicial se ajustaban a las exigencias del presidente.

Las elecciones parlamentarias de 2010, que examinamos en el capítulo anterior, cambiaron el panorama. Estos comicios fueron normados por una nueva Ley, la LOPRE, que transformó el sistema electoral en uno cuasi-mayoritario, gracias al cual la coalición de los partidos del presidente ganó 98 diputados de un total de 165, reteniendo la mayoría absoluta de la AN para el período 2011-2016, pero no las mayorías calificadas, necesarias para nombrar autoridades de otros poderes públicos y aprobar leyes orgánicas y habilitantes.

El voluntarismo, sin embargo, fue esencial en la personalidad y el estilo político de Chávez. Ese diciembre, tomando como justificación la afectación de centenares de familias pobres por las severas precipitaciones ocurridas en toda la zona costera del país, Chávez solicitó ante la AN saliente facultades extraordinarias para legislar por un año en nueve áreas genéricas, que incluyeron materia petrolera y económica. Se le otorgó una Ley Habilitante por año y medio, con lo cual disminuyó de manera importante la capacidad legislativa de la AN entrante. Adicionalmente, la presidenta de la AN saliente, Cilia Flores, convocó a sesiones extraordinarias donde el gobierno presentó sorpresivamente cerca de una veintena de leyes, algunas de las cuales no habían sido del conocimiento público con anterioridad. Con esta maniobra, antes de abrirse el nuevo período parlamentario cuya asamblea sería de composición política plural, el gobierno dejó listo el tinglado jurídico-legal del Estado Comunal.

Contexto del anuncio presidencial

El año 2011 se inició, por tanto, especialmente turbulento. En el país y afuera comenzó a considerarse que Venezuela, en virtud de la Ley Habilitante y del «paquetazo legislativo» aprobados por la AN saliente en pleno descanso navideño, entraba en una fase ya más claramente dictatorial. ONG defensoras de Derechos Humanos denunciaron la Ley de Defensa de la Soberanía Política y Autodeterminación Nacional (LDSPYAP), por la ambigüedad en las definiciones de organizaciones «políticas» afectadas por dicha ley, lo que vieron como estratagema gubernamental para debilitar y desaparecer cualquier organización de la sociedad civil que no fuera complaciente con las políticas de Chávez[48]. Miembros de juntas parroquiales, muchos de ellos chavistas, acudieron ante el TSJ para exigirle la anulación de la reforma de la Ley Orgánica del Poder Público Municipal, también aprobada a fines de año, por eliminar la elección de los integrantes de esas instancias de gobierno por comicios universales, directos y secretos y pasar la elección a asambleas de los Consejos Comunales. En el plano internacional, el secretario general de la OEA aseveró que la Ley Habilitante era «completamente contraria» a la Carta Democrática Interamericana e insinuó la posibilidad de que el organismo multilateral convocase una reunión para deliberar sobre este asunto. Muy similares fueron las declaraciones del secretario de Estado adjunto de EE.UU.

El presidente Chávez pareció afectado por estas crecientes denuncias y el 15 de enero, como ya dijimos, al presentarse a la AN para entregar su Memoria y Cuenta de 2010, negó que fuese un dictador y que tuviera un proyecto comunista bajo la manga. Ofreció al nuevo Parlamento reducir la Ley Habilitante de 18 a 5 meses de duración. Esto no pasó de ser una declaración sin consecuencias, pues poco después Chávez presentó «cinco líneas de acción» para el relanzamiento del PSUV con cara a las elecciones

---

48   La Ley, que prohíbe el financiamiento internacional, rige para «organizaciones con fines políticos, organizaciones para la defensa de los derechos políticos o personas naturales que realicen actividades políticas; así como la participación de ciudadanos extranjeros, que, bajo el patrocinio de estas organizaciones, puedan atentar contra la estabilidad y funcionamiento de las instituciones de la República» (LDSPYAN, 2010).

de 2012, donde asentó como quinta línea «repolitizar» y «repolarizar». Sobre su ofrecimiento de retirar o disminuir la Habilitante dijo: «Sigan gritando en el vacío (…) Bájense de esa nube…»[49]. Los descontentos desencadenados por esta deriva autoritaria del gobierno provocaron fuertes tensiones entre actores sociales y políticos. Sobre este escenario se agregaban las diarias interrupciones de las rutinas cotidianas, por una protesta callejera que seguía creciendo año a año –este año, según Provea, promediaba unas ocho protestas diarias– y cuyas motivaciones eran mayoritariamente por derechos socioeconómicos que han sido cercenados, aunque también cobraban relevancia las protestas sindicales por el desconocimiento de derechos laborales de los trabajadores.

Pero para Chávez, en el nuevo esquema socialista estos derechos carecían de sentido. En su lugar estaba impulsando los «consejos de trabajadores» –instancias cuasi gubernamentales–, a la vez que fijaba aumentos de sueldo por decreto, sin negociación alguna. En medio de una devaluación del bolívar ocurrida a fines de 2010, del intermitente desabastecimiento de algunos productos alimenticios, con una inflación de 27%, que fue más alta en el rubro alimentos, y un aumento de salarios completamente insuficiente, que se aprobó para solo comenzar a aplicarse en mayo de 2011, el descontento de amplios sectores de la población estaba creciendo. Debe incluirse también, entre los fuertemente movilizados, las universidades públicas, en particular el movimiento estudiantil adverso al gobierno, por la falta de presupuesto suficiente para las actividades docentes y de investigación.

El movimiento estudiantil universitario ha destacado en la tradición venezolana por su antigüedad –se conoce desde el siglo XIX–, creatividad y vehemencia en la lucha, no solo por presupuestos justos para las universidades, sino también en defensa de los presos políticos, de la población pobre, del derecho a la libertad

---

49 http://blog.chavez.org.ve/temas/noticias/hoy-sera-aprobada-ley-emergencia-vivienda-terrenos-urbanos/#.V5PPlLh96hc

de información y otras múltiples banderas. Tres huelgas de hambre fueron desarrolladas por miembros de ese movimiento en este período, que resultaron exitosas ya que el gobierno reconoció las demandas y se avino a abrir mesas de diálogo con este actor sociopolítico.

La conflictividad social y movilización de calle se alimentaba también de una gestión plagada de ineficiencias, situación que no pareciera poderse remediar por la poca valoración por criterios profesionales en responsabilidades públicas que manejaba el presidente y su partido (ver cuadros Nº 4 y Nº 5 del anexo). Como se ha señalado en el Capítulo 1, un ejercicio del poder de carácter carismático antepone la lealtad al líder por sobre todas las cosas. Así, pese a las reiteradas promesas, la realidad fue encargándose, una y otra vez, de desmentir mejoras significativas en la gestión pública.

En 2011 la crisis eléctrica retornó. El presidente nombró un ministro de Electricidad como gesto de su voluntad política por resolver la situación, pero los apagones de luz se sucedían diariamente en las ciudades del interior, muchas veces sin previo aviso ni certeza de duración. Caracas, por razones políticas, fue eximida de esta penuria eléctrica, pues el gobierno fue reconduciendo energía hacia la capital en detrimento de otras áreas del país, para evitar mayor turbulencia en esa ciudad. Otro caso emblemático de las ineficiencias se daba en las políticas de vivienda. Luego de doce años de fracasos en esta materia, las inundaciones de fines de 2010 a las que nos referimos en capítulo anterior y sus consecuencias sobre cientos de familias pobres que quedaron sin hogar crearon una situación altamente explosiva.

Como era lo usual, Chávez comenzó a actuar enseguida sin aparentemente contar con un plan ajustado a la complejidad de esta materia. Al ver los refugios sobrepasados, ordenó colocar a las familias en los más diversos y extraños espacios, aprovechando de paso, para expropiar inmuebles poniéndolos bajo control del

Estado. Hoteles, centros comerciales a medio construir y estacionamientos fueron confiscados, expropiados o simplemente tomados, en muchos casos sin claros procedimientos legales. El presidente también instó a los ministerios y oficinas públicas a hacer espacio para las familias damnificadas. Ministerios, la Cancillería, la sede de PDVSA fueron reorganizados para acomodar familias en lo que son construcciones inadecuadas para esto. También instó a la gente a buscar casas deshabitadas e informar para que pudieran ser tomadas por el gobierno. Las protestas por las condiciones de los albergues y demás espacios se sucedían, a veces con violencia. Así mismo, se protestaba por la indefensión ante la ley de quienes se habían visto despojados de sus bienes. Chávez lanzó la Gran Misión Vivienda (GMV) en mayo, una misión más, donde ofreció construir, en siete años, dos millones de viviendas. Sin embargo, de las 300 000 ofrecidas para ese año 2011, los propios datos oficiales llevaban solo 19 848 terminadas para julio, haciendo imposible cumplir tal promesa.

El caso más terrible que retrata la atmósfera enrarecida en que se vivía, sobre todo, pero no únicamente en la capital, fue la crisis penitenciaria que estalló en el mes de junio en la cárcel de El Rodeo. Sin duda, el problema carcelario en Venezuela es de larga data. Pero las ONG defensoras de los derechos de los presos desde hacía ya años venían denunciando la escalada de hacinamiento, violencia, abusos, corrupción y control de mafias delincuenciales con complicidad de funcionarios y cuerpos de seguridad del Estado, que caracterizaban el sistema. El promedio anual de muertes en las cárceles venezolanas superaba las 340 en los últimos años, alcanzando en 2010 la cifra de 470 (Provea, 2010). Esta crisis de El Rodeo, la más violenta que Venezuela había conocido, comenzó con una guerra entre «pranes» (jefes de bandas que controlan los penales) y puso en evidencia la descomposición total del sistema.

El gobierno demoró un mes en recuperar control sobre las prisiones enguerrilladas, dado el arsenal (pistolas, fusiles, granadas, etc.) que controlaban las bandas, cuyos jefes, desde la cárcel –y con la evidente anuencia de autoridades y guardias nacionales–, organizaban secuestros, tráfico de armas y drogas, entre otras menudencias. La mayor sorpresa vino cuando finalmente se rindieron y al entrar la GNB, que tenía cercada la cárcel, se les escapó uno de los dos jefes, con todo su séquito, sus armas y recursos monetarios mil millonarios. Con un saldo de al menos 25 muertos, la imagen del motín de la cárcel de El Rodeo (municipio Zamora del estado Miranda) mostró la cara más perversa de un gobierno ineficiente, penetrado en algunas de sus instancias por la corrupción y el narcotráfico.

Junto a estos desarrollos tan negativos se estaban dando también otros contradictorios con estos, que añadían complejidad y cierta esquizofrenia al cuadro global. Por una parte, superado el bache económico de 2009, desde 2010 continuaba la bonanza del ingreso fiscal petrolero. Gracias al aumento de los dineros públicos, el gobierno seguía aprobando importantes recursos para los CC y las comunas, así como alimentando políticas sociales y/o misiones como Mercal, Barrio Adentro y la GMV. A través de estos repartos mantenía abiertas las esperanzas populares de acceder a bienes tangibles e intangibles.

Los CC fueron adquiriendo crecientemente una lógica clientelar, aunque resistencias a esta forma de ser usadas por el oficialismo siguen presentes a lo interno de muchas de ellas. Por otra parte, en la esfera política, aunque el sectarismo, la intolerancia y la intimidación continuaban siendo las principales formas de relacionamiento con quienes disentían del proyecto socialista chavista, en distintas oportunidades el presidente dio señales de permitir algunos diálogos, sobre todo con productores agrícolas y empresarios de la agroindustria, pero también con las universidades y el movimiento estudiantil.

La enfermedad del Presidente

A inicios de mayo ciertos desarreglos en la salud del presidente lo obligaron a posponer una gira a Brasil, Ecuador y Cuba. La causa oficialmente informada fue que padecía una inflamación de rodilla, que lo mantenía guardando reposo. No era, empero, inusual que Chávez se ausentara algunos días del escrutinio público. Cuando esto ocurría, los medios oficiales alegaban dolencias sin importancia. A ciencia cierta nadie podía corroborarlo. Recordemos que, ya para esta época, el gobierno había consolidado una poderosa plataforma comunicacional, que incluía cinco canales de televisión, decenas de estaciones radiales, periódicos y redes sociales, que le permitían el predominio mediático en el país (ver Capítulo 2).

El oficialismo también fue prohibiendo el acceso de cámaras y reporteros de los medios privados a ruedas de prensa oficiales y a espacios como la AN. Chávez imponía así la información y las matrices de opinión del país. Es cierto, sin embargo, que algunos canales privados de televisión se mantenían, aunque –con excepción de Globovisión– habían disminuido sus programas de opinión. El pluralismo seguía existiendo en la prensa privada de cobertura nacional, mucha de la cual mantenía líneas editoriales críticas y presentaba información sesgada a favor de las fuerzas de oposición. Es por estas características, así como porque Chávez se trasladó a Cuba para hacerse los exámenes médicos y operarse, que los venezolanos solo pudieron saber lo que Chávez –posiblemente asesorado por el gobierno cubano– consideraba que debían saber sobre su enfermedad.

Lo que se publicó entonces fue que Chávez el 5 de junio retomó la gira que había tenido que suspender en mayo. Iba a Brasil, Ecuador y Cuba por cinco días, según la AVN. El vespertino *Tal Cual* indicó que, si bien se conocía la agenda de Brasil y Ecuador, nunca se hizo pública la de Cuba. Se dijo después que tuvo que interrumpir su itinerario en algún momento y el día 11 el gobierno venezolano informó al país que su presidente había sido operado en La Habana de manera inesperada. Sin embargo, toda su familia estaba esperándolo cuando llegó a La Habana. La bancada del PSUV, con la mayoría absoluta que tenía en la AN le aprobó el día 14 un permiso de ausencia por tiempo indefinido. Este tipo de ausencia carece de base constitucional, pues la Carta Magna solo contempla faltas temporales o la falta absoluta, estando limitadas las temporales a su aprobación por la AN por un período de noventa días, prorrogables por otro de igual duración (arts. 233 a 235).

Oficialmente, el gobierno informó poco después que el diagnóstico era un «absceso pélvico» y que se recuperaba sin problemas. Siguieron días con escasa o falsa información, lo que produjo alarmas, rumores y diversas conjeturas. Declaraciones dadas por funcionarios del alto gobierno eran erráticas y contradictorias, reflejando que también a ellos se les vedaba información fidedigna. En medio de esta incertidumbre, el 23 de junio, Adán Chávez, hermano del presidente, a su regreso de La Habana dio unas desconcertantes declaraciones: «El presidente es un hombre muy fuerte que, además de un gran corazón, tiene una mente muy poderosa que influye en las recuperaciones». Más temible aún fue el mensaje que escribió para el PSUV, donde les recordó que dentro de la «planificación estratégica» del partido, aunque está contemplada la táctica electoral, «debe estar claramente establecido que no es esta la única vía (…) no debemos obviar otras posibilidades de lucha, según las circunstancias… Bien lo planteó el Che Guevara…». El mensaje fue publicado por Aporrea el día 26 de junio.

Finalmente, el 30 de junio Chávez se dirigió a la nación a través de una grabación hecha en Cuba. Poco antes había comenzado a enviar mensajes por Twitter a sus seguidores y se transmitieron imágenes de él con Fidel Castro, en lo que pareció el centro hospitalario donde se recuperaba. El mensaje fue de pocos minutos, transmitido en cadena nacional, donde el presidente dio la versión oficial de su mes de ausencia. Explicó que había sido operado dos veces porque se le consiguieron, luego de la primera operación, células cancerígenas.

Más delgado y demacrado, pero en su estilo titánico y épico característico, apeló a la imagen del abismo desde el cual luchaba por salir y convocó a dioses y santos: «Comencé a pedirle a mi señor Jesús, al Dios de mis padres, diría Simón Bolívar; al manto de la Virgen, diría mi madre Elena; a los espíritus de la sabana, diría Florentino Coronado; para que me concedieran la posibilidad de hablarles, no desde otro sendero abismal, no desde una oscura caverna o una noche sin estrellas. Ahora quería hablarles desde este camino empinado por donde siento que voy saliendo ya de otro abismo. Ahora quería hablarles con el sol del amanecer que siento me ilumina. Creo que lo hemos logrado. ¡Gracias, Dios mío!»[50].

El 4 de julio Chávez regresó al país, apareciendo esa tarde en el balcón del Palacio Presidencial, vestido de uniforme, con la bandera en la mano y dándose vítores a sí mismo[51]. En las semanas siguientes volvió a La Habana dos veces más para comenzar su tratamiento de quimioterapia, del cual dijo que sería de tres etapas. El mes de julio se llenó de rezos colectivos, vigilias populares y grabaciones estrambóticas sobre el caudillo resucitado, como una del presidente y sus ministros haciendo ejercicios al amanecer —él dando, como siempre, las pautas— y toda una parafernalia de actividades y eventos alrededor de su persona, que han conformado un culto a la personalidad pocas veces visto en país democrático alguno. Mientras tanto, el discurso fue variando; Chávez pidió retirar el eslogan «Patria socialista o muerte» por el de «Viviremos y venceremos», y exhortó a los magistrados del TSJ para que dictasen medidas cautelares a los presos con cáncer, lo que ocurrió inmediatamente. A sus seguidores pidió «unidad, unidad» y

---

50 http://www.psuv.org.ve/portada/mensaje-presidente-hugo-chavez-pueblo-venezuela/#.V5PWdbh96hc
51 Su alocución en el llamado «Balcón del Pueblo» esa tarde estuvo llena de invocaciones religiosas y terminó con un «Viva Chávez».

acabar con el «caudillismo» [*sic*]. En una reunión con empresarios, declaró que no se buscaba «confrontar o aniquilar al sector privado». Otra novedad fue que, después de regresar por segunda vez de Cuba, Chávez se presentó vestido de civil, dijo que no hay porque vestirse de «rojo». Apareció con lentes y cabeza rasurada, anunciando un «*new look*» y un nuevo estilo de gobernar.

La Mesa de la Unidad Democrática

Para completar el cuadro de este año analicemos el desempeño político de la MUD una vez incorporada a la AN para el período 2011-2016. También la conducta del partido PPT, que en 2010 se separó de la coalición de gobierno y no se incorporó a la MUD tratando de abrir en las elecciones parlamentarias de ese diciembre una alternativa política distinta a la polarizada. Recordemos que, en esas elecciones, la sumatoria de los votos del PPT fue de 373 195, un caudal pequeño, pero nada deleznable con miras a las presidenciales de 2012, probablemente reñidas.

En enero, al inaugurarse la AN, una iniciativa interesante de los partidos de oposición fue la conformación de los llamados bloques parlamentarios. Siguiendo un criterio de afinidades ideológicas y sin salirse de la MUD, los 67 diputados de la oposición (65 de la MUD y 2 del PPT) se agruparon en varios bloques parlamentarios con la finalidad de hacer avanzar actividades y leyes cónsonas a intereses más parciales. En esta política de los bloques, el partido PPT se incorporó al de partidos que vienen de la izquierda: PODEMOS, Causa R y el MAS. Otros bloques reunían a socialcristianos, socialdemócratas e independientes. La política de los bloques prometía mejorar el trabajo legislativo de la oposición, y le permitiría al PPT colaborar con sus afines, sin necesidad de identificarse con la MUD. Esta política de bloques trascendió el ámbito legislativo y se empezó a practicar también en espacios locales, regionales y sindicales, agregándose en estos otras organizaciones y redes que no tenían representación parlamentaria. Otra actividad importante de las fuerzas de la oposición al iniciarse este nuevo período estuvo centrada en la escogencia de un candidato unitario para las presidenciales.

Muchas serían las tensiones y dificultades de esta estrategia política, dada la heterogeneidad que anidaba en el seno de la oposición. Sin embargo, la dinámica electoral polarizada impuesta por Chávez y su partido no dejaba posibilidad de éxito de una «tercera alternativa». Las fuerzas de la MUD acordaron entonces privilegiar el mecanismo de una consulta amplia a los electores –unas primarias– como el fundamental para la escogencia del candidato unitario. Este proceso fue fijado para realizarse en febrero de 2012. Complementándolo, se fueron conformado varios equipos de trabajo, buscando armar una propuesta realista, viable y atractiva para el electorado. Otras estrategias también mostraban prudencia y parecieron correctas. Vale mencionar la lucha por los derechos de los presos políticos y las denuncias de violación a la Constitución, como en el caso de la negativa del presidente a solicitar una ausencia temporal para operarse fuera y seguir el tratamiento, lo que lo obligaría a dejar encargado al vicepresidente, cosa a la que Chávez se negaba.

Pero, sin dudas, el desafío era enorme para esta oposición fragmentada y débil. El presidente seguía contando con los poderes públicos subordinados a él, con los recursos públicos prácticamente puestos a su disposición, con una maquinaria partidista, como es el PSUV, que cada vez que convoca una manifestación en su apoyo moviliza a millares de personas de todo el país mediante una vasta y costosa logística, con el control de un emporio mediático puesto al servicio de su partido e ideología. Ese emporio incluye las cadenas, que Chávez antes de enfermarse usaba a un promedio inter-diario, y el programa dominical *Aló, Presidente*. A esto se añadía la emergente estructura estatal de los CC y las comunas, a los cuales Chávez aprobaba recursos de manera personal y directa, además de dar recursos a través de las misiones sociales, que, aunque deficitarias seguían proporcionando a sectores pobres acceso a servicios de salud, vivienda, educación que en el pasado les estuvieron vedados.

Las fuerzas que se oponían al proyecto chavista debían remontar la cuesta del «Estado Mágico» (Coronil, 2002), creador de ilusiones que se disparan, como en ese año 2011, con el alza del precio del barril petrolero en el mercado internacional. El lanzamiento de la GMV fue otro conejo que salió de la chistera del Estado Mágico ese año, con miras a las venideras elecciones presidenciales. Con tantas necesidades insatisfechas, esta misión buscaba despertar una vez más ilusiones entre los pobres.

El presidente, pese a la enfermedad que parecía seria, fue claro en sus aspiraciones de mantenerse como candidato electoral para el 2012, por lo que solo un impedimento biológico lo detendría. Como todo el andamiaje institucional giraba en torno de su persona, un escenario donde no pudiera presentarse debilitaría enormemente la opción electoral chavista en 2012. Una encuesta de julio de 2011, la de IVAD, señaló que fuera del presidente, los demás dirigentes del chavismo tenían menos popularidad que el liderazgo joven de las fuerzas de oposición. La imagen de su gobierno no era ni de cerca tan popular como el presidente, por lo que nada garantizaba la transferencia de su capital político a algún dirigente, cuyo mayor mérito residiera en su lealtad a Chávez. El hipotético retiro de la candidatura de Chávez abriría, por otra parte, una caja de pandora. Eran muchos los intereses económicos, políticos, internacionales (como los del gobierno de Cuba), que se verían amenazados. El resultado sería impredecible.

Mucho se especulaba sobre los cambios de discurso y ciertas nuevas actitudes del presidente Chávez a raíz de su enfermedad y tratamiento. Dichos cambios, no obstante, habían de ser leídos más en clave electoral que como señales de un cambio de rumbo del proyecto socialista, o de una rectificación del estilo despótico y polarizado del poder que caracterizaba al líder y sus seguidores. Chávez y su entorno parecieron haber captado el cansancio de sus discursos incendiarios y promesas grandilocuentes en una población que sufría los rigores de una pésima gestión de los servicios públicos y estaba crecientemente asediada por el hampa, el crimen y la violencia social. Ataviarse crecientemente de civil e invitar a sus seguidores a trajearse con colores distintos al rojo pareció revelar que Chávez había entendido que, pese a todo su poder y recursos, la intolerancia comenzaba a hacer mella también entre sus seguidores, y que no las tenía todas consigo para reelegirse en 2012. Incluso dijo que no había que amenazar con las expropiaciones.

En fin, Chávez y quizás el chavismo parecieron percatarse de que iban a necesitar de esa porción de chavistas no ligados al líder de manera emotiva, que apreciaban sus esfuerzos por la inclusión e igualdad, pero rechazaban su vocación autoritaria y el quiebre de las instituciones democráticas. Ya en las parlamentarias del año anterior ese «chavismo light» o ese «demócrata socialista» se inclinó por la oposición, según señalaban estudios del Centro Gumilla. Se trataba entonces de una porción relativamente pequeña de sus seguidores, pero si recordamos que el partido PPT obtuvo sin alianzas poco más de 370 000 votos, podemos comprender el juego que comenzaba a desarrollarse ante nuestros ojos. Se trataba de ver quién capturaba ese chavismo desencantado para los comicios de 2012.

Por otra parte, el presidente estaba claramente muy enfermo. Era impensable esta situación hasta que ocurrió. El titán se vio este año reducido a proporciones humanas. Las limitaciones físicas del presidente podrían quizás facilitar la apertura de condiciones para mejorar la gestión pública en manos de cuadros y funcionarios del PSUV y su alianza, al no tener permanentemente encima de ellos el control del presidente y sus cambios humorales. Quizás algunos alcaldes, gobernadores y hasta ministros se atreviesen a tomar iniciativas en sus áreas de desempeño y se dejasen asesorar por profesionales en materias específicas. Si ocurriera, podría también ser un alivio para muchos no tener que permanecer los domingos enteros sentados en un *Aló, Presidente*, que promediaba más de seis horas, esperando hablar cinco minutos, o que lo regañasen o despidiesen de sus cargos frente a las cámaras. El presidente dijo ese año incluso que debía aprender a delegar. Parecía una tarea casi imposible, pero a fines de 2011 uno podía pensar que quizás la naturaleza misma de su condición humana lo obligaría. Y ganaríamos todos.

Parte III
Una rutinización fallida

Capítulo 11
El canto del cisne. Las presidenciales de 2012[52]

PESE A LA ENRARECIDA ATMÓSFERA que envolvía la vida cotidiana desde que se informara de la enfermedad del presidente, haciéndose durante la campaña cada vez más crecientes y prolongadas sus ausencias del país, el 7 de octubre de 2012 el presidente-candidato Chávez ganó en las urnas el derecho a un tercer mandato de seis años. Sería este el último triunfo electoral al que asistió físicamente, pues para las regionales del 16 de diciembre ya estaba de nuevo en La Habana para lo que dijo –el día 8 en cadena nacional– sería una nueva intervención quirúrgica. De esa operación ya no se repuso. Este triunfo presidencial, cual canto del cisne, legitimó también de manera más clara que antes la propuesta que venía imponiendo con su inquebrantable terquedad: el nuevo modelo de Estado, el Estado Comunal, como parte de su socialismo del siglo XXI. La contienda electoral se caracterizó por una profundización de la inequidad en la competencia para favorecerlo. Sin embargo, se cumplió con el derecho a la pulcritud y transparencia en los resultados y, en general, con el secreto del voto y la voluntad de los electores.

El proceso electoral presidencial puso de manifiesto un conjunto de rasgos, además de la reelección indefinida, que parecen ser constitutivos del modelo de democracia socialista emergente,

52 Este capítulo es reformulación del trabajo «Las elecciones del 7O en Venezuela y el debate de la democracia en América Latina» (Margarita López Maya y Luis E. Lander), en Silvia Gómez Tagle, editora, *Alternativas para la democracia en América Latina*. México, El Colegio de México-INE, 2015.

que lo distancian del modelo clásico liberal. El uso de recursos públicos como transportes, locales, medios de comunicación, fondos, por parte del candidato-presidente fueron visibles, abundantes y frecuentes. También se exacerbaron en su campaña las relaciones paternalistas y clientelares con una parte de la población. En un contexto de bonanza fiscal por los elevados precios del petróleo, esta forma de hacer campaña hizo que el desbalance entre los candidatos fuese notable, aunque su influencia en los resultados finales resulta difícil de evaluar. La notoria inequidad pareció ser aceptada por la sociedad en su conjunto, si nos atenemos a la masiva participación en la jornada electoral y al reconocimiento de sus resultados.

La polarización política reiterada en cada elección desde 1998, impulsada por el gobierno y sostenida por dos opciones de país percibidas por los electores como opuestas y mutuamente excluyentes, es también un rasgo inusual en democracias representativas estables, donde consensos básicos no suelen estar en disputa. Aunque los resultados del 7 de octubre legitimaron una de las opciones, la votación obtenida por la opuesta conformó una minoría significativa que ponía obstáculos a la consolidación de la ganadora. Esta situación, que en sistemas democráticos convencionales convocaría al diálogo y la construcción de compromisos de gobernabilidad entre las fuerzas rivales, no estaba planteada en las polarizadas relaciones venezolanas.

Este capítulo está dividido en cuatro partes. En la primera, se aborda la caracterización de las fuerzas en pugna y las propuestas presentadas a los electores por los dos candidatos más votados. En la segunda, se exponen los elementos principales del marco normativo en el que se desenvolvió el proceso electoral y las estrategias de campaña desarrolladas. La tercera parte está dedicada a mostrar y analizar los resultados. En la cuarta parte, se presentan y analizan los resultados de las elecciones a gobernadores que se sucedieron poco después, el 16 de diciembre.

Las fuerzas en pugna y sus propuestas

Como quedó mostrado al analizar los resultados electorales, la elección del 7 de octubre fue abrumadoramente polarizada. Aunque terminaron participando seis candidatos, Chávez y Henrique Capriles Radonski concentraron más de 99 % de los votos válidos. Ambos candidatos contaron con el apoyo de alianzas de varios partidos y organizaciones sociales, y presentaron a los electores propuestas de futuro percibidas como altamente diferenciadas.

El candidato-presidente, su Gran Polo Patriótico y la profundización del socialismo

En todas las contiendas electorales desde 1998, la principal fuerza del expresidente Chávez fue su indiscutible liderazgo carismático y personalista (ver Capítulo 1 de este libro). En estas elecciones, ese liderazgo fue promovido y potenciado por una alianza político-social agrupada en el «Gran Polo Patriótico» (GPP), que el presidente impulsó en 2011, así como por una estructura operativa de campaña denominada «Comando Carabobo» constituida en 2012. En ambas instancias su partido, el PSUV, jugó roles dominantes.

Recordemos que el PSUV es el partido que Chávez creó al inicio de su segundo mandato, para congregar las fuerzas que apoyaban su proyecto socialista. Con esta contienda presidencial sumaron cinco los procesos electorales en los cuales había concurrido este partido. En las presidenciales desarrolladas entre 1998 y 2006, Chávez contó con el partido MVR y, antes de este, con el MBR 200. Aunque el PSUV fue inicialmente concebido por Chávez para fusionar en un partido «único» todas las organizaciones que lo apoyaban, pese a sus presiones e insistencia, e incluso amenazas de expulsarlas del gobierno si no se disolvían, se encontró con muchas resistencias por parte de algunas de ellas y hubo de ceder, permitiendo que continuaran existiendo (ver Capítulo 7). Si bien se redujo el número de partidos oficialistas, pues para el proceso electoral de 2006 lo apoyaron más de 25, para este último fueron 11, que tenían poco caudal electoral propio. No obstante, eran importantes en la medida en que capturaban un voto chavista que rechazaba o no deseaba identificarse con el PSUV. Sobre eso volveremos más adelante.

El partido de Chávez siempre fue la organización política más importante de su coalición y lo manejó como un partido al servicio de su liderazgo carismático. El PSUV alcanzaría, en comparación con los anteriores, una mayor estructura, cobertura y cohesión nacional, gracias a un trabajo político ininterrumpido durante el segundo periodo presidencial, con la dedicación de algunos dirigentes y funcionarios chavistas para construirlo. El PSUV contaba con documentos fundacionales, incluidos sus estatutos y poseía una estructura conformada por patrullas territoriales y sectoriales, equipos políticos y una Dirección Política Nacional. Cubría todo el territorio nacional, poseía cuadros a todos los niveles, y una poderosa maquinaria de movilización. Afirmaba sostenerse de las cuotas que pagaban sus miembros y, según sus declaraciones oficiales, tenía para la fecha registrados más de 7 200 000 militantes, de los cuales unos 2 000 000 eran patrulleros, es decir militantes que hacían vida partidista.

Para esta contienda electoral Chávez promovió el GPP como plataforma de apoyo a su candidatura, donde participaron todos los partidos y organizaciones sociales chavistas. Desde 1998 Chávez creaba este tipo de plataformas electorales, siempre con este nombre, buscando coordinar actividades de agitación y propaganda propias del proceso electoral, pero también para proyectar y/o legitimar su liderazgo bajo la imagen de un diverso y plural movimiento de masas, con participación en tareas electorales y del programa de gobierno. En la práctica, sin embargo, se trataba siempre de una coordinación dirigida por él y su partido, y cuyas autoridades, pese a ciertos procedimientos formales, en última instancia eran designadas o ratificadas por él. Tampoco se decidían en el GPP las ofertas o planes del gobierno. En esta oportunidad se le añadió al nombre el adjetivo pomposo de «gran» y, en octubre de 2011, se abrió un registro de partidos y organizaciones para conformarlo, creándose patrullas de punto o vanguardia para promover una presencia en las calles de militantes repartiendo propaganda.

El concepto de Polo Patriótico buscaba para esta etapa resolver las tensiones y contradicciones que presentaba el proceso revolucionario chavista, donde la dinámica vertical de arriba hacia abajo, férreamente controlada por Chávez y su partido, trató de conciliarse con dinámicas de abajo hacia arriba, que provenían de organizaciones sociales, que expresaban diversidad de opiniones, críticas al PSUV y exigían ser consultadas, así como participar en las decisiones. También en el GPP se exteriorizaron los malestares de los demás partidos que fueron convocados a esta plataforma, pero poco escuchados en sus demandas. Un ejemplo lo dio el PCV en octubre de 2011, cuando declaró que no se registraría en el GPP porque el método de conformación del Polo «tiene que ser el de reunirse y el de acordar la concepción de un plan político»[53]. Por su parte, el coordinador de los CB declaró «Queremos que en este espacio se debata y no que sea de altos dirigentes y sabios a los que hay que obedecer»[54]. A fines de año, una declaración muy similar emanaba del coordinador de la Clase Media Revolucionaria: «El Gran Polo Patriótico está aún en su fase inicial de gestación. La igualdad de condiciones es el 'deber ser'. Un Gran Polo Patriótico subordinado al PSUV, o tutelado, perdería su sentido político» (*El Universal*, 27-12-2011). Pese a estos reclamos, a inicios de 2012

---

53 http://www.noticias24.com/actualidad/noticia/335373/el-pcv-no-participara-en-el-proceso-de-registro-del-gpp-a-pesar-de-apoyarlo/
54 http://www.reportero24.com/2011/11/oficialismo-circulos-bolivarianos-fuera-del-gran-polo-patriotico/

el presidente nombró a los integrantes del Comando de Campaña Carabobo solo con militantes del PSUV. Al frente colocó a Jorge Rodríguez, alcalde del municipio Libertador del Distrito Capital. El Comando coordinó todas las actividades de la campaña bajo la dirección del presidente. Allí no había ni activistas sociales ni militantes de otros partidos, pero sí cuadros altos del PSUV y funcionarios del gobierno, incluyendo ministros y gobernadores.

Aunque la campaña oficial estuvo pautada para iniciarse en julio de 2012, fue tan temprano como enero de 2011, cuatro meses después de las parlamentarias, y aún sin haberse diagnosticado su enfermedad, cuando Chávez inició actividades electorales. En un discurso dado en un acto del PSUV en el estado Vargas, criticó al partido por solo activarse en coyunturas electorales, hizo un acto de contrición, asegurando que se habían cometido muchos errores que era necesario corregir. Anunció una potenciación al cuadrado de las «tres erres»[55]: revisión, rectificación y reimpulso, y presentó «cinco líneas de acción» para las elecciones de 2012, un año que consideró «definitorio», «los ciudadanos podrán escoger si continúan por 'esta senda' o por una 'situación verdaderamente espantosa'», la cual, según dijo, sería la «Venezuela retrógrada».

En las primeras cuatro líneas de acción el mandatario señaló la necesidad de que el partido dejara atrás la cultura capitalista y que la militancia alcanzara una cultura socialista, convirtiéndose en instrumento de las luchas populares y de la solución de los problemas cotidianos. Exigió convertir al PSUV en instrumento del nuevo Poder Popular y en un medio eficaz de agitación y propaganda. En su quinta línea de acción señaló el relanzamiento de la estrategia de «repolitizar y repolarizar». Dijo: «Aquí hay dos posiciones, los que luchan por la patria, que es el socialismo y los que luchan por subyugar a Venezuela bajo la burguesía, son los dos caminos. Repolarizar: nosotros los patriotas y ellos los vendepatria.

---

55 Una estrategia que el presidente planteó en 2007, después de perder el referendo de la reforma constitucional (ver Capítulo 7).

Nosotros unidos, una unificación repolitizada repolarizante» (*El Universal*, 22-01-2011).

Chávez presentó en junio de 2012 su propuesta de gobierno como «candidato de la Patria». La llamó «gestión bolivariana socialista 2013-2019». Este documento, extensamente repartido durante los meses de campaña por las patrullas de vanguardia, ofreció continuar la construcción del Estado Comunal, iniciado durante su segundo mandato. Se anunciaron «cinco objetivos históricos» interrelacionados, considerando como el primero que solo esta nueva institucionalidad podía garantizar la independencia nacional comenzada hace 200 años. Entre los otros destacó convertir a Venezuela en una «Gran potencia naciente de América Latina y el Caribe», contribuyendo entonces a una nueva geopolítica internacional, así como al «equilibrio del universo».

El Estado Comunal, como hemos explicado (ver capítulos 2 y 3), es un nuevo Estado que se diferencia del conceptualmente diseñado en la CRBV. Su base es un Poder Popular que no reside en el individuo, sino en sujetos colectivos, como los CC y comunas, consejos de trabajadores, estudiantes, mujeres, etc. Sigue un modelo de democracia directa o asamblearia donde desde un nivel se nombran «voceros», que pasan a la instancia superior, pero sin ejercer representación, porque solo han de transmitir las decisiones.

De acuerdo con la lógica inherente al Estado Comunal y con las leyes aprobadas para concretarlo, una oposición que defendiera los valores de la democracia liberal no tendría aquí espacios donde desenvolverse. Como tampoco quienes resguardan los principios básicos del capitalismo como la propiedad privada y la ganancia en el proceso productivo. Los CC y las comunas, asentadas en la propiedad social, desarrollarían unidades socio-productivas que no contemplarían fines de lucro.

La MUD y el «camino al progreso» de Capriles Radonski

Las fuerzas opositoras al presidente, como señalamos ya con detalle en el Capítulo 4 de este libro, fueron logrando en el segundo mandato de Chávez reinventarse, fortalecerse y construir una propuesta política diferenciada del oficial socialismo del siglo XXI. Estos esfuerzos rindieron frutos importantes en las elecciones parlamentarias de 2010, otorgándole a los partidos de la MUD una nutrida bancada para el período 2011-2016. Para estos comicios, respondiendo a demandas del electorado, la MUD decidió convocar a elecciones primarias para escoger el candidato presidencial unitario, así como también para determinar un grupo de candidatos para las elecciones regionales y municipales que se celebrarían después de las presidenciales.

Las primarias se celebraron en febrero de 2012 y, como ya señalamos, compitieron cinco precandidatos. La MUD convocó a todos los ciudadanos inscritos en el REP, dándose una participación muy elevada para este tipo de elecciones. El vencedor de la contienda, Capriles Radonski, gobernador del estado Miranda, recibió el apoyo de 62,5 % de los votos. A inicios de junio, Capriles presentó su programa de gobierno llamado «Hay Un Camino. Progreso Igual Para Todos», cuyos detalles explayamos en el Capítulo 4.

Las reglas del juego y la campaña

Para esta contienda electoral, en junio de 2012 el CNE aprobó un Reglamento General de la LOPRE. Este nuevo reglamento unificó en uno solo todas las normas regulatorias elaboradas desde que la LOPRE fuera aprobada, en 2009, facilitando su manejo y acceso, y derogando todas las anteriores. También incorporó algunas actualizaciones, producto de la experiencia acumulada de casi tres años y dos procesos electorales de vigencia de esa ley, así como para responder a requerimientos generados por innovaciones realizadas al sistema electoral. Sin embargo, este nuevo reglamento continuó sin corregir debilidades detectadas y señaladas en procesos electorales anteriores.

Una debilidad se refiere a la vaga definición de «propaganda electoral». Dice el artículo 202 que «propaganda electoral es todo mensaje que exprese llamados a votar por determinada candidatura o por alguna parcialidad política». Podría interpretarse que, de no existir un llamado explícito a votar por un determinado candidato o parcialidad política, el mensaje no sería de propaganda electoral. De hecho, así fue interpretado, ya que a lo largo de la campaña la propaganda de gobierno, que promovía fuertemente la figura del candidato-presidente, no fue contabilizada por el CNE como propaganda electoral, quedando fuera del ámbito regulado. Igual tratamiento del CNE tuvieron las «cadenas presidenciales», prerrogativa presidencial que le permitía a Chávez trasmitir mensajes simultáneamente por todas las emisoras de radio y televisión sin límites ni de tiempo ni de frecuencia. Según contabilizaciones de la MUD, en los tres meses de la campaña electoral Chávez activó 27 cadenas que totalizaron 43 horas y 17 minutos de trasmisión, cuatro veces más que en la campaña presidencial de 2006. Haciendo uso de este recurso, Chávez tuvo una presencia en los medios de comunicación de aproximadamente 29 minutos diarios, superando, solamente con las cadenas, muy ampliamente los tres minutos estipulados en el reglamento. Fue esta una fuente inequívoca de desequilibrio entre los candidatos.

El reglamento tampoco fortaleció la capacidad contralora del CNE, limitándose a imponer sanciones pecuniarias a los candidatos y partidos, luego de unos procesos administrativos que terminarían después de la jornada electoral, teniendo por ello nulo impacto en la campaña. Asimismo, no fue abordado el problema del financiamiento de los partidos y sus campañas. Venezuela es el único país de la región donde la política en ninguna de sus dimensiones recibe financiamiento público directo o indirecto. Estas debilidades contribuyeron al desarrollo de una campaña con severos desequilibrios a favor del candidato-presidente.

A lo largo de la campaña, el gobierno no tuvo reparo en utilizar todo tipo de recursos públicos sin restricción alguna. Los medios de comunicación oficial, carros y buses del transporte adscritos a entes públicos, edificios, comedores y dineros públicos fueron algunos de los múltiples bienes usados a discreción para favorecer a Chávez. Cabalgando sobre una prosperidad petrolera solo interrumpida cortamente en 2009, el presidente inauguró durante esta campaña unas «grandes misiones», dirigidas tanto a atender a algunos de los sectores más vulnerables de la población como a reforzar su popularidad entre esos sectores para garantizarse la reelección.

La Gran Misión Vivienda lanzada en 2011, estaba destinada a solucionar el agudo problema de la falta de viviendas en los sectores populares; la Gran Misión en Amor Mayor presentada ese diciembre, estuvo dirigida a otorgar pensiones a personas de la tercera edad aunque no hubiesen cotizado para ello; la Misión Mi Casa Bien Equipada, cuyo propósito fue vender a precios subsidiados enseres y electrodomésticos; y la Gran Misión Hijos e Hijas de Venezuela, para entregar ayudas monetarias a madres adolescentes o jefas de hogar, o con hijos discapacitados, tuvieron gran impacto político y contribuyeron con su victoria.

En esta campaña la enfermedad de Chávez, que apareció en 2011 y lo mantuvo dos veces por más de un mes fuera de actividad política, parecía al principio que jugaría un rol significativo. Sin embargo, no fue este el caso, bajando su estrellato como tema de campaña, al asegurar constantemente por los medios públicos que estaba curado y dar signos de vitalidad. No obstante, a diferencia de otras campañas, la aparición física del presidente en mítines y recorridos fue menor y su campaña estuvo centrada más en repartir recursos a través de las misiones, y su presencia en los medios y en redes sociales.

La campaña de Capriles, por su parte, se inició inmediatamente después de su victoria en las elecciones primarias, aunque gente de su equipo considera que ya había comenzado en octubre del año anterior con su promoción para estas. A diferencia de la campaña de Chávez, la de Capriles puso desde un inicio el acento en su presencia física en la mayor cantidad de pueblos, caseríos y ciudades del país para darse a conocer. Una campaña sintetizada en la consigna de «pueblo por pueblo» y «casa por casa», muy similar a otras realizadas en el pasado por partidos políticos y el mismo Chávez, pero menos vistas en los años recientes. Capriles le dio tres vueltas al país en estos tres meses, visitando un total de 305 poblados. Transportándose en bus, lancha, helicóptero o avioneta, Capriles privilegió lugares distantes, alejados y pobres. En la medida que avanzó su campaña despertó grandes entusiasmos y congregó mítines multitudinarios en las grandes ciudades.

Continuando con la que fue una exitosa estrategia para las primarias, Capriles y su comando de campaña buscaron darle una vuelta a la lógica polarizadora impuesta por Chávez, con la articulación de un discurso que rehuía la confrontación agresiva directa, evitaba personalizar a su adversario, no respondía a descalificaciones de las que era objeto y se presentaba como alternativa válida[56]. El discurso de la oposición buscó contrastarse con el oficialista, al ofrecer un gobierno cuya gestión se focalizaría en resolver los problemas concretos de la gente y no partidizaría las políticas sociales o misiones. Usó como consignas principales «hay un nuevo camino», llamando a montarse en el «autobús del progreso». Con la primera proyectaba la existencia de una alternativa posible y con la segunda caracterizaba, por contraste, al presente como una situación de atraso.

Un rasgo que estuvo presente en ambas campañas fue el uso reiterado tanto de símbolos nacionalistas como de íconos religiosos.

---

56   Entre los epítetos que Chávez le endilgó a su adversario estuvieron «majunche», «cerdo» y «la nada».

Abundaron los afiches de ambos candidatos, que contraviniendo expresas disposiciones normativas tuvieron de trasfondo el amarillo, azul y rojo de la bandera nacional. Igualmente, ambos aparecían ataviados frecuentemente con los símbolos patrios (en gorros, chaquetas). Por otra parte, la presencia de vírgenes, crucifijos y cristos fue abundante, en el caso de Chávez relacionado con la «superación» de su enfermedad; mientras que Capriles estaba asociado al fortalecimiento de su religiosidad debido a su experiencia carcelaria ocurrida en el primer gobierno de Chávez. Capriles hizo mucho énfasis en su religiosidad católica, quizás buscando minimizar el impacto político que podría tener su origen hebreo. La religiosidad de Chávez era más sincrética, y en varias ocasiones se incorporaron a sus actos rituales de origen afrocaribeño e indígena. También cumplió promesas a diversas vírgenes y santos en plena campaña.

Pese a la extrema y agresiva polarización del discurso oficial, y si bien hubo episodios de violencia contra actos de campaña del candidato opositor y contra periodistas y medios, estos no fueron generalizados. Es de notar, que solo en ocasiones puntuales altos dirigentes del oficialismo, incluyendo al presidente, han rechazado explícitamente el uso de la violencia. En algunas ocasiones, en esta campaña y otros eventos, hasta la han justificado. En Caracas, grupos armados afectos al chavismo impidieron en tres oportunidades el ingreso del candidato opositor a territorios considerados por ellos exclusivamente «chavistas»: Cotiza, La Vega y Lídice. En Cotiza, parroquia San José del municipio Libertador, un grupo armado identificado con el PSUV disparó y lanzó piedras y botellas contra el grupo que acompañaba al candidato, incluido al equipo de reporteros que cubría la actividad. Las cámaras de un canal de televisión, que capturaron el momento de los disparos, fueron incautadas por el grupo violento, obligando al camarógrafo a entregarlas. En el hecho resultó herido por el roce de una bala el hijo de un diputado que fue candidato a alcalde del municipio.

En la ciudad de Puerto Cabello, en el estado Carabobo, por instigación del alcalde chavista, grupos violentos impidieron la llegada del candidato opositor por el aeropuerto de la ciudad, produciéndose un enfrentamiento con palos, piedras y botellas entre chavistas y opositores. Dos vehículos y una moto fueron incendiados y otros carros presentaron daños por el impacto de piedras. Capriles, avisado la noche anterior, logró llegar por mar, gracias al auxilio de unos pescadores y pudo dar su mitin. El 29 de septiembre, en Barinitas, estado Barinas, mientras grupos de Capriles realizaban una caravana con pancartas y altoparlantes, grupos identificados como seguidores de Chávez dispararon ocasionando la muerte a dos activistas políticos de la oposición.

La polarización política también afectó, como en otras contiendas, el derecho a la libertad de expresión e información, y el ejercicio de la profesión periodística. Durante la campaña se produjeron varios incidentes con periodistas nacionales y extranjeros, algunos fueron agredidos y sus equipos de trabajo expropiados o su material informativo borrado. Hubo canales y periodistas a los cuales se les negó acceso a ruedas de prensa de Chávez. El canal de televisión Globovisión, conocido por su línea editorial contraria al gobierno y que apoyaba la candidatura de Capriles, en al menos dos oportunidades fue objeto de acciones intimidatorias por decenas de motorizados, que vestidos de rojo y con pancartas de Chávez rodearon la sede y procedieron a accionar fuegos pirotécnicos. El periodista argentino, Jorge Lanata, que produce un programa televisivo en su país, criticó semanas antes de las elecciones al gobierno de Chávez, por lo que fue detenido e interrogado en el aeropuerto de Maiquetía al llegar a Venezuela con el propósito de cubrir el acto electoral del 7 de octubre. Posteriormente, Lanata y su equipo periodístico fueron nuevamente cuestionados en Maiquetía por funcionarios del Sebin cuando regresaban a su país. Se les revisaron sus pertenencias y les confiscaron y borraron el material de sus cámaras, celulares y computadoras. Uno de los miembros del equipo de Lanata logró grabar el momento en el que fueron detenidos y llevados a las oficinas del Sebin; sin embargo, perdieron esas evidencias porque los funcionarios eliminaron las tomas hechas; luego les devolvieron algunos de los equipos, pero se quedaron con dos cámaras.

Los resultados electorales: polarización y pluralismo

El 7 de octubre tuvo lugar el acto de votación, que transcurrió sin perturbaciones relevantes. La ciudadanía se apersonó desde temprano en los centros de votación y la mayoría de estos se instalaron temprano y funcionaron dentro de lo pautado. De acuerdo con el segundo informe emitido el 8 de octubre por el OEV: «los hechos de violencia ocurridos fueron escasos y de poca trascendencia». El buen término de la jornada electoral contribuyó a que los primeros resultados fueran dados a conocer prontamente por la autoridad electoral y que el candidato perdedor los reconociera sin dilación.

Chávez ganó con 8 185 120 votos a Capriles Radonski, quien obtuvo 6 583 426. Estos votos, discriminados por entidades federales, aparecen en el cuadro siguiente:

Cuadro Nº 14
Elecciones presidenciales. Octubre 2012

	Hugo Chávez F.		Henrique Capriles		Otros		Abstención	
	Votos	%	Votos	%	Votos	%	Votos	%
Amazonas	38 715	**53,49**	32 990	45,58	673	0,93	19 622	20,82
Anzoátegui	409 118	**51,57**	378 210	47,67	6038	0,76	188 423	18,87
Apure	155 782	**66,09**	78 277	33,21	1651	0,70	67 688	21,96
Aragua	552 878	**58,62**	384 592	40,78	5708	0,61	202 438	17,39
Barinas	243 394	**59,22**	165 082	40,17	2525	0,61	100 798	19,36

Bolívar	387 186	**53,73**	327 720	45,47	5766	0,80	200 623	21,43
Carabobo	651 726	**54,49**	536 952	44,89	7417	0,62	296 111	19,57
Cojedes	116 578	**65,32**	60 584	33,94	1323	0,74	39 437	17,73
Delta Amacuro	54 963	**66,84**	26 506	32,24	758	0,92	28 513	25,30
Dtto. Capital	695 162	**54,85**	564 312	44,53	7813	0,62	316 452	19,67
Falcón	296 902	**59,88**	195 619	39,45	3337	0,67	127 246	20,08
Guárico	249 038	**64,31**	135 451	34,98	2740	0,71	101 618	20,47
Lara	499 274	**51,45**	463 538	47,77	7637	0,79	207 053	17,31
Mérida	227 276	48,46	239 653	**51,10**	2076	0,44	98 398	17,07
Miranda	769 233	49,97	762 373	**49,52**	7905	0,51	378 571	19,17
Monagas	272 150	**58,34**	191 087	40,96	3237	0,69	115 287	19,51
Nueva Esparta	132 452	**51,02**	125 792	48,46	1349	0,52	63 687	19,41
Portuguesa	327 960	**70,90**	131 100	28,34	3539	0,77	102 694	17,84
Sucre	280 933	**60,23**	182 898	39,22	2565	0,55	150 773	24,12
Táchira	274 462	43,31	356 337	**56,23**	2956	0,47	150 553	18,88
Trujillo	252 051	**64,10**	139 195	35,40	1940	0,49	99 817	19,94
Vargas	127 246	**61,47**	78 382	37,87	1374	0,66	54 205	20,43
Yaracuy	194 412	**60,00**	127 442	39,33	2179	0,67	72 319	17,89
Zulia	970 825	**53,34**	842 145	46,27	7034	0,39	479 518	20,60
Exterior	5004	7,97	57 156	**91,02**	634	1,01	28 491	30,97
Inhóspitos	400	92,17	33	7,60	1	0,23	340	
TOTAL	**8 185 120**	**55,09**	6 583 426	44,31	89 741	0,60	3 683 760	19,56

Fuente: www.cne.gob.ve [descargado el 27 de octubre de 2012].

Ambos candidatos, como en las presidenciales de 2006, sumaron más de 99 % de los votos válidos emitidos, repartiéndose entre los otros cuatro candidatos solo un restante de 0,67 %.

Es importante resaltar la masiva participación de los venezolanos, que en esta contienda alcanzó 80,52 % de los electores inscritos en el REP, la cifra más alta en la era de Chávez. Esta cifra se presta a dos lecturas. Por una parte, puede destacarse positivamente la valoración que le dan los ciudadanos al voto como herramienta eficaz y creíble para la selección de las más altas autoridades en el país. El empeño del CNE conjuntamente con representantes de los comandos de campaña en auditar prolijamente los distintos componentes de la plataforma del sistema electoral durante las semanas previas, sin duda, contribuyó a fundamentar la confianza ciudadana.

La segunda lectura es menos positiva y está relacionada con la polarización que sufre la sociedad. Mucho se ha escrito sobre la condición de sociedad fracturada que vive Venezuela en las últimas dos décadas y la incapacidad de sus ciudadanos de construir consensos básicos sobre el rumbo a seguir por el país. La CRBV pareció en su momento materializar un inicio para alcanzar acuerdos comunes, pero muchos acontecimientos posteriores, como hemos visto, frustraron esas ilusiones. La alta participación puede interpretarse también como manifestación de la percepción mayoritaria de que en cada uno de esos eventos nos estamos jugando el futuro. Las propuestas de los candidatos no son presentadas como variaciones de énfasis o diversidad de tonos, sino como proyectos antagónicos excluyentes.

En términos nacionales, las fuerzas se volvieron más parejas, luego de que en las presidenciales de 2006 ganara el presidente Chávez con 62,8 % de los votos y Manuel Rosales solo obtuviera 36,9 % (ver Capítulo 6). Ahora los resultados son de 55,1 % a 44,3 %, es decir, la brecha se redujo de 26 a 11 puntos. Si se considera el ventajismo con que compitió Chávez, esa reducción fue muy significativa. Su caudal aumentó modestamente con relación al de la oposición (876 040 votos para Chávez; 2 290 960 para la oposición).

Si bien se constató que una mayoría apoyaba al presidente, una minoría muy significativa de 45 %, lo adversaba. Esa mayoría parecía dispuesta a ir a un Estado Comunal que no contemplaba pluralismo político. Había, sin embargo, una minoría bastante grande que exigía ese pluralismo. El mecanismo electoral parecía no ser suficiente para imponer la propuesta comunal socialista. La noche de las elecciones, Chávez se comunicó vía telefónica con Capriles y por primera vez lo llamó por su nombre.

Los resultados del 7 de octubre reiteraron la persistente polarización política de los venezolanos, que se mantuvieron en torno a parámetros territoriales y por nivel de ingreso similares que la han caracterizado desde 1998. Ilustremos esto, una vez más, con la tabla siguiente que recoge el comportamiento electoral en el AMC, el mismo que se repite en cualquier ciudad del país:

Cuadro N° 15
Área Metropolitana de Caracas
resultados electorales 2004-2006-2012

	2004				2006				2012			
	Hugo Chávez		Opositor		Hugo Chávez		Opositor		Hugo Chávez		Opositor	
	Votos	%	Votos	%	Votos	%	Votos	%	Votos	%	Votos	%
Área Metropolitana	679055	48,41	714967	50,99	872324	54,81	710526	44,59	915891	48,20	972350	51,20
Libertador	516840	56,04	405360	43,96	658487	62,74	387446	36,92	695162	54,85	564312	44,52
Antímano	38726	76,69	11768	23,31	50195	81,78	10995	17,91	56372	75,09	18241	24,29
San Pedro	10837	27,95	27935	72,05	13118	32,25	27430	67,45	11964	26,29	33335	73,27
Baruta	29513	20,61	113679	79,39	37913	24,25	118123	75,55	36413	20,75	138513	78,95
El Cafetal	2880	9,28	28148	91,72	3452	10,93	28069	88,90	2504	7,62	30262	92,17
Chacao	9963	19,98	39901	80,02	12643	23,37	41354	76,44	10910	18,37	48262	81,27
El Hatillo	5298	17,93	24246	82,07	6805	20,35	26580	79,52	7329	18,14	32950	81,56
Sucre	117441	47,12	131781	52,88	156476	53,17	137023	46,56	166077	46,62	188313	52,86
Leoncio Martínez	8343	21,84	29854	78,16	10867	26,44	30117	73,28	9889	21,64	35659	78,03
Filas de Mariche	5889	75,03	1960	24,97	9253	79,86	2299	18,84	12149	72,68	4463	26,70

Fuente: CNE, 2013

Puede verse en la tabla que desde el referendo revocatorio de 2004 los resultados electorales en el AMC han sido reñidos. Chávez ganó en una oportunidad y la oposición en dos. Si afinamos la mirada en los cinco municipios del AMC vemos que en varios de ellos los resultados fueron menos reñidos y han sido razonablemente estables. En el municipio Libertador, donde la población pobre es mayoritaria, Chávez siempre se alzó con la victoria; mientras que, en Baruta, Chacao y El Hatillo, zonas de residencia mayoritariamente de sectores medios y altos, resultó siempre perdedor. El municipio Sucre, por su parte, ha sido más variante, venciendo la oposición en dos oportunidades y Chávez en otra. Si bajamos a nivel de parroquia la condicionante socio-económica del comportamiento se ve con mayor nitidez. En Libertador, su parroquia más «rica», San Pedro, siempre vota por la oposición, llegando en esta oportunidad a 73,3 %; a diferencia de la más «pobre», Antímano, que lo hizo siempre por Chávez, esta vez con 75,1 %. Lo mismo ocurre en Sucre que, aunque tiene un comportamiento global variante, sus parroquias son consistentes. En Leoncio Martínez, la más rica del municipio, Chávez fue siempre derrotado abrumadoramente, en esta oportunidad con 78 %, mientras que en Filas de Mariche los resultados siempre han sido opuestos, 72,7 % para Chávez. La parroquia El Cafetal, de Baruta, es el ejemplo más radical de la polarización territorial al obtener siempre la oposición porcentajes de votos superiores a 85 %, llegando en esta última oportunidad a ¡92,2 %!

Si miramos los resultados electorales de cualquier otra ciudad veremos que el fenómeno se repite. En Maracaibo, la votación por Chávez en Ildefonso Vásquez, parroquia pobre, alcanzó 62,2 % de los votos; entretanto, en Olegario Villalobos, parroquia rica, Capriles obtuvo 77,6 %. En Ciudad Guayana, municipio Caroní del estado Bolívar, en la parroquia Dalla Costa, la victoria de Chávez se selló con 62,7 % de los votos, mientras que en la parroquia Universidad fue Capriles el triunfador al alcanzar

76,9%. Situación parecida se presentó en Barquisimeto, municipio Iribarren de Estado Lara. En la parroquia Unión, Chávez venció con un porcentaje de 56,5%, pero en la parroquia Santa Rosa, Capriles obtuvo 66,9%. En Valencia, estado Carabobo, otro tanto. En la parroquia Santa Rosa 58,1% de los electores favorecieron a Chávez y en la parroquia San José el apoyo a Capriles alcanzó 87,8%. Comportamientos similares son observables prácticamente en todas las ciudades y regiones del país. Las preferencias electorales de los venezolanos parecen estar fuertemente determinadas por su condición socioeconómica. Este es quizás un ingrediente importante para entender cómo pudo haber tanta gente convencida de que los resultados del 7 de octubre serían contrarios a los que terminaron siendo. Las personas suelen relacionarse en ambientes socio-económicos relativamente homogéneos en los cuales la mayoría expresa similares preferencias electorales y se suele, equivocadamente, identificar el entorno como representativo del país en su conjunto.

Estos resultados electorales también mostraron algunos reacomodos que se produjeron al interior de los dos bloques dominantes. En el bloque oficialista, y a pesar de los esfuerzos hechos por Chávez, el PSUV no logró en la práctica convertirse en el partido «**único**» de las fuerzas chavistas al que venía aspirando desde 2007, cuando lo fundó con ese explícito objetivo. Siguió siendo, sin duda, el partido principal del presidente, pero sin los votos de los otros partidos –del GPP– Chávez se hubiera visto en apuros.

Distribución votos Hugo Chávez F.
Elecciones octubre 2012

	Votos	%
TOTAL	8 185 120	100,00
PSUV	6 381 640	77,97
PCV	489 613	5,98
PPT	219 905	2,69
REDES	198 041	2,42
MEP	185 705	2,27
TUPAMAROS	170 386	2,08
PODEMOS	156 074	1,91
OTROS	383 756	4,69

Fuente: www.cne.gob.ve

De los votos por Chávez, 22 % se hicieron a través de partidos diferentes del PSUV. Sumaron 1 803 480 que fueron indispensables para el triunfo sobre Capriles. Resultaron estos otros partidos vías para expresar descontento y/o rechazo hacia el partido del presidente. Parecían reivindicar, dentro de las fuerzas chavistas, la necesidad de diversidad y pluralismo, por lo general ausentes en las dinámicas gubernamentales y del partido.

En el bloque opositor se operaron también llamativos reacomodos. La tarjeta más votada fue la de la MUD, que expresó con la mayor nitidez la demanda de unidad. Varios partidos históricos importantes (AD, COPEI, MAS, LCR) llamaron a sus simpatizantes a votar por ella y no presentaron la propia en el tarjetón. Esta tarjeta sirvió también para que opositores a Chávez, desde posturas de la antipolítica, votasen sin apoyar a partido político alguno. El que surgió como el principal partido de oposición fue PJ que incrementó su votación con respecto al año 2006 en 537 723 votos, 41,4% de crecimiento. Quien en 2006 había resultado el principal partido de oposición, UNT, tuvo una merma de 353 767 votos, siendo ahora solo la tercera más votada. Puede haber influido el hecho de que el candidato de 2006 era dirigente de UNT, mientras el de 2012 correspondía a PJ.

Cuadro Nº 17
Distribución voto Henrique Capriles
Elecciones octubre 2012

	Votos	%
TOTAL	**6 583 426**	**100,00**
MUD	2 201 685	33,44
PRIMERO JUSTICIA	1 837 272	27,91
UN NUEVO TIEMPO	1 201 595	18,25
VOLUNTAD POPULAR	471 392	7,16
AVANZADA PROGRESISTA	255 937	3,89
UNIDAD VISIÓN VENEZUELA	131 513	2,00
MIN UNIDAD	110 692	1,68
OTROS	373 340	5,67

Fuente: www.cne.gob.ve

Las elecciones regionales de diciembre de 2012

El 16 de diciembre de 2012, apenas a diez semanas de los comicios presidenciales, se realizaron en Venezuela elecciones regionales para elegir los gobernadores de 23 estados del país y los 233 diputados de los consejos legislativos estadales para el periodo 2013-2016. Similar a las elecciones de octubre, tampoco en esta oportunidad el principio de la equidad fue garantizado por las instituciones responsables de ello ni respetado por los actores en competencia. El día mismo de la jornada electoral, sin embargo, el país estuvo en razonable calma sin que ocurriesen hechos de violencia vinculados con esa jornada. La pulcritud y transparencia en los resultados y, en general, con el secreto del voto y la voluntad de los electores, nuevamente fueron debidamente garantizados. Aunque Chávez tuvo la palabra decisiva en la escogencia de los candidatos a gobernadores del PSUV, por primera vez, desde 1998 y por razones de salud, estuvo físicamente ausente durante casi toda la campaña, aunque su imagen se mantuvo omnipresente.

En términos generales los resultados de estos comicios reafirmaron las tendencias marcadas en octubre, pero con algunas variaciones dignas de mencionar. Un primer asunto que llamó la atención fue la relativa baja participación. Mientras en las elecciones presidenciales la abstención fue de apenas 19,5 % del REP, en las regionales subió a casi 47 %. La abstención afectó por igual a los distintos actores políticos. En las elecciones de octubre, Chávez obtuvo 55,1 % de los votos válidos y Capriles 44,3 %, mientras que en diciembre el porcentaje obtenido por los candidatos oficialistas a las gobernaciones fue de 52,3 % y por los candidatos opositores 41,6 %. Ambas alianzas políticas, el oficialismo y los partidos agrupados en la MUD, sufrieron una merma considerable de votos de octubre a diciembre. El oficialismo más de 3 300 000 votos y los partidos de la MUD más de 2 700 000. Pero en términos de porcentajes sobre votos válidos, el primero perdió 2,8 % y el segundo 2,7 %. Es decir, las dos elecciones mostraron resultados nacionales bastante similares.

Hay, sin embargo, algunas diferencias. En las elecciones presidenciales Chávez obtuvo mayoría en 21 entidades federales, incluyendo al Distrito Capital, donde no hubo en diciembre elecciones por no haber allí ni gobernador ni consejo legislativo. Capriles, por su parte, triunfó en dos, Mérida y Táchira. Aunque el CNE registró la victoria de Chávez en Miranda con 7091 votos de ventaja, hubo en ese estado más de 10 800 votos emitidos en cuatro tarjetas con la fotografía de Capriles que, por cambios en la postulación, fueron sumados a otra candidata o totalizados como nulos. Es legítimo suponer que, por falta de información suficiente, la mayoría de esos votantes tuvieron la intensión de hacerlo por Capriles. En las elecciones de diciembre fueron electos 20 candidatos a gobernadores postulados por el oficialismo y tres por partidos de oposición en los estados de Amazonas, Lara y Miranda.

Mucho se ha debatido sobre la aguda polarización política que se vive en el país y que lo divide entre quienes apoyan el proyecto del presidente y quienes lo adversan. En toda elección, sea del tipo que sea, esa polarización es un ingrediente importante para decidir el voto, siendo para muchos el factor determinante. Argumentan, pues, que esa dinámica nacional polarizada es siempre la dominante. Pero, aunque el porcentaje nacional de votos obtenidos por ambas alianzas en las dos elecciones de 2012 fue similar, si se ven los resultados con más detenimiento, hay algunas diferencias notables.

En los dos estados donde el candidato Chávez perdió en octubre, los candidatos a gobernador por él respaldados resultaron vencedores en diciembre. Particularmente llamativos fueron los resultados de Táchira. Capriles obtuvo allí 56,2 % de los votos, mientras que César Vivas Pérez, candidato de oposición a la reelección, perdió al sumar 45,5 % de los votos, una caída de más de 10 puntos. Por su parte, el candidato *chavista*, José Vielma Mora, aventajó porcentualmente a Chávez por más de 10 puntos. Si bien hubo en ese estado un incremento sustancial de la abstención, ella se mantuvo por debajo del porcentaje nacional. Claramente, la dinámica regional y la evaluación de los candidatos jugaron allí un papel decisivo. Situación similar, aunque menos drástica en cuanto a las variaciones porcentuales de votos, ocurrió también en Mérida.

Lo contrario sucedió en Amazonas y Lara. Los dos candidatos a la reelección, Liborio Guarulla y Henry Falcón, electos en

2008 por la alianza oficialista pero postulados ahora por partidos de oposición, resultaron vencedores contraviniendo los resultados de las elecciones de octubre, cuando Chávez triunfó en ambas entidades. En otros estados, si bien se mantuvo el *chavismo* como ganador en ambas elecciones, incluyendo tres estados donde candidatos opositores optaban por la reelección, la diferencia en los porcentajes de votos entre una elección y otra llegó, en algunos casos, a ser de más de 15 %. Muestran estos ejemplos que, a pesar de la aguda polarización, los candidatos y propuestas tienen algún peso. Queda espacio para la política, y las dinámicas regionales algo importan.

Capítulo 12
Nicolás Maduro y la crisis[57]

DURANTE LOS CASI DOS AÑOS que duró la enfermedad de Chávez se agudizaron los desajustes de todo orden de la sociedad venezolana, que fueron características de esta era de cambios. Su muerte oficial, el 5 de marzo de 2013, añadió un vacío político inconmensurable, dado que en sus catorce años de gobierno concentró prácticamente todo el poder y tomó todas las decisiones. El 8 de diciembre de 2012 hizo su última aparición pública ante cámaras de televisión, en cadena nacional, antes de marcharse a La Habana para someterse a una última operación de la cual no se recuperó. En esa alocución ungió como su sucesor al vice-presidente y canciller, Nicolás Maduro, con estas palabras:

> … y se ha decidido, es necesario; es absolutamente necesario, es absolutamente imprescindible someterme a una nueva intervención quirúrgica. Y eso debe ocurrir en los próximos días. Incluso les digo que los médicos recomendaban que fuese ayer, ayer; a más tardar ayer, o este fin de semana. Yo dije: No. No, en verdad yo solicité permiso para el tratamiento hiperbárico, se presenta esto y yo quiero ir allá, yo necesito ir a Venezuela… Pues, él [Nicolás Maduro] queda al frente de la Vicepresidencia Ejecutiva de la República, como siempre hemos hecho en permanente contacto.

57 Este capítulo está apoyado en «Venezuela poschavista: legados y desafíos» en *Revista de Estudios Latinoamericanos*, enero 2016 (en prensa) y «Venezuela 2014: descontento económico y protestas» en Ronald Balza Guanipa (coord.), *Venezuela 2015. Economía, política y sociedad*. Caracas, Konrad Adenauer Stiftung-UCAB, 2015, pp. 197-206.

Pero yo quiero decir algo, quiero decir algo, aunque suene duro, pero yo quiero y debo decirlo, debo decirlo. Si como dice la Constitución, cómo es que dice, si se presentara alguna circunstancia sobrevenida, así dice la Constitución, que a mí me inhabilite, óigaseme bien, para continuar al frente de la Presidencia de la República Bolivariana de Venezuela, bien sea para terminar, en los pocos días que quedan... ¿Cuánto?, ¿un mes? Hoy es... Sí, un mes, un mes...

Y sobre todo para asumir el nuevo período para el cual fui electo por ustedes, por la gran mayoría de ustedes, si algo ocurriera, repito, que me inhabilitara de alguna manera, Nicolás Maduro no sólo en esa situación debe concluir, como manda la Constitución, el período; sino que mi opinión firme, plena como la luna llena, irrevocable, absoluta, total, es que —en ese escenario que obligaría a convocar como manda la Constitución de nuevo a elecciones presidenciales— ustedes elijan a Nicolás Maduro como presidente de la República Bolivariana de Venezuela. Yo se los pido desde mi corazón...[58]

Chávez moriría oficialmente el 5 de marzo de 2013 en el Hospital Militar de Caracas y el CNE, siguiendo la CRBV y las órdenes del propio fallecido, inmediatamente declarada oficialmente su muerte, convocó a elecciones presidenciales, que tuvieron lugar el 14 de abril.

Este capítulo está dedicado a examinar el desempeño de Nicolás Maduro y su gobierno, desde que asumiera la Presidencia de la República, tras esas elecciones. En primer lugar, se sistematizan e interpretan informaciones generales para entender la magnitud del desarreglo económico, social y político institucional de la sociedad venezolana. Estas son producto principalmente de las gestiones desarrolladas en los dieciséis años de era chavista, pero que el nuevo gobierno agravará. Nuestra interpretación de la actual crisis global que padece la sociedad bajo el gobierno de Maduro está

58 http://www.psuv.org.ve/temas/noticias/transcripcion-completa-palabras-presidente-chavez-su-ultima-cadena-nacional-081212/#.V5YVLrh96hc

influida por enfoques sobre los problemas que plantea para las instituciones democráticas la desaparición del liderazgo carismático y las características de la representación populista, que desarrollamos en la primera parte de este libro. En segundo término, se presentan e interpretan con estas claves los resultados electorales del 14 de abril de 2013 y se detallan desarrollos de los primeros dos años del gobierno de Maduro, que contribuyen a entender la oscilante crisis política en desarrollo.

Contexto político y anomia social

La crisis sociopolítica que se desarrolla prácticamente desde el inicio de la Presidencia de Nicolás Maduro ocurre en un contexto signado por desajustes más extensos y de naturaleza estructural, relacionados con el desmantelamiento durante el segundo gobierno de Chávez de instituciones de la democracia liberal asentadas en la CRBV, para reemplazarlas por un nuevo Estado Comunal, direccionado «desde arriba», de rasgos autoritarios y que no llegó a cuajar.

Como señalamos en los dos primeros capítulos, la dominación carismática y el populismo como formas de ejercer el poder y hacer política favorecen modalidades de democracia directa que, si bien facilitan la acumulación y cohesión de fuerzas sociopolíticas en movimientos transformadores de las relaciones sociedad-Estado, al mismo tiempo, si perduran, o si el liderazgo es mediocre o miope, terminan estableciendo condiciones, tanto para la anomia social como para el ejercicio autoritario del poder. Ese ha sido el caso de Venezuela.

Se conoce como anomia situaciones donde las normas de convivencia social dejan de ser obedecidas, creándose condiciones de ingobernabilidad y violencia sociopolítica. El populismo, por su parte, al privilegiar la relación directa entre líder y masas por sobre la institucionalidad y sus leyes, y al valorar el discurso polarizador y descalificatorio hacia el «otro» sobre la tolerancia a la diferencia y el pluralismo, erosiona la legitimidad de frenos y controles entre los poderes públicos del sistema representativo, debilita las normas de respeto entre los ciudadanos y favorece el ejercicio personalista del poder.

En Venezuela, el ascenso al poder de la coalición chavista en 1999 y su continuo ejercicio populista del poder profundizó la deslegitimación de las ya debilitadas instituciones de la democracia representativa y fortaleció una cultura de la antipolítica y un culto personalista a la figura del presidente Chávez, sembrando condiciones para la desobediencia e irrespeto a leyes y normas. La anomia se agravó en el segundo gobierno, cuándo Chávez buscó construir el Estado Comunal con sus nuevas relaciones sociedad-Estado, desprovistas de principios representativos y de frenos y controles entre los poderes públicos. Aunque la reforma constitucional para legitimar este cambio institucional fue rechazada por el voto popular, el gobierno persistió en desarrollarla, como hemos ya dicho, haciendo un uso fraudulento de los contenidos vigentes en la Constitución[59]. La profundización de procesos anómicos se viene expresando en el crecimiento continuo de índices de violencia social, como son las tasas de homicidios, robos y secuestros, así como índices de corrupción y penetración del crimen organizado en organismos del Estado. Para 2013 estos indicadores se colocaban entre los más altos del mundo.

Al iniciarse el gobierno de Maduro estas tendencias tendieron a agravarse, porque si bien el candidato oficialista ganó la elección presidencial para finalizar el período correspondiente al tercer gobierno de Chávez, el resultado fue más reñido de lo que encuestas y analistas anticiparon. La campaña, como ya es usual en la era

---

59 Jesús Casal (2014) sostiene que en Venezuela se viene sucediendo el paso de una Constitución nominal, en el sentido de Karl Loewenstein, a una Constitución fachada, en la acepción de Giovanni Sartori. La CRBV está «siendo infiltrada y desplazada por un sistema ideológico incompatible con ella, hasta el punto de privarla en gran medida de utilidad incluso estética para los titulares del poder».

del chavismo, se caracterizó por una importante desigualdad en las condiciones de la competencia. Maduro usó sin frenos institucionales recursos del Estado –financieros, instalaciones, medios y empleados– a su favor, por ser presidente encargado y heredero del esquema chavista que ha borrado las fronteras entre Estado, gobierno y partido, subordinando los poderes públicos a la «revolución». Así, cuando el CNE dio esa noche a conocer su primer boletín con resultados de más de 90 % de las mesas, donde Maduro ganaba con apenas 1,7 % de diferencia sobre el candidato opositor de la MUD, Henrique Capriles Radonski, la situación se tornó conflictiva[60].

El discurso triunfalista de Maduro no ayudó a disipar la tensión. Seis meses antes Chávez había ganado las elecciones presidenciales con una diferencia porcentual de 11 puntos, más de 1 600 000 votos en términos absolutos. Con Maduro la diferencia no llegó a los 225 000 votos. La notable merma puso en dificultades políticas al oficialismo frente a la oposición, y a Maduro frente a las bases chavistas. En los días siguientes el presidente, su gobierno y partido, el PSUV, optaron por endurecer el discurso polarizador, denunciar un golpe de Estado de extrema derecha en ciernes –cuya cabeza sería Capriles Radonski–, dando señas, no solo de no rechazar sino de aceptar actos de violencia contra sus opositores por parte de diputados, líderes y bases chavistas. Con ello contribuyeron al desarrollo de una crisis política cuyo resultado al momento de finalizar este libro aún permanece sin resolver.

El contexto económico: *el socialismo rentista*

El Estado Comunal, que Chávez dejaría inconcluso, se acompañó en su formulación de un modelo económico que poco se va a diferenciar del modelo venezolano del siglo XX y podría

---

60 Los resultados del último boletín dieron a Maduro el triunfo con 7 587 161 votos (50,6 %), alcanzando Capriles 7 362 419 votos (49,1 %) (CNE, 2013), una diferencia de 1,5 %.

decirse que en algunos aspectos lo ha exacerbado. El chavismo, pese a la mucha retórica sobre una economía blindada ante el capitalismo, ha carecido de una visión económica que trascienda y/o supere el *modelo rentista petrolero* que alimenta y dinamiza toda la economía venezolana desde los años veinte del siglo pasado. Ese modelo rentista, que tiene en el mercado internacional petrolero su principal fuente de recursos, se vio favorecido en la era chavista por subidas sostenidas del precio del barril, hasta alcanzar en los catorce años de gobierno de Chávez diez veces más de lo que valía al comenzar su primer mandato.

El modelo rentista petrolero se distingue de otros modelos económicos modernos porque el excedente económico no proviene fundamentalmente de un proceso productivo interno, pechado por el Estado Nacional, sino de una «renta» que se capta en circuitos comerciales internacionales. El Petroestado, llamado así por haber sido moldeado por el ingreso fiscal petrolero, se financia con una cuantiosa renta extraída del mercado externo dado lo estratégico de la mercancía petróleo para la economía mundial. Ello provoca que elites y burocracias gobernantes tiendan a autonomizarse de la sociedad, escapen al control ciudadano, produciéndose fuertes tendencias a ineficacia, corrupción e implementación de proyectos ambiciosos y fantasiosos. Fernando Coronil caracterizó este fenómeno, ya notable en el *boom* petrolero de mediados de los años setenta, con la metáfora de un *Estado mágico* (2002).

El *socialismo rentista* guarda muchas afinidades con el capitalismo de Estado, un proyecto político grandilocuente también, que fue impulsado por el primer gobierno de Carlos Andrés Pérez a mediados de la década del setenta, en medio igualmente de un *boom* de precios del petróleo en el mercado mundial. Ese *boom* tuvo una vida más corta que el actual, cayendo drásticamente en los ochenta el precio del barril y dejando al país endeudado y empobrecido. Al igual que durante la era de Chávez, el Petroestado sufrió procesos de recentralización y aupó confiscaciones de tierras, condonaciones de deudas, nacionalizó empresas y pasó a regular de manera creciente aspectos de la esfera económica. Se buscó, según el v Plan de la Nación llamado entonces de «La Gran Venezuela», colocar al país en el grupo de economías del «primer mundo».

En la bonanza petrolera chavista (ver Cuadro N° 2 del anexo), bajo la rúbrica del socialismo, se exacerbaron algunos rasgos ya exhibidos entonces, como una mayor confiscación de tierras rurales, que pasaron a manos del Estado, así como grandes números de empresas nacionalizadas y controles cada vez más asfixiantes sobre el aparato productivo. Esto conllevó a un estancamiento de la economía, sobre todo a una reducción a la mitad del sector manufacturero de lo que fue antes de Chávez y, salvo puntuales excepciones, un decrecimiento de la agricultura y agroindustria. El país, desde entonces, viene importando más de 65% de sus alimentos y manufacturas, y pese a las importantes inversiones hechas por el gobierno en el campo, y la condonación de deudas y compras de equipo, el drenaje de la población rural a las ciudades ha seguido su curso, mientras 95,5 de cada 100 dólares que ingresan al país provienen de la venta del hidrocarburo.

Como novedades del rentismo socialista, con relación al previo capitalismo de Estado, destaca en el llamado PPS (ver Capítulo 9), el debilitamiento de la propiedad privada a favor de una economía con predominio de propiedad social. Según este Plan, *las comunas* serían espacios socialistas donde nacería el «hombre nuevo» con una nueva economía autogestionaria y autosustentable. Sin embargo, como ya señalamos, las unidades productivas, que funcionan bajo régimen de propiedad colectiva, principios de no jerarquización ni diferenciación entre el trabajo manual y el intelectual, y dicen no perseguir fines de lucro, languidecen hasta el presente, sin resultados tangibles, sosteniéndose por el continuo apoyo financiero del PetroEstado.

Como resultado, se fueron haciendo cada vez más evidentes los desajustes crecientes de la economía. El gasto fiscal exacerbó su crecimiento en 2011 y 2012, buscando atender las demandas sociales crecientes en medio de una campaña electoral donde el candidato Chávez compitió, como ya vimos, en condiciones de salud deterioradas. Ese gasto, que, según cifras no oficiales, llegó en 2012 a 16 % del PIB, se financió con un endeudamiento considerable sobre todo con la banca nacional, pero también internacional. La inflación entre 2002 y 2012 promedió 20 % anual, subiendo en 2013 a 54 %, y las importaciones de todo tipo de bienes no dejaron de crecer, buscando el gobierno conjurar desabastecimientos que pusieran en riesgo sus necesarias victorias electorales. El 7 de octubre de 2012 Chávez ganó las elecciones y, poco después, en febrero de 2013, estando ya ausente, en La Habana, su vicepresidente Nicolás Maduro debió devaluar el bolívar en 46,8 %, echando a la baja aún más los sueldos y salarios reales deteriorados por la inflación previa. El Petroestado repetía su historia. Aunque el precio de la cesta petrolera rondó ese año los $100 el barril, ya los petrodólares resultaban insuficientes para cubrir los gastos del *Estado mágico* (ver Cuadro Nº 2 del anexo).

La situación de PDVSA también se fue viendo comprometida. Durante estos años se le fueron asignando un conjunto de nuevas obligaciones no petroleras en la concreción del proyecto socialista. Entre ellas, se le encargaron misiones sociales educativas y de distribución de alimentos, la construcción de infraestructura y viviendas. Además, financiaba gastos de proselitismo político a favor del presidente, ayudas y regalos a aliados internacionales, entre otros asuntos. Esta diversificación de funciones y gastos fue lesionando su capacidad productiva y gerencial, ya que fue posponiendo inversiones importantes para la actualización tecnológica de sus programas de producción, para la reposición de equipos y para diversos mantenimientos. Adicionalmente, tampoco se ocupaba de formar los recursos gerenciales y técnicos que le permitieran recuperarse completamente del despido masivo ocurrido en 2003, cuando el paro petrolero convocado por su alta gerencia en contra del gobierno fue derrotado por Chávez.

Son estos algunos de los factores que explican por qué la producción petrolera venezolana en los catorce años de gobierno de Chávez no creció en volumen. El aumento de la demanda interna del hidrocarburo y su bajísimo costo en el país (el precio de la gasolina era para 2013 de $0,06 el galón a Bs. 6,30 por dólar, o 0,03 el galón si se calcula a la tasa Sicad i, de Bs. 11,30 por dólar) también contribuyó a la disminución del volumen exportable. Los frecuentes accidentes en las refinerías desde 2012 afectaron la exportación de gasolina, teniendo desde entonces la industria que comprar en el mercado externo para cumplir con clientes[61]. Estas realidades económicas fueron creando una situación sociopolítica explosiva.

Balance de lo social y de la gestión pública

En los catorce años del gobierno de Chávez la sociedad cambió significativamente, pero no existen estudios suficientes para dar cuenta de sus actuales características. Una de las prioridades más claras y sostenidas fue el combate a la exclusión y a la pobreza, buscando una sociedad de mayor igualdad y justicia social. En esta dimensión el gobierno se anotó importantes logros, que contribuyeron a explicar la popularidad de Chávez y sus permanentes triunfos electorales.

Desde 2003, más de treinta *misiones sociales* se pusieron en marcha, buscando resolver acuciantes problemas. A diferencia de las políticas sociales institucionales, estas estuvieron directamente vinculadas al presidente, quien asignó los recursos casi siempre por fuera del presupuesto nacional, a través de fondos especiales que se fueron creando con ingresos extraordinarios del negocio

---

61 El más notable fue la explosión ocurrida en la Refinería de Amuay en agosto de 2012, estado Falcón, que ocasionó la muerte de 26 personas y 90 heridos.

petrolero, o directamente con ingresos de PDVSA. Las misiones buscaron inicialmente superar problemas puntuales y de corto lapso, como el analfabetismo y la culminación de estudios de primaria para adultos (Misión Robinson I y II), la escasez y encarecimiento de productos alimenticios (Misión Mercal, PDVAL), atención preventiva y primaria de salud gratuita en barrios populares, incluyendo medicinas (Misión Barrio Adentro I). Por el positivo rédito político que le dieron, Chávez las convirtió en permanentes y centrales a sus políticas sociales y en parte de la propuesta socialista de su segundo gobierno.

Gracias a los cuantiosos recursos que ingresaron al Petroestado por el prolongado *boom* petrolero, Chávez lanzó misiones con disímiles propósitos, generalmente vinculadas a sus campañas electorales. En lapsos fuera de campaña las misiones tendían a languidecer, afectándose incluso las más exitosas. Mercal, con sus alimentos subsidiados, y Barrio Adentro, decaían para ser relanzadas una y otra vez[62]. En su última campaña de 2012, Chávez hizo aprobar grandes erogaciones fiscales para inaugurar lo que llamó «grandes misiones», destinadas a acabar de manera definitiva con problemas como el fuerte déficit de vivienda, pensiones para los adultos mayores y la precariedad económica de mujeres jefas de hogar con niños discapacitados y adolescentes embarazadas. Como resultado de estas inversiones, después de décadas, el país recuperó desempeños positivos en algunos indicadores sociales importantes.

Según cifras oficiales, la pobreza y pobreza crítica entre las familias venezolanas se había reducido hacia 2011 a la mitad de lo que era en 1998 (27,1 %, según INE). El coeficiente de GINI, utilizado para medir la brecha de desigualdad entre los sectores más pobres y los más ricos, mejoró, retornando el país a una condición perdida por décadas, de ser una de las sociedades menos desiguales

---

62   Para 2013, más de 50 % de los módulos de atención primaria de Barrio Adentro I se encontraban inoperativos.

del continente (en 2011 se ubicó en 0,39, INE, ver Capítulo 4). Los adultos mayores pensionados se duplicaron, también la matrícula en educación primaria y se casi triplicó la de educación universitaria. A través de organizaciones sociales y CC, muchas comunidades recibieron recursos para acometer obras que mejoraron aspectos de su calidad de vida y se distribuyeron diversas becas y subsidios para apalear necesidades básicas. También creció el trabajo formal y se redujo por ley la jornada laboral, se reconocieron derechos laborales al trabajo doméstico y se decretó la inamovilidad laboral desde 2002 de manera continua. En la promoción e implementación de estas políticas se insistió siempre en vincularlas a la persona del presidente y no al Estado como una abstracción.

Pese a estos logros, los severos desajustes de la economía impedían que la mayoría de ellos fuesen permanentes. El empleo privado se fue reduciendo, mientras se abrieron nuevos y onerosos puestos públicos para compensarlos. Se calcula que el número de empleados públicos se duplicó estos años y el de PDVSA se vio triplicado. El sector informal de la economía, si bien se redujo, siguió ocupando más de 40 % de la Población Económicamente Activa (PEA). A partir de 2010 los anuales aumentos de salarios se fueron rezagando con relación a la inflación y, si se le suman los efectos de las devaluaciones decretadas o de facto producidas en 2013, empeoraron aún más los niveles de ingresos de las grandes mayorías (ver Cuadro Nº 3 del anexo). La calidad de la educación pública no está clara, dada la fuerte polarización y la carga ideológica que allí se imparte, siendo que el gobierno se ha negado hasta ahora a ser evaluado por instancias externas a él. Estos y otros desarreglos fueron impulsando una creciente protesta popular callejera, que junto a otros fenómenos sociales configuran una permanente situación de turbulencia (ver cuadros Nº 4 y Nº 5 del anexo).

Las gestiones gubernamentales de la era de Chávez, por su parte, no se caracterizaron por el estable desarrollo de instituciones y rutinas que permitieran una atención y sostenida mejora de servicios públicos básicos. Por el contrario, la atmósfera «revolucionaria» introdujo una lógica de improvisación y provisionalidad, de «operativos» de emergencia en distintos ámbitos de la acción pública, que profundizó su ya conocida y significativa ineficiencia previa. Adicionalmente, instituciones nuevas como algunas misiones operaban paralelas a otras instituciones del Estado con la misma función, aumentando el gasto fiscal y acentuando la también tradicional escasa capacidad de controlar los recursos. Es el caso, por ejemplo, de la Misión Barrio Adentro, con la que el gobierno fue creando una nueva estructura de salud que operaba bajo coordinación de la Misión Médica Cubana. Situación similar se repetía en áreas del sector educativo.

Esta provisionalidad, inmediatez, polarización e ineficiencia potenciaron y profundizaron un conjunto de déficit en servicios públicos que fueron alimentando un creciente cuadro de protesta social. Destacan entre los servicios deteriorados más preocupantes los déficit eléctricos, que en la segunda gestión de Chávez se exteriorizan en constantes y a veces prolongados apagones de luz en las ciudades, principalmente del interior del país y el deterioro de la infraestructura y transporte públicos. También un desabastecimiento intermitente de renglones alimenticios básicos y/o su encarecimiento por diversos factores, entre ellos la tardanza gubernamental en otorgar divisas a importadores o su importación con dólares provenientes del mercado negro cambiario, donde la diferencia con el precio oficial se sextuplicó hacia inicios de 2013.

Es igualmente alarmante el constante crecimiento de indicadores de violencia social. Si bien estos emprendieron su alza al menos una década antes de la era chavista, en los últimos años, lejos de haberse frenado, siguieron aumentando hasta hacer del país, y de Caracas, lugares de los más peligrosos de América Latina y el mundo. De acuerdo con los datos oficiales, en 2012 se promedió en el país 54 homicidios por cada 100 000 habitantes, siendo el promedio de la región 15. Según la ONG de Derechos Humanos

(DD.HH) Provea, 1 de cada 4 crímenes fueron atribuidos a los cuerpos de seguridad; la impunidad de los homicidios fue de 91 % y la de los delitos comunes, del 97 %. El Observatorio Venezolano de Prisiones (OVP), por su parte, fue presentando un cuadro dantesco de la crisis penitenciaria. Con un promedio anual sobre los 350 presos muertos en los últimos años, en 2012 se alcanzó la cifra de 591 muertos. Venezuela se erigía en 2013 como uno de los países del mundo con el peor y más violento sistema penitenciario.

Los resultados electorales del 14 de abril

El 14 de abril de 2013, un mes después de la muerte de Chávez y apenas a seis meses de las elecciones presidenciales de octubre de 2012, tuvo lugar la elección para reemplazar al presidente fallecido para el período 2013-2019. El CNE logró en el tiempo corto exigido por la CRBV poner a funcionar los mecanismos pautados por esta para repetir comicios presidenciales.

Como ya lo señalamos, Chávez ganó en 2012 con una diferencia de once puntos porcentuales, sobrepasando el millón y medio de votos sobre su adversario de la MUD, Capriles Radonski (ver Capítulo 11). En contraste, las cifras oficiales del 14 de abril dieron un estrecho margen de triunfo al candidato oficialista Nicolás Maduro sobre el de nuevo candidato de la MUD, Capriles. Solo 224 742 votos, que significaron 1,5 % de los votos válidos. A continuación, los porcentajes obtenidos por los dos candidatos principales disgregados por entidades federales en ambos comicios.

Cuadro Nº 18
Resultados presidenciales por estado 2012-2013

	Presidenciales 2012			Presidenciales 2013		
	Chávez	Capriles	Abst.	Maduro	Capriles	Abst.
TOTAL	55,09	44,31	19,49	50,61	49,12	20,31
Amazonas	53,49	45,58	20,82	52,45	47,41	23,67
Anzoátegui	51,57	47,67	18,87	47,32	52,45	19,21
Apure	66,09	33,21	21,96	61,76	38,09	25,28
Aragua	58,62	40,78	17,39	54,05	45,60	18,25
Barinas	59,22	40,17	19,36	52,18	47,68	21,17
Bolívar	53,73	45,47	21,43	47,87	51,83	21,50
Carabobo	54,49	44,89	19,57	50,51	49,24	19,95
Cojedes	65,32	33,94	17,73	61,16	38,65	20,30
Delta Amacuro	66,84	32,24	25,30	61,63	38,15	26,19
Dtto. Capital	54,85	44,53	19,67	51,32	48,19	20,71
Falcón	59,88	39,45	20,08	53,03	46,76	20,52
Guárico	64,31	34,98	20,47	59,28	40,55	21,79
Lara	51,45	47,77	17,31	47,71	52,02	17,40
Mérida	48,46	51,10	17,07	42,88	56,94	17,63
Miranda	49,97	49,52	19,17	47,29	52,30	19,75
Monagas	58,34	40,96	19,51	55,46	44,33	20,10
Nueva Esparta	51,02	48,46	19,41	46,90	52,94	18,75
Portuguesa	70,90	28,34	17,84	65,45	34,25	19,21
Sucre	60,23	39,22	24,12	57,48	42,38	24,96
Táchira	43,31	56,23	18,88	36,97	62,87	20,01
Trujillo	64,10	35,40	19,94	59,78	39,99	21,58
Vargas	61,47	37,87	20,43	57,08	42,49	21,29
Yaracuy	60,00	39,33	17,89	56,53	43,23	19,04
Zulia	53,34	46,27	20,60	47,68	52,13	20,80

Embajadas	8,45	90,54	29,27	6,77	93,13	37,68
Inhóspitos	92,16	7,60	43,04	82,65	17,34	20,09

Fuente: Luis E. Lander (2013)

La concentración de votos entre el oficialismo y las fuerzas opositoras reunidas en la MUD se mantuvo. En esta presidencial, la concentración de votos en los dos candidatos más votados en todos los estados superó 99,5 % de los votos. Pero, mientras el candidato Maduro sufrió una merma de 4,48 %, comparado con los votos de Chávez en octubre, Capriles obtuvo una ganancia de 4,81 % entre ambas elecciones. Con diferentes cifras, ese mismo comportamiento se observa en todos los estados.

Esta variación de votos significó que, mientras Chávez en octubre triunfó en 22 entidades federales, contra 2 de Capriles y un virtual empate en Miranda, en abril Maduro obtuvo más votos en 17 estados y Capriles en 8. El estrecho margen de votos que Maduro obtuvo, combinado con la exacerbación de las condiciones de inequidad que signaron todo el proceso electoral, sumado a la sostenida polarización política van a servir de detonante para una crisis de legitimidad de Maduro.

Salida autoritaria militar

Desde el 8 de diciembre de 2012, cuando a Chávez se le vio por última vez y designó en cadena nacional a Nicolás Maduro como su sucesor, el gobierno desarrolló una estrategia propagandística de sacralización de su figura, buscando legitimar un mito político fundacional con su persona y con ello asegurar el liderazgo de Maduro como sucesor de Chávez. Los esfuerzos tuvieron en los funerales su clímax, siendo usados como parte de la campaña electoral a favor de Maduro.

No obstante, como vimos, Maduro no logró mantener el caudal electoral de Chávez y así, los resultados de abril, más que consolidar su liderazgo en el chavismo asegurando para el oficialismo un nuevo período de gobierno, despertaron dudas sobre la viabilidad del chavismo sin Chávez y la legitimidad de un presidente electo que, habiendo competido con gran ventajismo, solo pudo alcanzar un estrecho margen de victoria.

La noche del 14 de abril, la MUD y su candidato presidencial Capriles pusieron en duda los resultados electorales y exigieron una exhaustiva revisión del proceso de votación, con auditoría de 100 % de las mesas y una revisión de los cuadernos de votación, que incluyese el examen de firmas y huellas dactilares. La petición no fue aceptada por el CNE. En medio de episodios violentos que brotaron en los días siguientes y cacerolazos en repudio a Maduro, el CNE se apuró en proclamarlo y con ello atizó la llama de una crisis política que con alzas y bajas ha perdurado durante sus tres primeros años de gobierno.

Autoritarismo, nepotismo y militarización

El gobierno responsabilizó a Capriles Radonski de los brotes de violencia ocurridos en protestas en Barquisimeto (donde se detuvieron 84 personas, la mayoría jóvenes) y Valencia (75 personas detenidas). Estas protestas fueron fuertemente reprimidas, arrojando un saldo de heridos y denuncias de maltratos físicos y psicológicos por parte de los cuerpos de seguridad del Estado. Maduro justificó la represión al tildar estas manifestaciones como parte de una conspiración de la extrema derecha –fascista– para despojarlo del poder. Luego, el oficialismo rindió homenaje a la Guardia Nacional en la Asamblea Legislativa del estado Lara, por su firme actuación contra los protestantes.

La estrecha victoria de Maduro significó un importante revés político para el oficialismo. Sin embargo, el presidente y altos dirigentes declararon que nunca pactarían con opositores y optaron por endurecer aún más el discurso polarizador y descalificador hacia quienes no comparten su proyecto revolucionario. Para asegurarse la gobernabilidad en tan difícil escenario, fueron desarrollando instrumentos de represión jurídica e intimidación utilizando la policía o la Fuerza Armada Nacional Bolivariana (FANB), así como grupos civiles armados prochavistas. Esta estrategia ha sido posible por la subordinación del Poder Judicial y la Fiscalía al presidente.

La AN en particular ha sido escenario de violencia y abusos de autoridad por parte de la bancada oficialista. En la sesión del 15 de abril de 2013, su presidente, Diosdado Cabello, tomó la decisión de dejar sin derecho de palabra a diputados opositores, destituyéndolos también de sus cargos directivos en las comisiones parlamentarias y suspendiéndoles los sueldos. El argumento fue que no tendrían derechos como diputados si no reconocían a Maduro como presidente. La sesión se tornó violenta y al menos dos diputados de oposición fueron lesionados por diputados oficialistas, uno de ellos, William Dávila, recibió una herida en la cabeza que ameritó 16 puntos de sutura. El diputado oficialista Elvis Amoroso declaró «bien hecho que le dieron». Una violencia mayor tuvo lugar en la sesión ordinaria del 30 de abril, con saldo de diez diputados de oposición agredidos, uno resultó con fractura de pómulo y otra con fractura del tabique nasal. Al igual que en la sesión del 15, la ministra Iris Varela aseguró que «se merecían los coñazos».

Maduro no rechazó las declaraciones de su ministra, por el contrario, su canciller aseguró que la violencia fue originada por los propios diputados opositores. Esa ministra, encargada del sistema penitenciario, continuó en el gabinete, así como el ministro de Vivienda, que públicamente declaró que despediría a los empleados de su despacho que hubiesen votado por Capriles. Las fuerzas opositoras con Capriles a la cabeza endurecieron su discurso, impugnando las elecciones y negándose a reconocer a Maduro como presidente electo. Salieron del país para poner a circular videos de lo ocurrido en la AN.

Si bien se superaron estos *impasses*, ese año, con un acuerdo entre las bancadas de respetar la institucionalidad democrática, la tensión continuó en la AN toda vez que el gobierno decidió usar su mayoría simple para imponer agendas y aprobar leyes, sin aceptar diálogo ni concertación con otras fuerzas. En octubre del mismo 2013 se produjo una situación análoga a lo sucedido en abril, cuando diputados de oposición protestaron a viva voz durante la comparecencia de Maduro en el hemiciclo con el fin de solicitar una Ley Habilitante como parte de una política que lanzó para combatir la corrupción. Maduro acusó, sin pruebas, a dos diputados de PJ de corruptos. Julio Borges (PJ) se dirigió entonces al presidente, al igual que Nora Bracho de UNT, para protestar la acusación. Fueron suspendidos de sus derechos de palabra por un mes, de acuerdo con un reglamento de debates aprobado por la mayoría oficialista que autoriza tales castigos cuando se irrespeta a la autoridad.

Otra estrategia practicada en este período parlamentario fue la desacreditación, persecución y en algunos casos el encarcelamiento de dirigentes políticos de oposición. En la AN el oficialismo con su mayoría simple abrió investigaciones a Capriles Radonski, Leopoldo López y Antonio Rivero; estos dos últimos fueron encarcelados[63]. Se les responsabilizó por los brotes de violencia de los días siguientes a las elecciones del 14 de abril. El expediente de los procedimientos abiertos actúa como mecanismo de amedrentamiento y amenaza. En algunos casos, gracias a la subordinación de los jueces al presidente, las investigaciones quedan suspendidas en el tiempo y en algunos casos se concluyen si son útiles políticamente al gobierno. Como el oficialismo no obtuvo

---

63 El general Rivero fue liberado un mes más tarde. López sigue encarcelado. En 2015 fue condenado a trece años con nueve meses de prisión.

en las parlamentarias de 2010 los suficientes diputados para ejercer las mayorías calificadas en la AN, fueron abriendo expedientes contra diputados de la oposición con el fin de debilitar, desacreditar y de ser posible disminuir numéricamente dicha bancada.

En julio de 2013 allanaron la inmunidad del diputado de PJ Richard Mardo, acusándolo de corrupción. Si bien la CRBV exige dos terceras partes del voto de la AN para allanar la inmunidad de un diputado, los oficialistas argumentaron que en este caso era una «suspensión temporal» y por tanto lo podían sacar de la AN con mayoría simple. Otro caso fue el de María Aranguren del partido Migato. El oficialismo pidió a la justicia abrir investigación por corrupción, buscando un antejuicio de mérito contra la diputada para desincorporarla y sustituirla por su suplente, quien era militante del PSUV. La triquiñuela funcionó y retiraron a Aranguren, subieron al suplente y obtuvieron el diputado 99 que necesitaban para aprobar decisiones como una Ley Habilitante para el presidente, que amerita mayoría calificada de 3/5 partes de los miembros de la AN.

La acusación de corrupción ante la Fiscalía o los tribunales es el recurso más usado contra gobernadores de oposición: Capriles, gobernador de Miranda, y su secretario Oscar López; Henri Falcón, del estado Lara; y Liborio Guarulla, del estado Amazonas sufrieron demandas y expedientes abiertos. En Amazonas, además del Ejecutivo Nacional intervenir la policía adscrita a la Gobernación, el ministro de Turismo, acompañado de la GN viajó a la capital, Puerto Ayacucho, para tomar posesión de un hotel que administraba la Gobernación, produciéndose hechos violentos y la detención de 18 funcionarios y trabajadores que se resistieron al acto. Dentro de la estrategia para debilitarlos y deslegitimarlos, Maduro, como en su tiempo hiciera Chávez, designó en estas entidades regionales «protectores», una especie de figura paralela al gobernador, inexistente en las leyes, a cuya cabeza colocó a los candidatos del PSUV que fueron derrotados, otorgándoles recursos para que compitiesen con las autoridades electas en el favor popular.

Otras expresiones de autoritarismo se dan en la continuación al cercenamiento de la libertad de expresión y el acceso a información plural, veraz y oportuna. Se trata de un proceso iniciado durante la era de Chávez, que Maduro ha continuado y profundizado. La novedad ha sido la compra de medios privados con fuerte línea editorial crítica al gobierno por parte de sectores económicos vinculados a este, produciéndose un cambio en sus líneas editoriales. Fue el caso del canal de TV Globovisión, comprado en mayo de 2013 y también los diarios de la Cadena Capriles y el diario *El Universal*. Por otra parte, incluso con diarios políticamente moderados, Maduro y Cabello han puesto denuncias en la Fiscalía por titulares o columnas de opinión que les desagradan. La Fiscalía diligente, llama a declarar a directores y periodistas, una forma de amedrentamiento.

El autoritarismo se combina con dos tendencias más para conformar un cuadro de creciente ilegalidad: el nepotismo y la militarización del gobierno y sus relaciones con la sociedad. En el actual gobierno, designar a amigos y familiares en cargos importantes de la gestión pública, sin importar sus capacidades, es un estilo en ascenso. Era ya una característica de la gestión de Chávez, cuyos familiares, así como los de altos dirigentes, como Cilia Flores, esposa de Maduro, y Diosdado Cabello, llegaron a ocupar cargos en las instituciones que estos dirigían. En el gobierno de Maduro se ha hecho más frecuente, por la falta de frenos y controles institucionales sobre los poderes públicos. Los apellidos, Chávez, Maduro, Flores, Varela (ministra de Prisiones), Cabello, entre otros, son credenciales para acceder a cargos claves como, entre otros, la vicepresidencia de la República (yerno de Chávez), dirigir misiones (hija de Chávez dirige Misión Milagro), ser tesorero nacional (primo de Cilia Flores), jefe del Cuerpo de Inspectores Especiales de la Presidencia (hijo de 24 años de Maduro), juez titular del Poder

Judicial (hijo de 28 años de Cilia Flores), o cargos diplomáticos en el exterior (hija de Chávez embajadora adjunta en la ONU). Los hijos de Chávez, por lo demás, siguen viviendo en la Casa de la Presidencia de la República, La Casona, tres años después de su muerte y sin que, aparentemente, ningún poder del Estado, incluyendo el actual presidente, se atreva a desalojarlos de ahí.

Adicionalmente, la persistencia de señales de ingobernabilidad importantes viene fortaleciendo una creciente militarización de la gestión pública. Entre las estructuras de dirección política de carácter militar para conducir la revolución que han aparecido, la más destacada sería la figura no existente en la CRBV ni legalizada por publicación en la Gaceta Oficial, el Comando Político Militar, aparecido en 2013. Este organismo, a la manera de similares en los esquemas gubernamentales de Cuba y la desaparecida URSS, está conformado por altos funcionarios del gobierno, quienes desde la enfermedad de Chávez parecieron asumir deliberación y toma de decisiones políticas de manera colectiva. Chávez había conformado un «Comando Político de la Revolución», pero Maduro lo ha transformado en un organismo más militar que cívico[64]. En septiembre de 2013, con la justificación de luchar contra el sabotaje de la «derecha fascista» responsable de la inflación y la escasez en alimentos, Maduro creó un «Órgano Contralor de la Economía», colocando como jefe al general mayor Herbert García Plaza, regresándolo al servicio activo, para que «asuma la jefatura completa de este organismo». En octubre anunció la reestructuración del gobierno para que «los ministros tengan verdaderos estados mayores bien definidos [...] tomando el concepto de organización militar de máximo nivel» (*El Nacional*, 06-10-2013).

---

64 Los miembros más conocidos que se reunían en La Habana durante la enfermedad de Chávez son: Cilia Flores, Rafael Ramírez, Jorge Arreaza, Diosdado Cabello (véase http://www.noticiasclic.com/ venezuela-gobernada-por-el-comando-politico-de-la-revolucion). A estos se incorporan ahora militares activos, como el ministro de la Defensa y cabezas de organismos de las FA (véase http://entresemana. net/noticia/207).

Maduro fue diagnosticando la situación política como una guerra desatada contra Venezuela por la derecha internacional, el imperio y el fascismo, ante la cual reestructuraba el gobierno militarmente y militarizaba también a la sociedad. Entre sus iniciativas estuvo la reactivación del alistamiento en la milicia bolivariana, un componente militar no existente en la CRBV creado por Chávez para la defensa de la revolución. Planteó como meta pasar de los 400 000 actuales milicianos a un millón. El general mayor García Plaza, jefe del organismo contralor de la economía, anunció el uso de las milicias en labores dentro de los supermercados públicos y privados los fines de semana para resolver el problema de gasto excesivo que acarrea la mano de obra por la nueva Ley del Trabajo[65]. El gobierno con anterioridad venía utilizando las milicias en funciones de vigilancia en los ministerios, hospitales, institutos. Para fuerzas opositoras, el gobierno buscaba con estas milicias neutralizar conflictos laborales en ascenso por la escalada de inflación que se estaba sufriendo.

Otro signo de militarización fue el Plan Patria Segura, lanzado por Maduro para combatir la delincuencia y que implicó la militarización de la política de seguridad ciudadana al ponerla a cargo de la FANB y las milicias. Luego, creó por decreto el Centro Estratégico de Seguridad y Protección de la Patria (CESPPA). Su fin, entre otros, fue regular el acceso a la información pública y permitir al Estado citar a ciudadanos para aportar información que requiera el Centro sin garantías judiciales. Al igual que con el Órgano Contralor de la Economía, este organismo estaba presidido por un general mayor ya retirado que volvió a ser incorporado al servicio militar activo. En definitiva, la militarización reflejaba la creciente hegemonía militar en el gobierno, que se sumaba a otras

---

65 En 2014 fue nombrado ministro de Alimentación. En 2015, el Tribunal 10 de Control del Área Metropolitana de Caracas ordenó su aprehensión por peculado doloso. No se ha entregado y algunas fuentes señalan que está como testigo protegido de la DEA: http://www.maduradas.com/escandalo-el-buscado-general-hebert-garcia-plaza-seria-el-nuevo-testigo-estrella-de-la-dea/

señales que indicaban la opción por el autoritarismo como vía para enfrentar los problemas de gobernabilidad. Otras expresiones de este fenómeno son los aumentos de sueldo para la FANB, superiores a los de otros empleados públicos; ascensos militares fuera de los períodos legales; creciente ocupación de militares activos en cargos públicos; aumento del presupuesto militar para 2014; un canal de TV para los militares; la creación de un banco para los militares. En febrero de 2016 se autorizó la creación de la Compañía Anónima Militar de Industrias Mineras, Petrolíferas y de Gas (Camimpeg), que sería administrada por el Ministerio del Poder Popular para la Defensa (MPPD). Se trata de una empresa todopoderosa con atribuciones para incursionar, tanto en petróleo y gas como en los nuevos proyectos de desarrollo minero que se adelantan en el estado Bolívar[66]. Forma parte también de esta concepción militarista de ejercicio de gobierno la propaganda permanente para convencernos de que vivimos en situación de emergencia y peligro, con el consiguiente deterioro de las expresiones de la vida civil y cotidiana, sustituidas por misiones, planes de emergencia y operativos de toda clase.

El combate a la corrupción y la Ley Habilitante

Desde septiembre de 2013 una estrategia central de Maduro fue buscar que la AN le otorgase facultades extraordinarias para legislar por decreto, tal como lo practicó Chávez. En este caso, Maduro alegó que se justificaba por estar librando un combate contra la corrupción que, siendo resultado de las prácticas capitalistas del pasado y de la derecha, después de dieciséis años no ha podido ser erradicada. En octubre presentó a la AN una propuesta de Ley Habilitante para facultades extraordinarias de acuerdo con la CRBV por el lapso de un año. Entre otras materias, solicitó

---

66 http://laiguana.tv/articulos/21922-nueva-empresa-militar-minera-gaceta

facultad para dictar o reformar leyes para combatir la corrupción, estableciendo «mecanismos estratégicos de lucha contra aquellas potencias extranjeras que pretendan destruir la patria en lo económico, lo político y lo mediático»; combatir el financiamiento ilegal de los partidos políticos; crear normas para sancionar la fuga de divisas. Bajo el propósito de defender la economía, el Ejecutivo solicitó poder para «dictar y/o reformar las normas y/o medidas destinadas a planificar, racionalizar y regular la economía, como medio para propulsar la transformación del sistema económico [...] así como velar por la estabilidad monetaria y de precios, y el desarrollo armónico de la economía nacional»; y «fortalecer la lucha contra el acaparamiento y la especulación»[67].

Por varias razones resulta paradójico y confuso el empeño del gobierno de ponerse al frente de una lucha anti-corrupción y necesitar poderes especiales para hacerlo. Por una parte, el oficialismo engavetó la Ley Anticorrupción de 2012, luego de una primera discusión y aprobación con la mayoría chavista en la AN. La propuesta de ley fue enviada a la Procuraduría General de la República para su revisión, que presidida por Cilia Flores, ahora primera dama, paralizó el proceso. Se ha dicho que como la ley reconocía como delito de corrupción el nepotismo, y es esta una práctica consolidada en las nuevas elites, el chavismo paralizó su aprobación. Tampoco se reconocen las recomendaciones de la Convención Interamericana contra la Corrupción de la OEA. Por otra parte, la corrupción y penetración del crimen organizado en órganos del gobierno central, como en Cadivi, la instancia que reguló hasta inicios de 2014 el acceso a dólares a precio oficial; en el sector militar (fueron confiscadas en el aeropuerto Charles De Gaulle 31 maletas que salieron de Maiquetía y contenían 1,3 toneladas de cocaína, siendo que el aeropuerto está controlado por la GN); y en alcaldías y gobernaciones en manos del oficialismo.

---

67 http://www.noticias24.com/venezuela/noticia/198812/asamblea-nacional-recibe-esta-tarde-solicitud-de-ley-habilitante-de-nicolas-maduro/

En octubre de ese año el alcalde chavista de Valencia fue detenido y puesto a la orden de los tribunales bajo acusaciones de corrupción. Un exgobernador chavista del estado Aragua (Rafael Isea, quien en su carrera militar fue escolta de Chávez) también se fue de Venezuela, bajo fuertes acusaciones dentro del chavismo, de estar incurso en corrupción durante su gestión[68]. Por otra parte, ciertamente, sin frenos ni contrapesos entre los distintos poderes públicos, y todos ellos hoy subordinados al Ejecutivo Nacional, estos poderes solo han servido como instrumento en las manos de Maduro para perseguir opositores, terminar de desmontar instituciones de la democracia representativa y consolidar el Estado socialista estatista y autoritario.

Las elecciones municipales de 2013 y las protestas de febrero de 2014

El 8 de diciembre de 2013, nueve meses después de la muerte de Chávez, tuvieron lugar las elecciones municipales. Estas elecciones tenían un importante valor para la política nacional, pues tanto el oficialismo como la oposición buscaban evaluar con ellas su desempeño en una etapa distinta a la signada por la figura omnipresente y poderosa de Chávez.

Al igual que en abril, fue una jornada que se realizó con normalidad. El gobierno, una vez más, hizo uso de recursos institucionales, humanos y financieros de origen público en actividades proselitistas por candidatos postulados por el PSUV y aliados, sin que el CNE actuara para sancionarlo. Entre los eventos más destacados de la campaña oficialista estuvo «El Dakazo», una iniciativa de Maduro anunciada en cadena nacional el 8 de noviembre,

---

68 Isea llegó a ser diputado de la AN y a ocupar la gobernación de Aragua antes de ser acusado por el chavismo de corrupción. Fuentes indican que, al igual que el general García Plaza, solicitó entrar al pcasi lan de protección de testigos de la DEA. Ver: http://www.el-nacional.com/politica/Bandes-DEA-Isea-Narcotrafico-PPT-PSUV-Rafael_0_266973603.html

que significó la ocupación de las tiendas Daka y, casi inmediatamente también de otras tiendas similares, obligando una reducción de precios de electrodomésticos y productos de línea blanca en este sector comercial (Prodavinci, 2014). Tuvo gran éxito, pues los candidatos chavistas repuntaron en las encuestas. Por su parte, los candidatos unitarios de la MUD desarrollaron una campaña que hizo primar una estrategia plebiscitaria, colocando como figura central a Capriles Radonski como jefe de campaña de alcaldes y concejales. Los resultados de esta estrategia no dieron para ellos los números esperados.

Los candidatos del PSUV obtuvieron, sumados nacionalmente 5 273 939 votos (47,06 %) y los de la MUD 4 419 877 votos (39,44 %). La dinámica local amainó ligeramente la concentración polarizada de votos, pues las dos opciones mayoritarias –PSUV y MUD– que en las dos presidenciales previas sobrepasaron 99 % de los votos, bajó a 86,50 %. El resto se distribuyó en candidaturas alternas (9,87 %) o votos nulos (3,63 %).

Los candidatos del PSUV también obtuvieron mayoría de municipios, aunque su número disminuyó con relación al período anterior[69]. De 337 alcaldías en disputa, incluyendo las dos de los distritos metropolitanos, candidatos del PSUV vencieron en 243, mientras los postulados por la MUD ganaron 75 alcaldías y los 19 restantes fueron a manos de candidatos presentados fuera de las dos principales alianzas[70].

Estos resultados fueron leídos por el oficialismo como una recuperación del caudal perdido en abril, y por Maduro como una señal de fortalecimiento de su legitimación dentro y fuera del chavismo. Acorde con estas lecturas, el gobierno hizo claro que continuaría consolidando el legado de Chávez, avanzando en el

---

69 De acuerdo con distintas fuentes, pues este dato se presta a interpretación por las alianzas que se suceden en las elecciones municipales, el gobierno obtuvo en el período anterior entre 264 y 275 alcaldías.

70 En el período anterior la oposición solo obtuvo 56 alcaldías.

Programa de la Patria. A la vez, en los meses siguientes se fueron dando tanto señales de promover un diálogo como lo contrario. Maduro, por ejemplo, dio muestras de reconocer y aceptar reunirse con gobernadores y alcaldes de oposición. En la otra dirección, el presidente de la AN, Diosdado Cabello, dejó claro que no habría diálogo político posible: «Nosotros no vamos a caer en el chantaje del diálogo. No queremos un diálogo de cúpulas. Me niego rotundamente. No me reúno con fascistas, sino con el pueblo en la calle»[71].

La continuación de la crisis económica, social y política provocó un nuevo oleaje de conflictividad en febrero de 2014, expresado en centenares de protestas callejeras lideradas por el movimiento estudiantil y motivadas inicialmente en el estado Táchira por las condiciones de inseguridad que viven las poblaciones urbanas, reflejadas en los índices de homicidios y robos que, como señalamos, son de los más altos de América Latina. En enero, producto de estos flagelos, fueron asesinados en una autopista del centro del país una exMiss Venezuela y su esposo. El crímen lo cometió un de las bandas armadas que actúan aparentemente con impunidad en tales vías.

La conflictividad alcanzó un primer pico cuando el movimiento estudiantil convocó para el Día de la Juventud, 12 de febrero, a una gran manifestación contra la inseguridad en Caracas y otras capitales de estados, como también por la libertad de estudiantes detenidos en los días anteriores por ejercer el derecho a la manifestación pacífica en las capitales de los estados Táchira (San Cristóbal) y Carabobo (Valencia). La manifestación de Caracas –que fue respaldada por diversas organizaciones políticas y sociales además del movimiento estudiantil, de manera destacada por el partido VP y su líder Leopoldo López, la parlamentaria independiente María Corina Machado y por los partidos LCR

---

71 http://www.frentepatriotico.com/inicio/2014/01/10/cabello-cual-dialogo-dialogo-de-cupulas-no-lo-queremos/

y Bandera Roja– fue multitudinaria, pero escasamente televisada, dado el importante control que ha adquirido el gobierno en estos años sobre ese medio de comunicación. Culminaría pacíficamente en el edificio de la Fiscalía General de la Nación hacia las 2:00 pm. Sin embargo, poco después tuvieron lugar frente a ese edificio enfrentamientos violentos que ocasionaron la muerte de dos personas y la detención de activistas sociales y políticos. Esa misma tarde fallecería otra persona en protestas en el municipio de Chacao, al Este de la ciudad.

Fotos y videos revelaron que las dos muertes ocurridas frente a la Fiscalía fueron responsabilidad de grupos paramilitares chavistas con aparente complicidad de cuerpos de seguridad del Estado (*Últimas Noticias*, 16-02-2014). Sin embargo, el gobierno y la fiscal general, Luisa Ortega Díaz, el mismo día afirmaron que la violencia provino de los convocantes de la marcha. Con tales mentirosas declaraciones, la indignación emergió en sectores antigubernamentales potenciándose la protesta que devino en ola incontenible. En los días siguientes, alimentada por el inventario de malestares que se padecían, la protesta se hizo continua, numerosa, diversa en sus actores, modalidades y motivaciones. El gobierno respondió con una severa represión que incluyó numerosas violaciones a los DD.HH de manifestantes y un poderoso mensaje de criminalización a la protesta y sus actores. Todo el sistema de medios «públicos», se puso al servicio de la propaganda oficial.

Hacia mayo la protesta cedió, agotada y por la represión. Por su parte, el gobierno de Maduro que, dada la explosividad de la situación y la preocupación de algunos países de la región, en abril hizo gestos de ceder a la demanda de apertura a un diálogo político, se retrajo de ello. Como saldo quedaron 41 muertos, más de 800 heridos y 3351 civiles –la mayoría estudiantes– detenidos y algunos torturados[72].

---

72 http://www.derechos.org.ve/2014/06/10/organizaciones-de-ddhh-presentaron-el-informe-venezuela-2014-protestas-y-derechos-humanos/

Con este violento episodio parece cerrarse el ciclo del chavismo como proyecto popular y democrático. Desde entonces, el gobierno fue identificando las movilizaciones como parte de una conspiración planificada desde «el imperio» y financiada por empresarios y la derecha internacional «fascista», y reprimiéndolas con dureza. El dirigente opositor Leopoldo López fue responsabilizado de incitar a la violencia para producir un golpe de Estado, se dio orden de su captura y él se entregó. Hasta 2016 permanecía preso, luego de que le fue dictada una sentencia de más de 13 años.

Con estos desarrollos, el presidente Maduro cerraba 2014 con niveles históricos de impopularidad: 22 %, según Datanalisis. Cerca de 80 % de los entrevistados por IVAD en octubre atribuían a su gobierno la responsabilidad en la crisis y más de 60 % estaba de acuerdo con que renunciara al cargo.

Capítulo 13
Las parlamentarias de 2015[73]

Dos años después de las regionales y locales de 2013, la sociedad, inmersa en lo que podemos considerar la crisis más extensa y profunda vivida en su historia contemporánea, cuyas causas estructurales analizamos en el capítulo precedente, concurrió el 6 de diciembre de 2015 (6D) a elecciones para renovar su AN para el período 2016-2021. Estos comicios continuaron las tendencias previas de la importante desigualdad e injusticia en la competencia, a favor de los candidatos de la coalición política gobernante, así como la garantía del secreto y la transparencia de su resultado, gracias al sistema automatizado de votación. El resultado arrojó una sólida victoria para las fuerzas políticas opositoras al *chavismo* reunidas en la MUD, quienes en consecuencia controlarán las mayorías del Parlamento para el período 2016-2021.

Este capítulo, con el cual finalizamos los periplos de la era chavista, presenta, analiza y adelanta algunas interpretaciones sobre las consecuencias de este proceso electoral. Examinamos, primeramente, el contexto que le sirvió de escenario. Seguidamente, describimos las condiciones sociopolíticas específicas observadas durante la pre campaña y campaña de este proceso. En tercer lugar, presentamos y analizamos los resultados oficiales, comparándolos con elecciones pasadas. Finalmente, planetamos las consecuencias

---

73   Este capítulo está sustentado en «Las elecciones parlamentarias venezolanas de 2015» de Margarita López Maya y Luis E. Lander, *ponencia presentada en el Congreso LASA16*. Nueva York, 26-30 de mayo, 2016.

políticas que el resultado ha traído para el rumbo que la sociedad llevaba, en particular para el gobierno de Maduro que, hasta terminar este libro, exhibió una fuerte resistencia para asimilar y obedecer el mandato popular emanado.

Agravamiento de la crisis

El proceso electoral conducente a estas parlamentarias estuvo inmerso en la crisis económica aguda y extensa que describimos en el capítulo previo, continuándose, por ende, el deterioro social y avivándose la ya también alta conflictividad política y social que caracteriza la vida en Venezuela en esta era (ver los cuadros Nº 4 y Nº 5 del anexo).

Para la economía venezolana ha sido catastrófica la pronunciada caída de los precios de petróleo en el mercado internacional, que se inició a mediados del 2014 (ver Cuadro Nº 19). Siendo que más de 95 % de las exportaciones venezolanas se originan de las ventas de crudo, el que su cesta petrolera pasara de $99,11 por barril en junio de 2014 a $36,53 en noviembre de 2015 tuvo un muy severo impacto. Pero, como ya se señaló, este golpe se sumó a un deterioro que venía ya en marcha y que tiene sus explicaciones en la vulnerabilidad estructural de la economía venezolana a los vaivenes del mercado internacional de hidrocarburos, que en las décadas recientes se ha caracterizado por la alta volatilidad de sus precios. Pese al discurso oficial de estarse acometiendo una transformación a fondo en todos los ámbitos de la sociedad, incluyendo la economía, no se realizó ningún esfuerzo serio por superar la vulnerabilidad de esta típica *economía rentista*. Por el contrario, Venezuela exacerbó dicha condición quedando expuesta a padecer, una vez más, la *enfermedad holandesa*.

Es esta enfermedad un padecimiento típico de economías dependientes de la exportación de un solo producto primario, que colocan en el mercado internacional, y que puede producir, en momentos de alzas de precios, entradas masivas de divisas. Con ello se descontrolan los ritmos económicos internos y se sobrevalora la moneda propiciando importaciones de todo tipo de bienes, que van destruyendo el aparato productivo nacional. Al bajar los precios, la sociedad queda abruptamente empobrecida por no poder seguir importando los bienes para su sustento.

Cuadro N° 19
Precio promedio anual cesta petrolera venezolana

AÑO	$ por barril
2010	71,73
2011	101,00
2012	103,44
2013	99,79
2014	88,54
2015	44,77

Fuente: Ministerio del Poder Popular de Petróleo y Minería y cálculos Luis E. Lander

Aunque se ha hecho cada vez más difícil y menos trasparente la obtención de cifras oficiales sobre las condiciones de la economía venezolana, ya para 2014 cifras confiables, como de Ecoanalítica y el BM, estimaron una caída del PIB de 4%, con una inflación de 63,6% y un déficit fiscal de 15%. Para 2015, las proyecciones se hacían aún más recesivas: alrededor de 9% de caída del PIB, una inflación no menor a 160% y un promedio anual para la cesta petrolera venezolana de $47. En 2016 el BCV dio a conocer cifras oficiales que corroboraron estas estimaciones. La inflación oficial alcanzó 180,9% (BCV, 2016). La cesta venezolana promedio $44,77.

Ese panorama económico se expresó también en lo social. El incremento del sueldo mínimo en los siete años previos estuvo por debajo del índice de inflación, con el consiguiente empobrecimiento general de amplios sectores de la población (ver Cuadro N° 20). La pobreza, de acuerdo con un estudio académico realizado por tres universidades venezolanas (Encuesta de Condiciones de Vida, Encovi, 2015) alcanzó en 2014 a 48,4 % de las familias, cerca de 70 % de la población.

Cuadro N° 20
Salario mínimo e inflación

AÑO	Salario mínimo Bs.	Salario variación anual	Inflación variación anual
2008	799,23	---	30,90
2009	967,5	21,05	25,10
2010	1223,89	26,50	27,20
2011	1548,22	26,50	27,60
2012	2047,52	32,25	20,10
2013	2973,00	45,20	56,20
2014	4889,11	64,45	68,50
2015	9648,18	97,34	180,90

Fuente: BCV e Informe 21 (http://informe21.com/bcv/bcv-inflacion-del-2014-cerro-en-685)

Otra dimensión del deterioro social se expresaba en la escasez de alimentos y medicinas, producto de las dificultades para importar insumos y productos terminados, dada la penuria de divisas por la caída de los precios petroleros. Si bien desde 2013 se dejaron de publicar cifras oficiales correspondientes, fuentes no oficiales como Datanalisis y la Federación Farmacéutica Venezolana (FFV) las estimaron ese año sobre 30 % y 50 %, respectivamente. Para marzo de 2015 Datanálisis ubicó el índice de escasez de alimentos en 57 %, mientras la FFV cerraba 2014 calculando la escasez de medicinas sobre 70 %. Todos los venezolanos podían dar fe de ello por las colas que debían padecer para acceder a productos de primera necesidad, alimentos, higiene o medicinas, así como la desaparición intermitente de estos productos.

La inseguridad, por su parte, siguió en ascenso. La OVV estimó en 2014 la tasa de homicidios en 82 por 100 000 habitantes, ubicando a Venezuela como el segundo país del continente, después de Honduras, con más muertes violentas. Para 2015 subió el cálculo a 90 por 100 000 habitantes. Todo este panorama creaba un malestar social que, según el Observatorio Venezolano de Conflictividad Social (OVCS), se manifestó en una intensa política de calle que promedió, en 2014, 26 protestas diarias y 16 durante el primer semestre de 2015 (ver cuadros Nº 4 y Nº 5 del anexo).

La situación que estos datos reflejan retrotraían a la sociedad a los años previos al ascenso del chavismo al poder, cuando se registraron indicadores macroeconómicos similares: inflación de 84,47% en 1989 y de 99,87% en 1996, que habían sido hasta entonces las más altas alcanzadas. En 1997, un año antes de las elecciones presidenciales en las que triunfó Chávez, el número de familias debajo de la línea de pobreza se situó en 48%, cifra idéntica a la calculada por Encovi, la investigación sobre pobreza de tres universidades en 2014 (López Maya, 2005). La revolución bolivariana seguía así en mora con su ofrecimiento de superar esa crisis económica y social estructural que la catapultó al poder a finales del pasado siglo.

A esta difícil situación socioeconómica se sobrepuso la inestabilidad política, característica —como ya lo señalamos— del ejercicio carismático y revolucionario del poder de Chávez, así como de la crisis de legitimidad y gobernabilidad del presidente Maduro, que ha tenido sus altos y bajos, pero que a fines de 2015 tendió a empeorar.

Durante los años de Maduro, el chavismo, sin contrapesos institucionales que lo limitasen, se esforzaba por inculcar un sistema de valores no modernos, es decir, no racionales ni legales, donde la sacralización de Chávez como figura fundadora de un nuevo orden político se combina con el derecho propio a gobernar de quienes se declaran ser los verdaderos intérpretes y herederos de su legado. Con esta estrategia, como desarrollamos en el Capítulo 1, se fue acentuando la utilización de los bienes públicos como si fuesen patrimonio privado de los seguidores del líder, propio de una dominación no democrática sino neopatrimonial.

Pese a estos esfuerzos, las dificultades económicas y sociales han impedido que la estrategia funcione satisfactoriamente, lo que, en consecuencia, mantiene una notable y permanente inestabilidad o zozobra sociopolítica.

Las ineficiencias extremas de la administración pública son otra dimensión de esta crisis, que potencia dicha inestabilidad. Estas ineficiencias no son nuevas y han sido consideradas un rasgo típico del funcionamiento del Petroestado, donde la sociedad tiene poca capacidad de controlar a los funcionarios públicos, pues estos no dependen para su sustento de la sociedad, sino de la renta captada en el mercado internacional por el negocio petrolero que controlan. Así mismo, el tipo de legitimación neopatrimonialista que viene prevaleciendo, tiende a que quienes integran el aparato administrativo del Estado actúen para servir a los dirigentes del proyecto más que a la ciudadanía. A esta situación se añade la destrucción deliberada de la institucionalidad democrática liberal del país, dentro del plan de transición hacia el Estado Comunal. La actual convivencia y confrontación de dos estructuras estatales paralelas, la constitucional y la comunal, ha dejado en ruinas casi todas las instituciones representativas del régimen político venezolano.

Como producto de estos desarrollos, y de la represión desencadenada para apaciguar la ola de protestas de 2014, desde fines de ese año la popularidad de Maduro se derrumbó. Para agosto de 2015, IVAD encontraba que 76,7 % de sus encuestados contestaban no tener confianza en que el gobierno de Maduro pudiera resolver la crisis del país y 69 % consideraban que lo de la «guerra económica», el argumento sostenido oficialmente como la causa de la crisis, era una falsedad. Para esa misma fecha, al preguntarse en torno a la intención del voto en las venideras parlamentarias, preferencias por la opositora MUD se situaban en 57,9 %, mientras que por los candidatos del chavismo solo llegaban a 19,3 % (IVAD, 2015).

Condiciones generales de la competencia electoral

Las parlamentarias de 2015 transcurrieron en un clima de tensión potenciador de los rasgos negativos en las condiciones desiguales de la competencia. Entre las muchas actividades involucradas, señalaremos iniciativas positivas y las múltiples irregularidades y abusos que empañaron el buen desenvolvimiento del proceso.

El proceso electoral del 6D se inició con demoras y violaciones a procesos pautados por las normas y leyes. La designación de «nuevos» rectores para el CNE, que debió hacerse a principios de 2013, fue diferida hasta diciembre de 2014. Además, la designación tardía no fue hecha por la AN con el voto de dos terceras partes de sus miembros, como establece la CRBV, sino por el TSJ, que, subordinado a los intereses del Ejecutivo Nacional, volvió a designar a dos de las rectoras salientes, cuyos comportamientos institucionales habían reflejado en el período anterior apoyo al proyecto chavista. La fecha misma de las elecciones, que debió ser la primera tarea del nuevo CNE, demoró meses en ser anunciada, ocasionando innecesarias incertidumbres y sospechas sobre la realización o no de ellas. Esa injustificada demora fue acompañada de un igual retraso en el anuncio del cronograma de actividades electorales, información requerida por los partidos para planificar sus agendas. También se pospuso la información sobre el número de diputados a elegir por estado, así como los linderos de las circunscripciones y el número de diputados nominales a ser electos. Fue solo a fines del mes de junio que el CNE dio a conocer estas vitales informaciones electorales.

Irregularidades presentes en este proceso, que ya habían sido cometidas en anteriores, han sido el uso del recurso de «inhabilitaciones administrativas» para impedir candidaturas de líderes de oposición, esta vez a María Corina Machado, del partido Vente Venezuela (VV) y a Carlos Vecchio, del partido VP (ver Capítulo 5 para las anteriores). También se dieron encarcelamientos y juicios para sacar del juego a líderes opositores, siendo el caso más emblemático Leopoldo López, líder principal de VP. Las inhabilitaciones no fueron resultado de sentencias judiciales firmes, que son las únicas que constitucionalmente cercenan el derecho a ser elegido. Sin embargo, por carencia de independencia de los poderes públicos, el TSJ avaló este procedimiento, así como el encarcelamiento y sentencia condenatoria de López.

Igualmente, direcciones nacionales de varios partidos políticos fueron intervenidas judicialmente, entre ellas los partidos COPEI y Movimiento Electoral del Pueblo (MEP), cambiando su composición, para alterar su comportamiento electoral. Otra triquiñuela fue la colocación en el tarjetón electoral de tarjetas similares a la tarjeta de la MUD, con colores y motivos similares, para confundir al elector en el acto de votación. El CNE no actuó ante estas notorias faltas.

El 25 de junio el CNE anunció un reglamento especial, que instaba a los actores políticos a postular sus candidatos respetando la paridad de género. Esta decisión del CNE fue tomada a destiempo y usurpando funciones legislativas. El art. 298 de la CRBV establece que seis meses antes de cualquier elección no puede cambiarse la Ley Electoral y ese requisito de paridad de género cambió, fuera de los tiempos legales, las condiciones establecidas en la legislación electoral para el 6D. El CNE usurpó además funciones legislativas ya que, si bien puede reglamentar leyes electorales, no tiene atribuciones para cambiarlas. Introducir nuevos requisitos modifica la legislación, no la regula.

A fines de agosto el presidente decretó «Estado de Excepción» en cinco municipios del estado Táchira. En los días y semanas siguientes, mediante nuevos decretos, se fueron agregando más municipios del mismo estado Táchira y de otros estados fronterizos con Colombia –Apure, Amazonas y Zulia– para terminar con 28 municipios en esa delicada situación. Si bien la Ley Orgánica de Estados de Excepción no admite la restricción del derecho al voto, sí perturba grandemente las condiciones de una campaña proselitista medianamente normal, estando restringida hasta la posibilidad de organizar cualquier tipo de acto público que concentre ciudadanos. Esos municipios conformaron diez circunscripciones uninominales, donde se eligieron igual número de diputados.

Mucho ruido causó la posibilidad de algún tipo de observación internacional para estos comicios. En la huelga de hambre que realizara entre mayo y junio en la cárcel de Ramo Verde Leopoldo López, a la que poco después se incorporaron los exalcaldes, también presos, Enzo Scarano y Daniel Ceballos, se demandaba, entre otros puntos, que el gobierno aprobara la observación internacional[74]. Partidos políticos de oposición reclamaban la presencia de instancias como la OEA, la ONU o la UE, pues consideraban que serían capaces de monitorear el proceso de manera independiente, frenando con su presencia abusos o irregularidades. Las fuerzas políticas oficialistas, por su parte, argumentaron que, en Venezuela, como país soberano, sus procesos electorales no deben estar sometidos a la vigilancia internacional. Propusieron en contrapartida la figura del «acompañamiento electoral» para invitados especiales de organismos internacionales, como Unasur, vistos como

---

74 Las otras tres demandas fueron: cese de la represión, liberación inmediata de los presos y fijación de la fecha de las parlamentarias. Esa fecha fue anunciada por fin el 22 de junio y López levantó la huelga al día siguiente (Centro Carter, 2015).

aliados. Esta disparidad de criterios generó una polémica, nacional e internacionalmente, que incluyó un debate epistolar público entre la presidenta de CNE, Tibisay Lucena, y el secretario general de la OEA, Luis Almagro, quien fue canciller de su país durante el gobierno de José (Pepe) Mujica. La polémica Lucena-Almagro visibilizó internacionalmente los muchos rasgos irregulares en las condiciones electorales, al tiempo que ahondaba la desconfianza interna que se tiene en el CNE.

Como rasgo positivo, el CNE realizó actividades que promovieron mayores grados de confianza en el proceso electoral. Como en oportunidades anteriores, incluyó en el calendario electoral la realización de un conjunto de auditorías técnicas a los distintos componentes de la plataforma tecnológica del sistema automatizado de votación. Son auditorías en las que participan activamente profesionales de alta formación, designados libremente por los distintos comandos de campaña. Organizaciones nacionales de observación electoral fueron invitadas como observadores[75]. La base de datos de huellas dactilares de los electores; los cuadernos impresos de votación; las máquinas que intervienen en el proceso mismo de votación –captahuellas y máquina de votación–; los programas que hacen que ellas funcionen bien y con la debida seguridad; los sistemas de trasmisión y de totalización; las máquinas y programas que intervienen en el Sistema de Información al Elector (SIE) y la tinta indeleble fueron revisados detalladamente para garantizar su buen funcionamiento, inviolabilidad del secreto del voto y seguridad de respeto a la voluntad de los electores.

Las parlamentarias no son en sentido estricto una elección nacional, sino que comprenden, en términos prácticos, 114 elecciones simultáneas: 24 estadales para elegir 51 diputados por lista, 87 en circunscripciones donde se eligen 113 diputados nominales

---

75 Participan entre otros observadores nacionales el OEV y la Red de Observación Electoral de la Asamblea de Educación. Pueden verse sus informes en http://www.oevenezolano.org/ y http://redobservacionelectoral.info/

y 3 circunscripciones indígenas, donde se escogen igual número de diputados.

Pero, como hemos señalado con anterioridad, las elecciones en la Venezuela de la era chavista tienden a estar cargadas tanto de una fuerte significación nacional como de una concepción plebiscitaria. Esta de 2015 repitió lo que ha venido ocurriendo en todas las elecciones de los años recientes. El descontento o apoyo a la gestión de Maduro jugó un papel determinante en las preferencias electorales, lo que pareciera explicar la paradoja, revelada por prácticamente todos los estudios de opinión que, si bien un número significativo de electores manifiestan desconfianza en el sistema electoral venezolano, principalmente por el sesgo chavista de sus autoridades, expresa igualmente una alta disposición a ir a votar.

Condiciones específicas de la precampaña y campaña

De acuerdo con lo señalado en las normas vigentes, específicamente en la LOPRE y regulaciones que de ella emanan, las actividades de campaña comienzan el día y durante el lapso establecido en cada ocasión por el CNE, lo que en esta oportunidad comprendió el período correspondiente entre el 13 de noviembre y el 3 de diciembre. Esto, sin embargo, no reflejó lo que sucedió en la práctica, pues se observaron actividades electorales fuera de este lapso, como ha sucedido en procesos anteriores. Según el informe del OEV, en esta ocasión las actividades de *precampaña* se iniciaron al menos unos dos meses antes del lapso fijado, actuando los diversos partidos con el mismo patrón que luego siguió en el tiempo de campaña. Es decir, cometiendo un conjunto de irregularidades y violaciones a la normativa. El CNE, por su parte, también como en ocasiones previas, dejó hacer, siendo que tiene facultades para impedir o sancionar tales faltas, pues las regulaciones legales prohíben la actividad electoral fuera del lapso fijado por él.

Así, precampaña y campaña de este 2015 discurrieron con inequidad y ventajismo a favor de las candidaturas de la coalición gubernamental organizada en la plataforma del GPP, que reunió ahora a trece partidos chavistas. Estas inequidades fueron incluso superiores a las cometidas anteriormente, lo que puede explicarse por la debilidad en apoyo popular con que el oficialismo participó y que el gobierno buscaba revertir. Las encuestas de opinión indicaban una muy baja popularidad del presidente y claras preferencias del electorado por los candidatos de la MUD. Esta plataforma política incluía diecinueve partidos y creó un brazo electoral para este proceso llamado Comando Venezuela.

De acuerdo con el informe del OEV, fueron varias las violaciones a las condiciones de equidad para favorecer las candidaturas del chavismo. En primer lugar, la directa injerencia en la campaña del presidente Maduro, quién se erigió en la práctica como jefe de la campaña del PSUV y sus aliados, llevando a cabo largas y frecuentes intervenciones en los medios de comunicación, muchas veces en formato de cadenas; entregando bienes como computadoras y taxis en función de mandatario nacional, pero dándole a sus actos un claro contenido clientelar-electoral. Esta actitud fue imitada por autoridades chavistas en el nivel regional y local y, en menor medida, también por autoridades opositoras como gobernadores y alcaldes. Así mismo, Maduro marcó como pauta un discurso agresivamente polarizado, afirmando que había que ganar «como sea» y advirtiendo de los «inmensos peligros» que supondría la victoria parlamentaria de los partidos opositores.

En segundo lugar, el OEV reiteró su denuncia de la ya consuetudinaria práctica del uso de recursos públicos para actividades electorales, puesto de manifiesto principalmente en el uso de vehículos y edificios públicos para actividades proselitistas, así como la participación de funcionarios públicos en actividades de campaña, en contra de lo establecido en las leyes venezolanas. Caso destacado fue el del alcalde por el PSUV, Jorge Rodríguez, quien, sin ser separado de su cargo, fue el jefe formal de campaña del GPP. Igualmente, la cuantía de los dineros públicos empleados en la promoción de los candidatos del GPP alcanzó niveles muy altos, sin que el CNE ni la CGR parecieran advertir lo que a todas luces era una grave irregularidad administrativa, más allá de sus implicaciones en el terreno meramente electoral.

El otro gran factor de inequidad fue el desigual acceso de los actores políticos a los medios de comunicación social, que en esta campaña se agudizó por el aumento del control que el gobierno ha adquirido sobre diversos medios en años recientes. El Estado —confundido con el gobierno del PSUV— controla directamente alrededor de doce canales de televisión, cerca de veinte emisoras de radio, una agencia de noticias y varios medios impresos, además de un gran número de páginas web y más de cuatrocientos medios comunitarios, ayudados financiera y técnicamente por el gobierno. Durante la campaña todos esos medios no funcionaron como instrumentos públicos, al servicio de todos los venezolanos, sino como instrumentos encargados de promocionar las candidaturas del GPP, ignorando casi absolutamente cualquier otra alternativa política. Súmese a esta situación las presiones ejercidas por el chavismo sobre muchos medios privados, así como las dificultades para acceder a la información pública de periodistas y ciudadanos, acompañadas por formas diversas de censura y autocensura.

Otros aspectos que observó el OEV sobre las condiciones de estas elecciones parlamentarias, que citamos a continuación, los hizo concluir en su informe final con una evaluación negativa sobre las condiciones en que se adelantó el proceso.

– El tono general lo dio la exacerbada polarización política.
– El lenguaje fue agresivo, de constante descalificación política del adversario, particularmente, aunque no de manera exclusiva, del lado oficialista.

- Hubo hechos de violencia que, si bien fueron aislados, no dejan de tener una enorme gravedad.
- La AN, no obstante su rol dentro del Estado, no fue el centro del debate y tampoco pareciera haber sido la motivación principal en cuanto a la motivación del elector.
- No se puso el necesario énfasis en el hecho de que la elección estaba organizada en función de más de una centena de elecciones, circunstancia que le daba una dimensión local, y que debió haberle dado mucho peso al votante al momento de tomar su decisión.
- La discusión tuvo un marcado acento plebiscitario.
- El CNE, con sus actuaciones y sus omisiones, fue tema importante de discusión, lo que no fue, obviamente, un buen indicador: fueron muchos los reclamos respecto a su imparcialidad.

Los resultados electorales

El 6D, pese a las tensiones e irregularidades con que discurrió todo el proceso y la negativa del CNE a aceptar una observación electoral internacional acordada con las fuerzas políticas opositoras, la jornada, una vez más, se caracterizó por su tranquilidad y civilidad, con algunos incidentes de poca relevancia. Así mismo, a pesar de las condiciones desventajosas para los candidatos de la MUD, a lo largo de la competencia, gracias al sistema automatizado de votación y escrutinio que abarca hoy en día 100 % de las mesas electorales, el CNE pudo entregar un resultado fiel y transparente del voto ciudadano.

Cuadro Nº 21
Elecciones parlamentarias 2015 votos lista

	Votos	%
Registro electoral	19 496 365	100
Abstención	5 078 974	26,05
Votos válidos	13 729 967	70,42
Nulos	687 424	3,53
MUD	7 720 587	56,23
GPP	5 615 870	40,90
Otros	393 510	2,87

Fuente: CNE, 2015

Cuadro Nº 22
Elecciones parlamentarias 2015 distribución diputados

Actores	Diputados Lista	Diputados Nominales	Diputados Indígenas	Total
MUD	28	81	3	112
GPP	23	32	0	55
Total	51	113	3	167

Fuente: CNE, 2015

El proceso electoral parlamentario gozó de una alta participación de los ciudadanos, que promedió a nivel nacional cerca de 75 %. Considerando que no se trataba de una elección presidencial, sino parlamentaria, que suele convocar promedios menores de participación y recordando que en Venezuela el voto es un derecho, mas no una obligación, esta participación reveló la importancia que dieron los venezolanos al instrumento electoral como recurso para encontrar salidas pacíficas al malestar y la crisis que venían padeciendo.

Así mismo, al considerar el importante, aunque difícil de cuantificar, componente plebiscitario inducido, tanto por actores políticos durante la campaña como por la complicada situación socioeconómica, el resultado obtenido envió un mensaje de cierta claridad sobre la inclinación de la voluntad popular por un cambio político. Si comparamos el caudal electoral del chavismo en esta oportunidad con el obtenido dos años y medio antes por Maduro, en abril de 2013, constatamos que perdió cerca de dos millones de votos (1 971 709). Si lo comparamos con las presidenciales del 7 de octubre de 2012, las últimas ganadas por Chávez, la pérdida de votos sobrepasa los dos millones y medio (2 575 262). Constituye entonces este resultado electoral un revés político sin precedente para el chavismo.

Cabe poner de relieve que las fuerzas opositoras obtuvieron más de siete millones y medio de votos, lo que les permitió capturar 112 de los 167 curules que compondrán la AN a partir de 2016. Esto significa que con 56,2 % del voto popular alcanzaron 67 % del total de curules, mientras el GPP, con el 40,9 %, le tocó solo el 33 %. La sobrerrepresentación alcanzada por la MUD para este período se debe a las reformas implementadas por el chavismo para construir un sistema electoral de carácter cuasi-mayoritario. Un sistema que contraviene la CRBV, que explícitamente exige que el sistema respete la representación proporcional de la voluntad popular. El chavismo, evaluando que su sólida mayoría perduraría, en 2009 modificó las disposiciones legales a través de la LOPRE, violando la CRBV para favorecerse electoralmente. Ahora, al revertirse la tendencia electoral, la mayoría en ascenso representada por la MUD se benefició quedando sobrerrepresentada.

Al examinar los votos alcanzados por estos dos polos políticos se constata que, si bien el chavismo perdió cerca de dos millones de votos en esta contienda electoral, la MUD apenas ha crecido con relación a su votación de 2013 en 356 607 votos. No se produjo una migración masiva del voto chavista descontento o disidente hacia las fuerzas opositoras, sino más bien el descontento encontró en la abstención y el voto nulo su manera de expresar disconformidad. Siendo así, el debilitamiento del chavismo, aunque notable, resulta todavía temprano para decretar su declive firme como tendencia política relevante.

Este resultado electoral liberó al Poder Legislativo de la subordinación que por diez años mostró a todas las directrices del Ejecutivo Nacional. Y al hacerlo, le ha permitido recuperar su independencia como poder separado de los otros, con lo cual se detuvo la continua, aunque no sin resistencia, tendencia de consolidación del modelo socialista, corazón del proyecto chavista. Con 112 diputados de los 167 que componen la AN, los partidos de la MUD, de permanecer unidos, tienen capacidad para tomar decisiones no solo sobre las materias que requieren de la mayoría absoluta sino más estratégicas, que exigen mayorías calificadas. Es decir, las fuerzas opositoras superaron las 3/5 partes de diputados necesarios para aprobar leyes habilitantes o destituir ministros o al vicepresidente ejecutivo. También cuentan con la mayoría de 2/3 partes, necesaria para el nombramiento de nuevas autoridades de los otros poderes públicos.

En síntesis, estos resultados parecieron expresar la voluntad de castigar el desempeño gubernamental frente a la crisis socioeconómica. Estrechamente vinculado con ese rechazo, los electores mostraron el deseo o la necesidad de que se produzcan cambios en la gestión política.

Los resultados también parecen indicar que las estrategias oficiales desarrolladas luego de la muerte de Chávez, de rutinizar su carisma como fuente de legitimación, por otras formas no modernas, como sacralizar su figura, autoarrogarse herederos legítimos del legado del *comandante eterno* y ejercer el poder de modo neopatrimonial, no parecen dar los frutos esperados. Dichos resultados detuvieron el proceso de consolidación del modelo socialista chavista, poniendo en ascuas su viabilidad futura.

Otro aspecto es que este resultado mostró también con fuerza la voluntad de los venezolanos de usar el voto como herramienta política para expresar sus malestares y abrir cauces pacíficos para la resolución de la severa crisis. Se ratifica en Venezuela la tendencia que se observa en América Latina de la valoración creciente de la dimensión electoral de la democracia. La institucionalidad electoral en el país, aunque débil en muchos aspectos, tiene un sistema automatizado de votación que garantiza el secreto del voto y su trasparente conteo y totalización.

¿Declive sin retorno?

Mientras el chavismo fue una holgada mayoría en el país, valoró y promocionó el sufragio como fuente incuestionable de legitimidad, considerándolo la *voz sagrada* de la voluntad popular. En años de elevados ingresos petroleros, el Estado invirtió fuertemente en la construcción de un robusto sistema automatizado de votación, que hoy día funciona en 100% de los centros electorales. Para las elecciones recientes, al mostrar las encuestas que esa mayoría holgada era cosa del pasado, el chavismo exacerbó las inequidades y triquiñuelas durante el período previo a la jornada electoral misma, pero no pudo, o no se atrevió, a violentar el sistema de votación construido y del que tanto se había vanagloriado. Sin embargo, conocidos los resultados y proclamados por el CNE los candidatos ganadores, Maduro y otros altos funcionarios oficialistas denunciaron, ante el TSJ que controlan –y no el CNE que al igual que el TSJ ya se había declarado de vacaciones–, supuestos fraudes en algunas circunscripciones. Para el estado Amazonas esas denuncias condujeron a la *desproclamación* de los cuatro diputados del estado, un procedimiento ilegal que ha dejado a ese estado, hasta la fecha de terminar estas líneas (julio de 2016), sin representación en la AN.

Desde la elección presidencial de abril de 2013 los resultados indican que el caudal electoral del chavismo viene decreciendo. Pudiera tratarse de una tendencia definitiva e irreversible por la continuidad de la crisis y la torpeza política que ante esta han exhibido los chavistas en el poder. Las fuerzas de oposición, por su parte, han venido casi ininterrumpidamente incrementando sus apoyos desde las parlamentarias del 2010. Si se examinan los resultados en números absolutos, se aprecia que, entre las dos elecciones nacionales más recientes, las presidenciales de 2013 y las parlamentarias de 2015, el incremento para la MUD fue de 356 607 votos. Puede parecer poco, pero en términos relativos, entre las mismas dos elecciones, la MUD pasó de perder por 1,4 % a ganar por 15,33 % de votos válidos, una diferencia importante.

El sistema electoral venezolano vigente desde 2009 promueve la aguda polarización, con lo cual antiguos votantes del chavismo descontentos con la gestión de Maduro, si no deciden trasladarse al otro polo político, tienen escasas posibilidades de construir opciones alternativas capaces de alcanzar representación o poder. Por su parte, las fuerzas de oposición reunidas en la MUD por la misma polarización institucional están compelidas a mantenerse electoralmente unidas, sin que ello signifique que constituyen una fuerza política homogénea. La unidad se ha vuelto un fin en sí mismo que muestra muchas veces su fragilidad. Esta situación es también obstáculo para el debate de propuestas políticas más acabadas y complejas, ya que pondría en riesgo la unidad.

Así, un desafío actual de la sociedad venezolana es superar la polarización política, aprovechando que, por la misma crisis y el pobre desempeño institucional del gobierno, ha perdido fuerza. Así lo revelan en 2016 las encuestas de opinión, que señalan un numeroso sector de ciudadanos que no se identifica más con ninguno de los dos polos políticamente dominantes y por diseño del sistema electoral vigente se dificulta enormemente la creación de organizaciones políticas alternas con alguna posibilidad de éxito electoral.

Para superar tantos problemas pareciera imperativo entonces que el país se abra a un acuerdo político entre estas parcialidades políticas antagónicas, que coloque entre los puntos de su agenda prioritaria, junto a la superación de la crisis global, la calidad del proceso electoral, comprometiéndose los distintos actores políticos y sociales a procurar y aplicar reformas que garanticen la equidad en las condiciones en las contiendas electorales, nivelando el terreno de juego y reestableciendo el principio de la representación proporcional en la elección de cuerpos colegiados, como está pautado en la CRBV. De esta manera el país podría garantizarse el pluralismo que la refleje en su riqueza y complejidad, y comenzar a superar uno de los desarrollos políticos que más la ha destruido social e institucionalmente: la polarización. Si el gobierno de Maduro se aviniera a reconocer a la mayoría emergente como un adversario político y no como un enemigo a aniquilar, sus probabilidades de rehacerse para sobrevivir en el corto y mediano plazo se verían más seguras de lo que hoy, al cerrar este libro, se avizoran.

Epílogo

EL MARTES 5 DE JULIO DE 2016, una de esas fechas que tanto gusta de aprovecharse el chavismo para impulsar sus iniciativas políticas, unas quinientas mujeres, la mayoría vestidas de blanco, forzaron el cruce de la frontera con Colombia en el estado Táchira y, abrumadas por meses de carestías en el suelo patrio y por una inflación anualizada que sobrepasa el 480 %, corrieron a comprar alimentos, medicinas y productos de primera necesidad en los abastos colombianos. La Guardia Nacional Bolivariana, seguramente intimidada por la determinación de estas señoras, o luego de que algún cuerdo del oficialismo aconsejara dejar hacer, abrió el paso. El fin de semana siguiente, el gobierno autorizó la apertura por unas horas de la frontera, cerrada desde hacía casi once meses por el decreto de excepción 1950 y la Operación Liberación del Pueblo. Entonces, más de 30 000 venezolanos cruzaron los puentes. El otro fin de semana, también con apertura autorizada, más de 130 000 salieron a abastecerse. Reseñas de prensa señalaron que algunos llegaban al otro lado cantando el himno nacional.

Las fotos y videos tomadas del Puente Libertador, que es la comunicación principal para personas y vehículos entre San Antonio del Táchira, en Venezuela, y Cúcuta, en Colombia, atestado de ciudadanos de a pie portando banderas, pancartas y bolsas, entre eufóricos y apurados, recuerda aquella caída del Muro de Berlín en 1989, que dejó al desnudo el fracaso de los proyectos socialistas estatistas del siglo xx. Venezuela vive este julio su caída del Muro de Berlín, aunque el fuerte control del gobierno sobre el espacio mediático del país, sobre todo en lo que concierne a televisión de señal abierta y estaciones de radio, permite pensar que muchas personas en el territorio nacional no se enterarán. La comunidad internacional, esa sí, hizo circular las imágenes por todo el planeta. Así es la globalización que el chavismo en estos últimos años se ha resistido a aceptar.

Las elecciones del 6D, las crecientes disidencias de grupos, exministros y personalidades del chavismo en estos meses de mediados de 2016, junto a esta iniciativa de las ahora conocidas como *mujeres de blanco*, parecen ratificar el ocaso del chavismo como una fuerza política mayoritaria, que abrió las esperanzas de muchos por una democracia más participativa e incluyente, y por un país más productivo y próspero. Acabados los años de las vacas gordas, llegaron los de las flacas, sin haberlo previsto. Una vez más privaron en la era chavista los criterios culturales del Estado mágico. Y su resultado es esta tragedia de grandes proporciones que se desarrolla ante nuestros ojos.

De nuevo, la sociedad venezolana está reactivada y movilizada buscando solución a sus tantos problemas. Hoy, como ayer, la encrucijada exhibe varias opciones. Quizás la más fácil ante el desastre es profundizar, con o sin el chavismo, en las tendencias autoritarias y militares que hoy caracterizan el gobierno de Maduro. Igualmente, la mesa está servida para la emergencia de un nuevo líder carismático. La mayoría, sin embargo, apuesta por elecciones como una opción pacífica y democrática, como lo hemos constatado una y otra vez en diversos capítulos de este libro.

El desafío es entonces enorme, porque no se trata de transitar una nueva epopeya heroica, otro sueño de grandeza desproporcionado, sino de plantar las bases de una auténtica república civil y democrática. Para ello hará falta el esfuerzo sostenido de todos, con la mirada puesta en un horizonte que empiece por valorar la vida cotidiana con sus rutinas y pequeñas conquistas diarias, con educación de calidad, en el camino hacia crecientes libertades e igualdades para todos, en el marco del imperio de la ley.

Caracas, 15 de julio de 2016

Cifras relevantes 2005-2015

Cuadro Nº 1
Cifras macroeconómicas 2005-2015

AÑOS	Variación del PIB	Variación Interanual de Inflación	Reservas Internacionales Millones de $	Tipo de cambio BsF. x $
2005	10,3	14,4	30 368	2,15*
2006	9,9	17,0	37 440	2,15
2007	8,8	22,5	34 286	2,15**
2008	5,3	31,9	43 127	2,15
2009	-3,2	26,9	37 830	2,15
2010	-1,5	27,4	30 332	a) 2,6*** b) 4,3 c) 5,3
2011	4,2	29,0	29 892	a) 4,3 b) 5,3
2012	5,6	19,5	29 890	a) 4,3 b) 5,3
2013	1,3	52,7	21 481	a) 6,3**** b) 11,5
2014	- 3,9	68,5	22 080	a) 6,3 ***** b) 11,33 c) 66,16 d) Negro (Aprox. 135 en dic.)
2015	-5,7	180,9	16 370	a) 6,3 ****** b) 13,5 c) 199, 69 d) Negro (Aprox. 833 a dic.)

Fuente: BCV y http://www.monedasdevenezuela.net/articulos/cronologia-de-la-devaluacion-del-bolivar-venezolano/ Consultado el 26-07-2016.

* Devaluación frente al dólar ocurrida en marzo. Precio anterior del dólar Bs. 1920.

** Fue este año cuando se eliminaron tres ceros al bolívar y se convierte en bolívar fuerte (BsF.)

*** En enero se establecen dos tipos de cambio. Se devalúa el Bs. a 2,6 por dólar; y se crea otro a Bs. 4,3 por dólar. En junio se establece un tercero Sitme (c) a Bs. 5,3 por dólar. En diciembre se unificaron los dos primeros a una sola tasa de Bs. 4,3.

**** Nueva devaluación frente al dólar a partir de febrero. En marzo se crea el Sicad, el cual es una subasta a través de la cual personas naturales y jurídicas postulan sus peticiones para la adquisición de dólares. Se prohíbe divulgación del precio del dólar del Sicad. El monto b) en el cuadro es un promedio al mes de octubre.

***** Creación de un tercer tipo de cambio frente al dólar a partir de febrero. Ahora hay dólar preferencial, Sicad i, Sicad ii y mercado negro. Precio del negro es al 31 de diciembre en Cúcuta.

****** Se anuncia en enero nuevo sistema cambiario. Continúa el preferencial (dólar Cadivi), se fusionan Sicad i y ii, ahora se llama solo dólar Sicad. Precio para noviembre. Se crea dólar Simadi, que fluctúa de acuerdo con un sistema de oferta y demanda. Precio del dólar Simadi para diciembre Bs. 199,96. Precio del paralelo o negro es al 31 de dic. en Cúcuta.

Cuadro Nº 2
Precios internacionales de petróleo (2005-2016)
(en dólares)

AÑO	Cesta venezolana	Cesta OPEP
2005	46,15	50,49
2006	56,96	61,62
2007	65,13	68,88
2008	89,08	94,45
2009	56,93	60,72
2010	71,73	77,42
2011	101,00	107,45
2012	103,44	109,55
2013	99,79	105,88
2014	88,54	96,38
2015	44,77	49,70
2016*	31,08	35,95

* Primer semestre

Fuente: MPPYM consultado el 20 de julio de 2016, cálculos Luis E. Lander

Gráfico

Precios cesta de petróleo venezolana

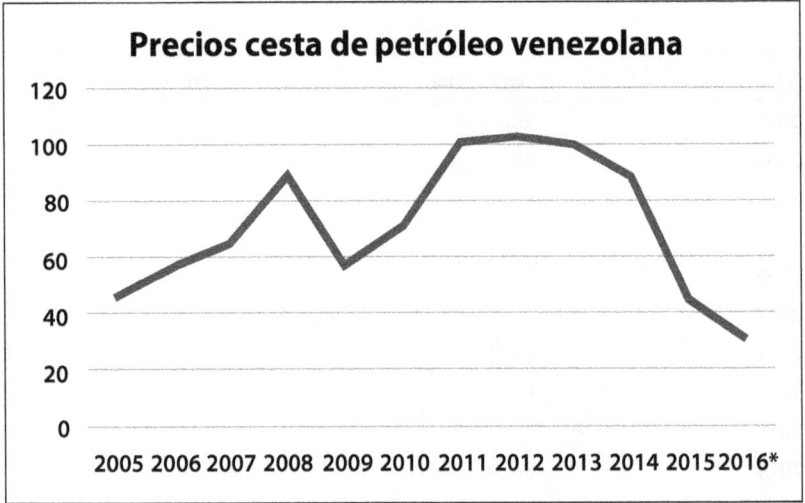

| | 2005 | 2006 | 2007 | 2008 | 2009 | 2010 | 2011 | 2012 | 2013 | 2014 | 2015 | 2016* |

Cuadro Nº 3
Cifras sociales 2005-2015

AÑOS	Salario mínimo mensual BsF.*	% Incremento salario mínimo**	Variación interanual de inflación	Flias. en pobreza ***	Flías. en pobreza extrema
2005	405,00	26,07	14,4	37,9	15,3
2006	465,75 512,33	26,50	17,0	30,6	9,1
2007	614,79	20,00	22,5	28,5	7,9
2008	729,23	18,61	31,9	27,5	7,6
2009	879,15 959,08	31,52	26,9	26,7	7,5
2010	1064,25 1233,89	28,65	27,4	26,9	6,9
2011	1407,47 1548,21	25,47	29,0	26,5	7,0
2012	1780,45 2047,52	32,25	19,5	21,2	6,0
2013	2457,02 2702,73 2973,00	45,20	52,7	27,3	8,8
2014	3270,30 4251,40 4899,11	64,79	68,5	48,0	23,6
2015	5622,48 6746,98 7421,68 9648,18	96,94	180,9	73,0	49,9
2016	11 577,81 15 051,15	56,00			

Fuentes: http://hvmlaboral.blogspot.com/p/salario-minimo-historico.html e INE consultado el 26 de julio de 2016.

* Todos los salarios están expresados en BsF. Los años en que aparece más de un monto es porque ese año fueron aprobados más de un incremento en el salario mínimo.

** Los porcentajes de incremento del salario mínimo fueron calculados con los últimos de cada año.

*** A partir del año 2014 el INE dejó de publicar cifras de pobreza. Las cifras de 2014 y 2015 corresponden a Encovi (http://www.rectorado.usb.ve/vida/sites/default/files/2015_pobreza_misiones.pdf)

Cuadro N⁰ 4
Número de protestas y su naturaleza 2005-2015

AÑO	TOTAL	Promedio diario	Pacíficas	%	Violentas	%
Oct.2005-Sep. 2006	1383	3,79	1280	92,55	103	7,45
Oct.2006-Sep. 2007	1576	4,32	1521	96,55	55	3,5
Oct.2007-Sep. 2008	1763	4,83	1680	95,29	83	4,70
Oct.2008-Sep. 2009	2893	7,92	2822	97,54	71	2,45
Oct.2009-Sep. 2010	3315	9,08	3266	98,52	46	1,38
Oct.2010-Sep. 2011	4543	12,61	4472	98,43	62	1,26
2012*	3986	10,92	3925	98,46	61	1,53
2013*	4410	12,08	*		*	
2014**	9286	25,44				
2015**	5851	16,03				
TOTAL	39 006	12,7				

Fuente: Provea, Informes anuales y ovcs, Informes anuales a partir de 2013.

* Desde 2012 los informes de Provea se elaboran con información que va de enero a diciembre. A partir de 2013 no hay datos del número de protestas pacíficas y violentas.

** A partir de 2014 la data proviene de ovcs que no registra si las protestas son pacíficas o violentas, y puede que sus fuentes sobre el número de protestas sean ligeramente distintas a las de Provea, con lo cual no son estrictamente comparables.

Cuadro Nº 5
Motivos de las protestas 2003-2015

AÑOS	Total Motivos	Socioeconómicos		Civiles y Políticos	
		TOTAL	%	TOTAL	%
Oct.2005- Sep. 2006	1521	1104	72,6	344	24,9
Oct.2006- Sep. 2007	1576	1063	67,4	488	30,9
Oct.2007- Sep. 2008	1745	1334	75,66	411	23,31
Oct 2008- Sep. 2009	2879	1947	67,30	932	32,21
Oct.2009- Sep. 2010	3277	2591	78,15	686	20,69
Oct.2010- Sep. 2011	4534	2773	60,27	1761	38,76
2012*	3925	2970	77,66	955	24,33
2013*	4410	3366	81,9	1044	23,67
2014**	9286	4453	47,95	4833	52,04
2015**	5195	4813	92,64	382	7,35

* Fuente: Provea, Informes anuales y ovcs, Informes anuales a partir de 2013.

* Desde 2012 los informes de Provea se elaboran con información que va de enero a diciembre. A partir de 2013 redujo información cuantitativa sobre las protestas.

** A partir de 2014 la data proviene de ovcs que no registra si las protestas son pacíficas o violentas, y puede que sus fuentes sean ligeramente distintas a las de Provea, con lo cual no son estrictamente comparables.

El ocaso del chavismo. Venezuela 2005-2015
en imágenes

3 de diciembre de 2006. Una vez anunciada su victoria Hugo Chávez se asoma al Balcón del Pueblo donde le aguardan seguidores para congratularlo (Foto Archivo Fotográfico/Grupo Últimas Noticias).

3 de diciembre de 2007 en la madrugada. El CNE anuncia que el plebiscito sobre la reforma constitucional es rechazado por la mayoría popular. Inmediatamente, en cadena nacional, Chávez reconoce la derrota. No obstante, proseguirá imponiendo su proyecto socialista a lo largo de los años siguientes (Foto Miguel Acurero/Grupo Últimas Noticias).

Desde diciembre de 2008 Chávez impulsa una enmienda constitucional que le permitirá elegirse indefinidamente. Para ello aceptó que saliera a reelección indefinida todos los cargos de elección popular. El 15 de febrero de 2009 el voto popular le fue favorable. En esta foto manifestantes del NO (Foto cortesía de Philippe Ayme).

Los consejos comunales fueron fuertemente impulsados durante este período, considerándoselos claves para construir el socialismo. Apoyado por la prosperidad petrolera, Chávez ordenaba importantes erogaciones del ingreso fiscal para la ejecución de proyectos comunitarios. En 2008 la erogación para los CC sobrepasó los Bs. 4 millardos (Foto Archivo Fotográfico/ Grupo Últimas Noticias).

La campaña de las parlamentarias de 2010. Como siempre, esta campaña también tuvo lógica plebiscitaria. Chávez recorrió el país levantando la mano a sus candidatos (Foto Archivo Fotográfico/Grupo Últimas Noticias).

POR LA VIDA
EN LOS CIRCULOS BOLIVARIANOS
LA UNIDAD NO SE DISCUTE, SE EJECUTA
07 OCTUBRE 2012

En este período presidencial, todas las organizaciones comunitarias se convirtieron en brazos del oficialismo para movilizar a la gente en los procesos electorales. Este afiche lo expresa claramente para los círculos bolivarianos en la campaña de Chávez por su reelección en octubre de 2012.

Chávez, ya muy enfermo, pero sin que el pueblo venezolano lo supiera, hizo un esfuerzo físico titánico en la campaña por su reelección de octubre de 2012 (Foto Héctor Castillo/Grupo Últimas Noticias).

Conocida la muerte de Chávez el 5 de marzo, el gobierno decretó siete días de duelo oficial. Miles asistieron de todas partes del país y del mundo a despedirse de él. Sus restos se velaron en la Academia Militar. En esta foto un hombre llora desconsolado (Foto Cortesía de Michele Calabresi).

La tumba de Chávez en el Cuartel de la Montaña. Caracas (Foto de Margarita López Maya, 2013).

Altar levantado a Chávez en las adyacencias del Cuartel de la Montaña, donde reposan sus restos (Foto de Margarita López Maya, 2013).

Las protestas impulsadas por el movimiento estudiantil opositor entre febrero y mayo de 2014 fueron respondidas por el gobierno con una severa represión. El resultado fue de 43 muertos, cientos de heridos y detenidos. Aquí la militarización a la plaza Altamira, epicentro de las protestas opositoras (Foto Archivo Fotográfico/Grupo Últimas Noticias).

La crisis global que asola a la sociedad venezolana se profundizó a niveles escandalosos en 2016. El desabastecimiento de alimentos, medicinas y productos de higiene, así como una inflación galopante, que para julio sobrepasaba el 580 % anualizada obliga a muchos venezolanos a escarbar en la basura para alimentarse. Una tragedia de enormes proporciones (Foto cortesía de Mikel Ferreira Urresti).

Acosados por la carestía de alimentos, medicinas y productos de higiene, los venezolanos forzaron al Gobierno a abrir la frontera por algunas horas en julio de 2016. Foto de la multitud caminando el puente que comunica San Antonio del Táchira con la ciudad de Cúcuta en Colombia (Imagen extraída del video «Río Humano en la frontera: el reflejo del drama venezolano» reali-zado por el diario *La opinión de Cúcuta*).

Los ojitos de Chávez miran desde los edificios públicos, muros y grafitis de carreteras y autopistas. Un diseño publicitario que remeda los ojos de Buda, una imagen común en países donde se practica esa religión. La sacralización como forma de rutinizar el carisma de Chávez no ha logrado estabilizar el Gobierno de Maduro (Foto cortesía de Mikel Ferreira Urresti).

Abreviaturas

ABN:	Agencia Bolivariana de Noticias
AD:	partido Acción Democrática
AMC:	Área Metropolitana de Caracas
AN:	Asamblea Nacional
ALBA:	Alternativa Bolivariana para la América Latina y el Caribe
Alcasa:	Aluminio del Caroní, S.A.
AVN:	Agencia Venezolana de Noticias
BCV:	Banco Central de Venezuela
Cadivi:	Comisión de Administración de Divisas
Cantv:	Compañía Anónima Nacional Teléfonos de Venezuela
CB:	Círculos Bolivarianos
CC:	Consejos Comunales
CD:	Coordinadora Democrática
CESPPA:	Centro Estratégico de Seguridad y Protección de la Patria
CGR:	Contraloría General de la República
CICPC:	Cuerpo de Investigaciones Científicas, Penales y Criminalísticas
CIDH:	Corte Interamericana de Derechos Humanos
CIM:	Centro Internacional Miranda
CLAD:	Consejo Latinoamericano de Administración para el Desarrollo
CLPP:	Consejo Local de Planificación Pública

CNE:	Consejo Nacional Electoral
CNPP:	Congreso Nacional del Poder Popular Participativo y Protagónico
COPEI:	partido Comité de Organización Política Electoral Independiente
CPRC:	Comisión Presidencial de la Reforma Constitucional
CPPC:	Comisión Presidencial del Poder Comunal
CRBV:	Constitución de la República Bolivariana de Venezuela
CTU:	Comités de Tierra Urbana
Encovi:	Encuesta de Condiciones de Vida
EPS:	Empresas de Producción Social
FANB:	Fuerza Armada Nacional Bolivariana
Fedeagro:	Confederación de Asociaciones de Productores Agropecuarios
FFV:	Federación Farmacéutica Venezolana
Fogade:	Fondo de Garantías de Depósitos y Protección Bancaria
GIGA:	German Institute of Global Area Studies
GMV:	Gran Misión Vivienda
GPP:	Gran Polo Patriótico
HRW:	Human Rights Watch
INE:	Instituto Nacional de Estadística
IPYS:	Instituto Prensa y Sociedad
LCC:	Ley de los Consejos Comunales
LCR:	partido La Causa R
LDSPYAN:	Ley de Defensa de la Soberanía Política y Autodeterminación Nacional
LECLPP:	Ley Especial de los Consejos Locales de Planificación Pública
LGPDESN:	Líneas Generales del Plan de Desarrollo Económico y Social de la Nación 2007-2013
LOCC:	Ley Orgánica de los Consejos Comunales
LOCFG:	Ley Orgánica del Consejo Federal de Gobierno

LOPRE:	Ley Orgánica de Procesos Electorales
MAS:	partido Movimiento Al Socialismo
MBR 200:	partido Movimiento Bolivariano Revolucionario 200
MEP:	partido Movimiento Electoral del Pueblo
Mercal:	Mercado de Alimentos
Minci:	Ministerio de Comunicaciones e Información
MTA:	Mesas Técnicas de Agua
MUD:	Mesa de la Unidad Democrática
MVR:	partido Movimiento Quinta República
OEA:	Organización de Estados Americanos
OEV:	Observatorio Electoral Venezolano
ONG:	Organizaciones No Gubernamentales
ONU:	Organización de las Naciones Unidas
OPEP:	Organización de Países Exportadoras de Petróleo
OVCS:	Observatorio Venezolano de Conflictividad Social
OVP:	Observatorio Venezolano de Prisiones
OVV:	Observatorio Venezolano de Violencia
PCV:	Partido Comunista de Venezuela
PEA:	Población Económicamente Activa
PDVAL:	Productora y Distribuidora Venezolana de Alimentos
PDVSA:	Petróleos de Venezuela, S.A.
PJ:	partido Primero Justicia
PNUD:	Programa de Naciones Unidas para el Desarrollo
PODEMOS:	partido Por La Democracia Social
PPT:	partido Patria Para Todos
Provea:	Programa Venezolano de Educación-Acción en Derechos Humanos
PPS:	Primer Plan Socialista
PSUV:	Partido Socialista Unido de Venezuela
RCTV:	Radio Caracas Televisión
REP:	Registro Electoral Permanente
RFD:	Regiones Federales de Desarrollo
RNV:	Radio Nacional de Venezuela

Sicad:	Sistema Complementario de Asignación de Divisas
Sebin:	Servicio Bolivariano de Inteligencia Nacional
SIE:	Sistema de Información al Elector
Sidor:	Siderúrgica del Orinoco
TSJ:	Tribunal Supremo de Justicia
UBE:	Unidades de Batalla Electoral
UBHCH:	Unidades de Batalla Hugo Chávez
UE:	Unión Europea
Unasur:	Unión de Naciones Suramericanas
UNT:	partido Un Nuevo Tiempo
VP:	partido Voluntad Popular
VTV:	Venezolana de Televisión
VV:	partido Vente Venezuela
ZBE:	Zona de Batalla Electoral

Bibliografía

Álvarez, Ángel (2011). «Countries at the Crossroads 2011. Venezuela». USA, *Freedom House*.

_____ (2003). «La reforma del Estado antes y después de
Chávez» en Steve Ellner y Daniel Hellinger, eds. *La política venezolana en la época de Chávez*. Caracas, Nueva Sociedad, pp. 147-160.

APB-EZ (2002). Alianza Popular Bolivariana-Estado Zulia, *El
Poder Popular* en http://www.angelfire.com/nb/17m/movi-
miento/poderpopular.html. Consultado el 17 de enero de
2012.

Aronson, Paulina Perla (2010). «La centralidad del carisma en la
sociología política de Max Weber». *Entramados y perspectivas*. Instituto de Investigaciones Gino Germani, Facultad de
Ciencias Sociales, UBA 1(1), pp. 109-126.

Asociación Venezolana de Mujeres (2004). *UBE* en http://ccc.
domaindlx.com/mais anta/html/ube.htm. Fechado el 28 de
febrero de 2004 y consultado el 28 de febrero de 2012.

Autores Varios (2006). «Venezuela en transición. La experiencia bolivariana de gobierno (II)». *Ágora, Revista de Ciencias
Sociales*. España, Nº 14.

Autores Varios (2013). «47 Economistas se pronuncian sobre la
crisis cambiaria, petrolera y el deterioro económico». Versión
en Internet colgada en enero de 2014 en http://prodavinci.

com/2014/01/30/economia-y-negocios/47-economistas-se-pronuncian-ante-la-crisis-cambiaria-petrolera-y-el-deterio-ro-socioeconomico/

Baduel, Raúl Isaías (2007). «Baduel llamó a construir socialismo profundamente democrático y evitando errores del pasado», Caracas, 19 de julio de 2007 en www.aporrea .org/ideologia/n98237.html

Báez, C., González, F. y Méndez, R. (2011). «Características del patrimonialismo de Max Weber comparadas con el modelo mexicano». Consultado el 05 de agosto de 2014 en http://felixgonzalezsociologiajuridica.blogspot.com/2011/09/caracteristicas-del-patrimonialismo-de.html

Banco Mundial (2014). Datos tomados de http://www.banco-mundial.org/es/country/venezuela. Consultado en noviembre de 2015.

Baptista, Asdrúbal (2006). *Bases cuantitativas de la economía venezolana.* Caracas, BCV.

Banco Central de Venezuela (diversos años). *Información Estadística* en http://www.bcv.org.ve/.

_____ (2009). *Informe a la Asamblea Nacional sobre los resultados económicos del año 2008* en http://www.bcv.org.ve/. Consultado el 12 de abril de 2009.

Bechle, Karsten (2010). «Neopatrimonialism in Latin America. Prospects and Promises of a Neglected Concept». *GIGA. Working Papers* (153).

Bisbal, Marcelino (2009). *Hegemonía y control comunicacional.* Caracas: Editorial Alfa-UCAB.

_____ (2006). «Las comunicaciones del régimen» en *El Nacional*, 26 de noviembre.

Braun, Herbert (1985). *The Assassination of Gaitán. Public life and Urban Violence in Colombia.* Madison: University of Wisconsin Press.

Bravo, Luis (2012). «Escolaridad y alfabetización en Venezuela,

1999-2011». Tomado de www.conviteac.org.ve. Consultado en marzo y abril de 2014.

Briceño León, Roberto, Olga Ávila y Alberto Camardiel (2009). *Inseguridad y violencia en Venezuela. Informe 2008.* Caracas, Editorial Alfa.

Brysk, Alyson (1995). «Hearts and Minds: Bringing Symbolic Politics Back In», *Polity*, vol. 27, Nº 4 (Summer), pp. 559-585.

Caetano, Gerardo (2011). «Pobreza y derechos humanos. Cambios en la ciudadanía y nuevas democracias en América Latina». Documento circulado por el Instituto Interamericano de Derechos Humanos de Costa Rica. Montevideo, 1 de noviembre.

Cañizalez, Andrés (2011). *Hugo Chávez: la Presidencia mediática.* Caracas, Editorial Alfa.

Casal, Jesús M. (2014). «¿De la Constitución nominal a la Constitución fachada?» Caracas, CEP-UCAB, papel de trabajo.

Castillo, Laura Helena (2008). «Las misiones se debilitan y la pobreza se robustece», *El Nacional*, 20 de julio.

Centro Carter (2015). Tomado de https://www.cartercenter.org/resources/pdfs/peace /americas/informe-de-seguimiento-may-june-2015-en.pdf. Bajado en marzo de 2016.

_____ (2012). «Misión de estudio del Centro Carter. Elecciones presidenciales de Venezuela el 7 de octubre de 2012» en www.cartercenter.org. Consultado en marzo de 2013.

CEPAL (2008). *Comisión Económica para América Latina. Información estadística* en http://www.eclac.org/estadisticas/. Bajado en abril de 2009.

Chaparro Amaya, Adolfo (2008). «Un falso dilema para los gobiernos de América Latina: entre democracia y populismo» en Galindo, Carolina, Ana María Sallenave y Adolfo Chaparro (eds.), *Estado, democracia y populismo en América Latina.* Buenos Aires, Universidad del Rosario-CLACSO, pp. 294-309.

Chávez, Hugo (2012). *Propuesta del candidato de la patria coman-dante Hugo Chávez para la gestión bolivariana socialista 2013-2019* en http://blog.chavez.org.ve/programa-patria-venezuela-2013-2019/#.Ue_SpI2sh-o. Fechado en junio de 2012 y consultado en julio de 2013.

_____ (2008). «Discurso en la sede del psuv», 15 de diciembre. Caracas. Bajado el 16 de diciembre de 2008.

_____ (2007). «Juramentación del Consejo Presidencial para la Reforma Constitucional y del Consejo Presidencial del Poder Comunal». Caracas, Sala Ríos Reyna, Teatro Teresa Carreño, 17 de enero. Consultado en Internet en febrero de 2007.

_____ (2007). «Las tres erres: Chávez llamó a Revisar, Rectificar y Reimpulsar», *Radio YVKE Mundial*, www.radiomundial.com.ve. Caracas, 31 de diciembre.

_____ (2006): «Chávez llama a conformar el Partido Socialista». Caracas, 16 de diciembre, en www.aporrea.org/ideología/n87995.html

Cheresky, Isidoro (2007). «Los desafíos democráticos en América Latina en los albores del siglo xxi» en Isidoro Cheresky (comp.), *Elecciones presidenciales y giro político en América Latina*. Buenos Aires, Manantial, pp. 19-49.

Civilis (2013). «Situación de derechos humanos en Venezuela en el marco de la elección presidencial del 14 al 30 de abril» en http://www.civilisac.org/defensores/contexto-abril-2013-en-derechos-humanos. Consultado en noviembre de 2013.

CNE (2015). Datos tomados de http://www.cne.gob.ve/web/index.php. Consultado en distintas fechas entre noviembre de 2015 y marzo de 2016.

_____ (2014). Consejo Nacional Electoral. *Resultados electorales* en http://www.cne.gob.ve/web/index.php consultado en abril 2014.

_____ (2010). Resultados electorales en http://www.cne. gov.ve/web/index.php. Consultado en octubre y noviembre de 2010.

_____ (2008). Resultados electorales en http://www.cne. gov.ve/. Consultado en noviembre y diciembre de 2008.

_____ (2007). *Proyecto de reforma constitucional* en www. cne.gov.ve/elecciones/ referendo_constitucional2007/ documentos/Proyecto_Reforma_final.pdf

Conaghan, Catherine y Carlos de la Torre (2008). «The Permanent Campaign of Rafael Correa: Making Ecuador's Plebiscitary Presidency» en *The International Journal of Press/ Politics*, vol.13, Nº 3, pp. 267-84.

Conexión Social Para el Poder Popular (2004). «Hacia el Estado Popular Participativo y Protagónico» en http://www. aporrea.org/actualidad/a7820.html. Publicado en febrero, consultado en enero de 2009.

Consejo Ciudadano para la Seguridad Pública y la Justicia Penal (2011). «Caracas es la capital más violenta del mundo. Informe de ONG mexicana indica que la tasa de homicidios fue de 118,6 por cada 100 000 habitantes en 2010», *El Nacional*, 14 de enero.

Coronil, Fernando (2002). *El Estado mágico. Naturaleza, dinero y modernidad en Venezuela*. Caracas, Nueva Sociedad.

Coronil, Fernando y Julie Skurski (1991). «Dismembering and Remembering the Nation: The Semantics of Political Violence in Venezuela», *Comparative Studies in Society and History*, vol. 33, Nº 2, abril, pp. 288-335.

Correale, Vicente (2012). «Entrevista a Reinaldo Quijada, vocero de la Unidad del Poder Popular (UPP)», Venezuela, Nacional y Política, *El Universal*, 27 de diciembre.

Crisp, Brian F., Daniel H. Levine y Juan C. Rey (1996). «The Legitimacy Problem» en McCoy, Jennifer, Andrés Serbib, William C. Smith y Andrés Stambouli. (eds.), *Venezuelan*

Democracy under Stress. New Brunswick, Transaction Publishers, pp. 139-70.

Dahl, Robert (2008). *La igualdad política*. Argentina, FCE.

Datanálisis (2014). Tomado de http://www.scribd.com/doc/2517 20261/Omnibus-Noviembre-2014#scribd. Consultado en mayo de 2015.

_____ (2009). *Encuesta Nacional Ómnibus*, 23 de setiembre al 8 de octubre de 2009. Caracas.

De la Torre, Carlos (2008). «*Populismo, ciudadanía y Estado de derecho*» en de la Torre, C. y E. Peruzzotti, *El retorno del pueblo*. Quito, FLACSO, pp. 11-22.

_____ (2007). «The Resurgence of Radical Populism in Latin America», *Constellations*, vol. 14, Nº 3, pp. 384-97.

_____ (2000). *Populist Seduction in Latin America*. Ohio University Research in Latin American Studies, Latin American Series, Nº 50, 2000.

Delphos en Prodavinci, (diciembre, 2015). http://prodavinci.com/blogs/6d-esto-es-lo-que-dicen-las-encuestas-en-los-16-circuitos-clave-por-eugenio-martinez/. Consultado el 26 de marzo de 2016.

Di John, Jonathan (2005). «Economic Liberalization, Political Instability, and State Capacity in Venezuela», *International Political Science Review*. vol. 26, Nº 1 (Jan.)

Drake, Paul W. (2009). *Between Tyranny and Anarchy*. Stanford, Stanford University Press.

Ecoanalítica (2014). Datos tomados de http://ecoanalitica.com/noticias/infolatam/venezuela-2015-llego-el-momento-del-ajuste Consultado el 28 de noviembre de 2015.

Eisenstadt, S.N. (1968). «Introduction: Charisma and Institution-Building. Max Weber and Modern Society» en: *Weber, Max: On Charisma and Institution-Building*. Chicago, The University of Chicago Press.

Ellner, Steve (1997). «El apogeo del populismo radical en Venezuela y sus consecuencias», *Revista Venezolana de Economía y Ciencias Sociales*, vol.1, enero-marzo, pp. 77-100.

_____ (2004). «Hugo Chávez y Alberto Fujimori: análisis comparativo de dos variantes de populismo», *Revista Venezolana de Economía y Ciencias Sociales*, vol.1, pp.13-38.

El Nacional (15-09-2015). «Impugnan candidatura de Vecchio en Monagas» (Hernán Lugo Galicia).

El Nacional (21-07-2015). «MEP atribuye despojo de siglas a dirigentes del PSUV» (Hernán Lugo-Galicia).

Encartado de Últimas Noticias (2009). *Los 10 grandes logros de la revolución bolivariana en Distrito Capital*, Caracas, publicidad, noviembre.

Encovi (2015). Datos tomados de http://www.rectorado.usb.ve/vida/. Consultado en distintas fechas de noviembre 2015.

El Universal (2010). «MUD denuncia en la OEA usurpación de competencias de la AN», *El Universal*, 18-12.

El Universal (2011). «Las cinco líneas de acción política», Venezuela, Nacional y Política, 22 de enero.

El Universal (2011). «PVC decidió acompañar al Polo sin registrarse», Venezuela, *Nacional y Política, El Universal*, 18 de octubre.

Erdman, G. (2006). «Neopatrimonialism Revisited-Beyond a Catch-All Concept». Hamburgo, *GIGA Working papers* (16).

Fernandes, Sujatha (2007). «Radio Bemba in an Age of Electronic Media», ponencia presentada en *Conference Globalization and the Rise of the Left in Latin America*. Princeton University, 6 al 8 de diciembre.

FFV (2014). «Farmacias cierran con 60% de escasez 2014» en http://www.el-nacional.com/economia/Farmacias-cierran-escasez_0_536346440.html

Figueroa, Ahiana (2008). «El gasto en misiones cae 19,7% en 2009», *El Nacional*, 6 de diciembre.

González, David (2013). *El Estado descomunal. Conversaciones con Margarita López Maya*. Caracas, Los Libros de El Nacional.

Gómez Calcaño, Luis y Nelly Arenas (2006). *Populismo autoritario: Venezuela 1999-2005*. Caracas, CDCH-CENDES, 2006.

Gómez Calcaño, Luis y López Maya, Margarita (1990). *El tejido de Penélope. La reforma del Estado en Venezuela*. Caracas, CENDES-APUCV-IPP, 1990.

Gómez, Elvia (2011). «Mesa: 'Gobernaremos juntos pero no gobernaremos solos'», Venezuela, Nacional y Política, *El Universal*, 27 de septiembre.

Gratius, Susanne y Laura Tedescoe (2007). «La derrota de Chávez abre un nuevo horizonte político en Venezuela». Madrid, Fride, diciembre, recibido por Internet.

Guerra, José (2013). *El legado de Chávez*. Caracas, Editorial Libros Marcados.

_____ (2011). «Catástrofe no, estancamiento sí», *Tal Cual*, 16 de enero.

Harnecker, Marta (2008). «Introducción a la Serie ABC de los Consejos Comunales» (Subcomisión de Educación de la Comisión Presidencial Nacional de los Consejos Comunales). Caracas, Copia digital, 27 de septiembre.

Harnecker, Marta (2003). *Militares junto al pueblo*. Caracas, Vadell Hermanos.

Hernández, Alejandra (2011). «Unidad realizará primarias el 12 de febrero de 2012», Venezuela, Nacional y Política, *El Universal*, 14 de abril.

Hernández, Juan Luis (2010). «Gobierno fracasó en materia agroalimentaria», *El Nacional*, 26 de diciembre.

Herrero y Rodríguez de Miñon, Miguel (1996). «La rutinización del carisma en los partidos políticos (Glosas a Max Weber)». *Anales de la Real Academia de Ciencias Morales y Políticas*, XLVIII (73), pp. 621-632.

Human Rights Watch (2008). *Una década de Chávez* en http://www.hrw.org/es/node/76273/section/3. Bajado el 25 de marzo de 2014.

INE (2012). Estadísticas en http://www.ine.gov.ve/documentos/Productos_y_Ser vicios/Productos/pdf/EstadisticasINE2011.pdf

—————— (2011). *Estadísticas* en http://www.ine.gov.ve/. Bajado en enero de 2012.

—————— (2009). *Estadísticas Sociales* en http://www.ine.gov.ve/.

—————— (2006). Estadísticas en www.ine.gov.ve, consultado en noviembre de 2006.

IVAD (agosto, 2015). http://es.slideshare.net/anmon12/encuesta-ivad-agosto-2015. Consultado el 26 de noviembre de 2015.

Karl, Terry Lynn (1991). «The Venezuelan Petro-state and the crisis of 'its' Democracy» en McCoy, Jennifer, Andrés Serbín, William Smith y Andrés Stambouli, *Venezuelan Democracy under Stress*. New Brunswick, University of Miami, pp. 33-55.

—————— (1997). *The Paradox of Plenty. Oil booms and Petro-States*. Berkeley, University of California Press.

—————— (2000). «Economic Inequality and Democratic Instability», *Journal of Democracy*, noviembre, pp. 149-156.

Korte, Nina (2011). «It's Not Only Rents: Explaining the Persistence and Change of Neopatrimonialism in Indonesia». Hamburgo, GIGA *Working Papers* (167).

Kramer, Daniel C. (1972). *Participatory Democracy. Developing Ideals of the Political Left*. Cambridge, Mass, Schenkman Publishing Company.

Krauze, E. (2012). *La presidencia imperial*. México, Tusquets Editores México S.A.

Laclau, Ernesto (2005). *La razón populista*. México, Fondo de Cultura Económica.

Landaeta, Héctor (2014). *Chavismo, narcotráfico y militares* (conversaciones con Mildred Camero). Caracas, Libros Marcados.

Lander, Luis E. (2014). «Las municipales de 2013», *SIC*, N° 761, año LXXVII, enero-febrero, pp. 4-7.

_____ (2013). «La sobrevenida elección de abril», *SIC*, N° 755, año LXXVI, junio, pp. 196-199.

_____ (2012). «Debilidades no superadas». Revista *SIC*, N° 748, Año LXXV, septiembre-octubre, pp. 346-249.

Lander, Luis E. y Margarita López Maya (2008). «Referendo sobre la propuesta de reforma constitucional: ¿Punto de inflexión en el proceso bolivariano?», *Revista Venezolana de Economía y Ciencias Sociales*, vol. 14, N° 2. Caracas, pp. 195-217.

Lander, Edgardo (2007). «Comentarios sobre la propuesta de reforma constitucional. Aportes al debate, Caracas, recibido por Internet.

Lander, Edgardo (2006). «Creación del partido único, ¿aborto del debate sobre el Socialismo del Siglo XXI?». Caracas, diciembre, recibido por Internet.

Levitsky, Steven y Kenneth Roberts (2011). «Latin America´s Left Turn: A Framework for Analysis» en Steven Levitsky y Kenneth Roberts, *The Resurgence of the Latin American Left*. Baltimore, Johns Hopkins University Press.

LGPDESN 2007-2013 (2007). http://www.locti.co.ve/ruubikcms/useruploads/fi les/plande lanacion_2007-2013_-_comentarios.pdf. Consultado en 2009.

Lombardi, John (1982). *Venezuela. The Search for Order, The Dream of Progress*. New York: Oxford University Press, 1982.

López Maya, Margarita (2012). «El Estado Comunal», Provea (Programa Venezolano en Educación-Acción en Derechos Humanos). Texto completo en http://www.derechos.org.ve/2012/10/24/margarita-lopez-maya-el-estado-comunal/. Consultado en septiembre de 2012.

_____ (2012). «El Estado Comunal», Provea (Programa Venezolano en Educación-Acción en Derechos Humanos). Texto completo en http://www.derechos.org.ve/2012/10/24/

margarita-lopez-maya-el-estado-comunal/. Consultado en septiembre de 2013.

_____ (2011). *Democracia Participativa en Venezuela. Orígenes, leyes, percepciones y desafíos.* Caracas, Temas de Formación Sociopolítica, Nº 50, Centro Gumilla.

_____ (2011). «Apuntes sobre la polarización política en Venezuela y los países andinos». Mireya Lozada (comp.), *Polarización social y política en Venezuela y otros países. Experiencias y desafíos.* Caracas, Temas de Formación Sociopolítica, Nº 49, Centro Gumilla.

_____ (2009). «Orígenes de la democracia participativa en Venezuela». *Ponencia presentada en el XXI Congreso de Ciencia Política.* Santiago de Chile.

_____ (2006). *Del Viernes Negro al referendo revocatorio.* Caracas, Editorial Alfa.

_____ (2003). «Movilización, institucionalidad y legitimidad en Venezuela», *Revista Venezolana de Economía y Ciencias Sociales,* vol. 9, Nº 1, pp. 211-27.

Lozada, Mireya (2002). «Violencia política y polarización social: desafíos y alternativas», Conferencia dictada en el Centro de Estudios Latinoamericanos Rómulo Gallegos (Celarg), Caracas, facilitado por su autora.

Lugo-Galicia, Hernán (2009). «Gobierno obliga a consejos comunales a trabajar por el Sí», *El Nacional,* 08 de enero.

Marcano, Cristina y Alberto Barrera Tyszka (2004). *Hugo Chávez sin uniforme.* Caracas, Ed. Debate.

Mármol García, Fermín (2010). «El índice de homicidios en Venezuela está por encima de la media mundial», *El Nacional,* 29 de agosto.

Martínez Barahona, Elena (2002). «¿Ante un nuevo parlamento en la v República bolivariana?» en Rollón, Marisa (ed.) *Venezuela: rupturas y continuidades del sistema político (1999-2001).* Salamanca, Ediciones Universidad de Salamanca, 2002.

Martínez, Mariana (2012). «Violencia e impunidad dificultan campaña en Caracas». Venezuela, Titulares, Yahoo Venezuela Noticias, 17 de septiembre. En http://ve.noticias.yahoo. com/blogs/hora-h/violencia-e-impunidad-dificultan-campa %C3%B1a-en-caracas-184137530.html. Última consulta el 19 de septiembre 2012.

Mayorga, Fernando (2011). «Democracia, ciudadanía y exclusión en la región andina». *Documento circulado por el Instituto Interamericano de Derechos Humanos de Costa Rica.* Montevideo, 01 de noviembre.

McMahon, Timothy P. (2008). *Social Construction of Charismatic Leadership. A case study.* PhD Dissertation of Gonzaga University, Washington.

Medina, Pablo (2000). *Entrevista realizada el 21 de marzo de 2000.* Político, exconstituyentista. Fundador y exsecretario general de los partidos La Causa R y Patria Para Todos. Caracas.

Minci (2007). En http://www.mci. gob.ve/alocuciones/4/. Consultado el 26 de mayo de 2007.

_____ (2006). «El 'Parlamentarismo Social de Calle' es expresión de la democracia participativa, oferta de las diputadas y diputados electos el 4 de diciembre pasado como compromiso de la Asamblea Nacional con el pueblo» en www.asambleanacional.gov.ve. Consultado el 20 de octubre de 2006.

MEM (2006). Ministerio de Energía y Petróleo en www.mem.gob. ve, diciembre.

MIR (1985). *Tesis Programáticas y Líneas Políticas X Conferencia Nacional,* Caracas-Barquisimeto, Comisión Política Regional Zulia.

Misión Barrio Adentro (2003). En www.barrioadentro.gov.ve. Consultado el 04 de diciembre.

Mixon, Laura (2009). *Use of the Authorizing Figure, Authoritarian Charisma, and National Myth in the Discourse of Hugo*

Chavez: Toward a Critical Model of Rhetorical Analysis for Political Discourse. Londres, PhD Dessertation Regent's University.

Molina, José Enrique (1991). *El sistema electoral venezolano y sus consecuencias políticas.* Caracas, Vadell Hermanos Editores.

──────── (1998). «Electoral Systems and Democratic Legitimacy in Venezuela» en Damarys Canache y Michael R. Kulischeck, *Reinventing Legitimacy.* Westport Connecticut, Greenwood Press, pp. 51-61.

Mommsen, Wolfgang J. (1989). *The Political and Social Theory of Max Weber.* Chicago, The University of Chicago Press , pp. 44-49.

Moore, Barrington, Jr. (1978). *Injustice. The Social Bases of Obedience & Revolt,* EE.UU., Macmillan Press Ltd., 1978.

Morales, Marelis y Javier Pereira (2003). «La política informativa del gobierno de Chávez» en *Comunicación,* vol. 121, 2003.

Mundó, Mabel (2009). «Las misiones educativas: política pública para la inclusión o estrategia para el clientelismo político», *Cuadernos del Cendes,* año 26, N° 71, mayo-agosto, pp. 27-65.

Muñoz, Boris (2012). «La suerte de Capriles Radonski», *Revista Gatopardo* (Bogotá), 17-19.

──────── (2006). «Rosales disputa la política territorial», *Revista Éxito,* N° 28, pp. 23-28.

Nederr, Sofía (2015). «Copei no postulará candidatos para el 6D», *El Nacional,* 8 de agosto.

Noticias24 (2010). «AN aprueba en primera discusión la Ley Habilitante solicitada por Chávez», http://www.noticias24.com/. Bajado el 15 de diciembre de 2010.

──────── (2010). «Llama a Santiago Cantón 'excremento puro' y dice que la OEA 'tiene que desaparecer'», http://www. noticias24.com/. Consultado el 26 de febrero de 2010.

──────── (2009). «El periodista Casto Ocando, expone una entrevista en *El Nuevo Herald* con la jueza venezolana Yuri

López quien reveló una 'ventana al oscuro al mundo de la justicia chavista', pues asegura que el sistema judicial del país carece de autonomía». Abril 26. Consultado el 15 de noviembre de 2009.

OEV (2016). «Informe final de observación de las elecciones parlamentarias del 6 de diciembre del año 2015» en http://www.oevenezolano.org/. Consultado en varias fechas de marzo de 2016.

_____ (2012). «Informes finales» en http://www.oevenezolano.org/category/informes-finales/. Consultado en marzo y abril de 2014.

_____ (2012). «Resultados reflejan la voluntad de los venezolanos», Venezuela, OEV, 27 de octubre, en http://oevenezolano.org/2-uncategorised/31-reporte-n-2-oev-resultados-reflejan-la-voluntad-de-los-venezolanos. Bajado el 27 de octubre de 2012.

Ojo Electoral (2008). *Ojo Electoral ante las elecciones de noviembre,* Caracas, remitido publicado el 01 de septiembre.

_____ (2008). *Boletín sobre la observación de las elecciones regionales y locales del 23 de noviembre. Resultados preliminares,* Caracas, remitido.

_____ (2007). *Ojo Electoral frente a la Reforma Constitucional,* Caracas, agosto, en ww.ojoelectoral.org.

_____ (2006). *Boletín Nº 2* del 4 de diciembre, en www.ojoelectoral.org.ve. Consultado en diciembre de 2006.

Olivares, Francisco (2012). *La presa del comandante,* Caracas, Editorial Cyngular.

OVCS (2016). Observatorio Venezolano de Conflictividad Social en http://www.observatoriodeconflictos.org.ve/

OVV (2011). Observatorio Venezolano de Violencia «Al menos 91% de los homicidas queda en libertad», http://www.observatoriodeviolencia.org.ve/site/noticias/46-impunidad1.html. Consultado en enero de 2012.

_____ (diversos años). Documentos descargados de http://observatoriodeviolencia. org.ve/ws/

Organizaciones populares diversas (2004). *Hacia el Estado Popular Participativo y Protagónico* en http://www.aporrea.org/actualidad/a7820.html. Publicado en octubre de 2004, bajado el 29 de febrero de 2012.

Oropeza, Ángel (2009). «Comunicación como política de gobierno vs. comunicación como política de revolución» en Bisbal, Marcelino (ed.), *Hegemonía y control comunicacional.* Caracas, Editorial Alfa-UCAB, 2009.

Paramio, Ludolfo (2010). «Economía y política de clases medias en América Latina». *Nueva Sociedad,* N° 229, pp. 62-75.

Pérez Martí, Felipe (2013). «Felipe Pérez también cuestiona el modelo» en: http://www. hinterlaces.com/de-interes/economia/2518-felipe-perez-tambien-cuestiona-el-modelo

Peruzzotti, Enrique (2009). «Populismo y representación democrática» en De la Torre, Carlos y Enrique Peruzzotti (eds.) *El retorno del pueblo. Populismo y nuevas democracias en América Latina.* Quito, FLACSO, pp. 97-123.

_____ (1999). «Constitucionalismo, populismo y sociedad civil. Lecciones del caso argentino», *Revista Mexicana de Sociología,* vol. 61, N° 4, pp.162-71.

Petkoff, Teodoro (1976). *Proceso a la izquierda.* Caracas, Planeta.

Petit, Valerie (2012). «Like a phoenix from the ashes. A Weberian analysis of the charismatic CEO routinization», *European Management Journal,* 30 (6), pp. 510-522.

Pillai, Rajnandini (1995). «Context and Charisma. The rol of organic structure, collecitivism and crisis in the emergence of Charismatic Leadership», *Academy of Management Journal.* ProQuest, pp. 332-336.

PNUD (2010). *Indicadores internacionales sobre desarrollo humano* en http://hdrstats.undp.org/es/paises/perfiles/VEN.html. Bajado en enero de 2011.

Primicias24.com (2012). «Observatorio Electoral Venezolano condena hechos ocurridos en Barinas», Nacionales, Primicias24.com, 29 de septiembre, en http://primicias24.com/ nacionales/observatorioelectoralvenezolanocondenahecho-socurridos-en-barinas/

Prodavinci (2014). "A un año de *El Dakazo*" (Ángel Alayón) en http://prodavinci.com/blogs/a-un-ano-de-el-dakazo-por-angel-alayon/

Provea (diversos años). *Informe anual sobre la situación de los derechos humanos en Venezuela.* Caracas, Provea.

Proyecto de Reforma Constitucional (2007) en http://es.scribd. com/doc/247900/PROYECTO-DE-REFORMA-CONS-TITUCIONAL-VENEZUELA. Consultado en 2009.

PSUV (2012). Partido Socialista Unido de Venezuela, «Libro rojo-Documentos fundamentales del PSUV», texto completo, URL: http://www.psuv.org.ve/temas/biblioteca/libro-rojo/. Última consulta en septiembre 2013.

Reyna, Feliciano y Yolanda D'Elia (2011). *Situación de los Derechos Humanos y la democracia en Venezuela ante las recientes medidas legislativas* (papel de trabajo). Caracas, CIVILIS, 6 de enero.

Roberts, Kenneth (2001). «La descomposición del sistema de partidos en Venezuela vista desde un análisis comparativo», *Revista Venezolana de Economía y Ciencias Sociales*, vol. 7, Nº 2, pp. 183-200.

Rodríguez Araque, Alí y Alberto Müller Rojas (2009). «Ideas socioeconómicas y políticas para debatir el socialismo venezolano» en Margarita López Maya (ed.), *Ideas para debatir el socialismo del siglo XXI*, Caracas, Editorial Alfa.

Rosanvallon, Pierre (2006). *La democracia inconclusa.* Colombia, Aguilar, Altea, Taurus, Alfaguara.

Rey, Juan Carlos (2002). *Consideraciones políticas sobre un insólito golpe de Estado.* En http://www.analitica.com/bitblioteca/ juan_carlos_rey/insolito_golpe.asp.

Salas, Yolanda (2004). «La 'Revolución Bolivariana' y la 'Sociedad Civil'. La construcción de subjetividades nacionales en situación de conflicto», *Revista Venezolana de Economía y Ciencias Sociales*, vol. 10, N° 2, pp. 91-110.

Sartori, Giovanni (1985). «Pluralismo polarizado en partidos políticos europeos» en J. La Palombara y R. Weiner, *Political Parties and Political Development*. New Jersey, Princeton University Press.

Sic (1993). «Editorial», *Revista Sic*, N° 559, pp. 386-387.

Sosa, Arturo (2007). «Reflexiones sobre el poder comunal» en Margarita López Maya, (ed.), *Ideas para debatir el socialismo del siglo XXI*. Caracas, Editorial Alfa.

Stoppino, M. (2005). *Diccionario de Política; L-Z*. México, Siglo XXI, pp. 1671-1689.

Tal Cual (2011). «Reaparecen los círculos», Venezuela, La Nación, *Tal Cual*, 20 de octubre.

Tarre, Marcos y Carlos Tablante (2013). *El Estado delincuente*. Caracas, El Librero.

Tilly, Charles (1978). *From Mobilization to Revolution*. EE.UU., Addisson-Wesly Publishing Co.

Transparencia Venezuela (2013). http://transparencia.org.ve/

Turner, Stephen (2011). «Weber as an Analyst of Charisma» en Michael Harvey and Ron Riggio, ed., *Leadership Studies: The Dialogue of Disciplines*, Cheltenham, UK, Edward Elgar, pp. 82-88.

Últimas Noticias (2012), «Jorge Lanata muestra video del Sebin», Sucesos, Últimas Noticias, 14 de octubre. En http://www.ultimasnoticias.com.ve/noticias/actualidad/sucesos/ jorge-lanata-muestra-video-del-sebin.aspx

Últimas Noticias (16-2-2014). «A tiro limpio repelieron manifestación del 12F. Videos y fotos muestran a uniformados y civiles que llegan en vehículos oficiales y abren fuego contra el grupo de Dacosta. En http://www.youtube.com/watch?v=MmHEEO_MpII

Unicef (2012). *Informe anual* en www.unicef.org. Bajado en marzo de 2014.

Vélez-Rodríguez, Ricardo (2013). «Los orígenes patrimoniales del reino de Portugal». Bajado el 06 de enero de 2014 en http://losvelezrodriguez.blogspot.com/2013/01/los-origenes-patrimonialistas-del-reino.html%20bajado%20el%206-1-2104

Vinciano Pastor, Roberto y Rubén Martínez Dalmau (2008). «Necesidad y oportunidad en el proyecto venezolano de reforma constitucional (2007)», *Revista Venezolana de Economía y Ciencias Sociales*, vol. 13, Nº 2.

Virtuoso, José (2010). «Las diversas caras de la democracia en Venezuela». *SIC*, marzo.

Weber, Max (1977). *Economía y Sociedad*, vol. 1, Bogotá, FCE.

Welsh, Friedrich (1995). «The Political Impact of Public Opinion Studies in Venezuela», ponencia presentada en el *XIX LASA*, Washington DC.

Wilpert, Gregory (2006). «The Meaning of 21st Century Socialism for Venezuela» en www.venezuelanalysis.com/print.php?artno=1776.

Zabludovsky, Gina (1986). «Max Weber y la dominación patrimonial en América Latina». *Revista Mexicana de Ciencias Políticas y Sociales* (XXXII), pp. 75-84.

Zago, Angela (1992). *La rebelión de los ángeles*. Caracas, Fuentes Editores.

Zovatto, Daniel (2005). «Valores, percepciones y actitudes hacia la democracia. Una visión comparada en la Región Andina (1996-2004)» en Ágora Democrática, *La democracia en la Región Andina, los telones de fondo*. Suecia, IDEA Internacional-Transparencia, pp. 13-29.

_____ (2003). «Dinero y política en América Latina: una visión comparada». *Biblioteca de Reforma Política*, Nº 2, IDEA International y Asociación Civil Transparencia, Lima.

Zúquete, José Pedro (2008). «Missionary Politics of Hugo Chavez», *Latin American Politics and Society*, primavera, pp. 91-121.

Leyes

CRBV (2000). *Constitución de la República Bolivariana de Venezuela*. Caracas, Vadell Hermanos Editores.

Decreto 1666 (2002). *Decreto Presidencial 1666*. Gaceta Oficial N° 37 378 de fecha 04 de febrero de 2002.

LCC (2006). *Ley de los Consejos Comunales*. Gaceta Oficial N° 5806 (extraordinaria) de fecha 10 de abril de 2006.

LCLPP (2002). *Ley de los Consejos Locales de Planificación Pública*, Gaceta Oficial N° 37 463 del 12 de junio.

LOC (2010). *Ley Orgánica de las Comunas*, Gaceta Oficial N° 6011 Extraordinario del 21 de diciembre.

LOCC (2009*). Ley Orgánica de los Consejos Comunales*. Gaceta Oficial N° 39 335 de fecha 28 de diciembre.

LOCFG (2010). *Ley Orgánica del Consejo Federal de gobierno*. Gaceta Oficial Extraordinaria N° 5963 del 22 de febrero.

LOPPM (2005). *Ley Orgánica del Poder Público Municipal*. Gaceta Oficial N° 38 204 del 8 de junio.

LOPRE (2009). *Ley Orgánica de los Procesos Electorales*. GO Extraordinario N° 5928 del 12 de agosto.

LOPSAPYS (2001). *Ley Orgánica para la Prestación de los Servicios de Agua Potable y Saneamiento*. Gaceta Oficial N° 5568 Extraordinario de fecha 31 de diciembre.

Prensa consultada

El Impulso
El Nacional
El Universal
Tal Cual
Últimas Noticias

www.ingramcontent.com/pod-product-compliance
Lightning Source LLC
Chambersburg PA
CBHW020601270326
41927CB00005B/130